国家社会科学基金重点项目"消费需求升级背景下我国冰雪体育产业供给转型研究"(批准号: 17ATY005)

国家社科基金丛书
GUOJIA SHEKE JIJIN CONGSHU

冰雪体育产业转型发展的理论与实践研究

Theory and Practice on Transformation and Development of
Ice and Snow Sports Industry

张瑞林　李　凌　著

人民出版社

序　言

在消费需求不断升级的背景下,我国冰雪体育产业的发展逐渐驶入了"快车道"。但在实际发展过程中,我国冰雪体育产业仍存在市场存量偏低、供给低效、供需互动不足等问题,这严重滞碍了我国冰雪体育产业的健康可持续发展。因此,推进我国冰雪体育产业的转型发展是促进其可持续发展的重要条件。

梳理相关文献发现,现有研究成果主要集中于从单一视角对冰雪体育产业供给进行探讨,未能从供需互动的视角出发,探析消费需求升级对冰雪体育产业转型发展的互动影响。基于以上研究背景和理论研究缺口,本书从供需互动视角出发,主要进行了以下工作:(1)运用问卷调查法对我国冰雪体育产业的供给与需求现状进行了调查,并分析了冰雪体育产业的发展形态与趋势;(2)运用灰色系统理论分析了冰雪体育产业与体育用品及相关产品制造业、体育服务业、体育场地设施建设业之间的关联程度,并对未来 5 年冰雪体育产业规模、滑雪场数量、冰雪竞技类赛事数量进行了预测分析;(3)运用方法目的链,采用深度访谈法及软式阶梯访谈技术,挖掘冰雪体育旅游消费决策的影响因素,探讨我国冰雪体育旅游产品的营销策略;(4)利用社会阶层理论,运用社会网络分析、回归分析等方法对滑雪体育赛事消费者消费模式的网络化特征及社会阶层与投入程度之间的关系进行了分析与讨论,并基于不同社会阶层消费者的消费行为特征,提出了"个性化—情感联结—消费情景"的组合营销策略;(5)运用案例分析法对黑龙江省、吉林省、京津冀地区冰雪体育产业的供给现状、优势、转型措施进行了分析,归纳总结出各地区冰雪体育产业的转型方向与发展策略;(6)运用空间计量分析法对京津冀和东北地区冰场和雪场的等级规模、空间分布均衡性与关联性、可达性进行了分析,总结出京津冀地区和东北地区冰场与雪场的场地空间结构总体优化方案;(7)运用扎根理论分析了冰雪体育产业供需互动的影响因素与核心范畴,并且深入挖掘了我国冰雪产业链可持续发展的核心影响因素;(8)运用系统动力学方法模拟仿真了冰雪体育产业不同的转型发展模式,挑选出我国冰雪体育产业可持续发展的最优路径;(9)运用逻辑分析法,以生命周期延长理论预测我国滑雪场可持续发展曲线,借鉴域外经验提出可持续发展路径,且根据我国滑雪场稳固期的主导因素、矛盾与特征,结合域外滑雪场稳固期的发展经验,提出我国滑雪场可持续发展的路径;(10)运用扎根理论对我国滑雪产业链可持续发展路径进行了探索性的理论分析,提炼出需求升级、多元供给、技术革新、管理结构、经济协同5个核心影响因素并构建了滑雪产业链动态系统机制理论模型。

本书具体研究结论如下。

第一,通过对我国冰雪体育产业的供给与需求现状进行调查,发现目前我国冰雪运动的参与情况良好,冰雪运动的参与人群主要集中在商业或服务业领域具有较高学历和收入水平的男性中青年。他们在冰雪运动的消费投入上偏高,且在消费过程中主要考虑选择租赁雪具、情侣陪同、性价比等因素。总体而言,消费者比较关注短道速滑和花样滑冰,对冰雪体育产业的了解程度偏高。虽然目前冰雪体育产业消费需求不断扩张,但冰雪体育产业仍存在南北差异较大、专业人才匮乏等问题。申奥成功对于冰雪体育产业发展具有促进作用,同时冰雪运动开展有利于拉动相关地区经济增长以及冰雪运动的普及。基于此,本书提出绿色环保发展、培养各类冰雪体育产业人才等促进冰雪体育产业可持续发展的策略,并提出开展亲民的冰雪活动、完善冰雪运动基础设施等提升冰雪运动消费需求的思路。此外,为促进冰雪体育产业供给转型发展,还应培养冰雪体育产业后备人才,加强冰雪产业链企业间合作,营造良好的冰雪文化氛围。

第二,利用灰色关联模型探讨冰雪体育产业规模与体育用品及相关产品制造业规模、体育服务业规模、体育场地设施建设业规模之间的关联程度,发现在冰雪体育产业的发展过程中,其产业规模与体育服务业规模的关联度最大,与体育用品及相关产品制造业规模的关联度次之,与体育场地设施建设业规模的关联度最小;利用灰色预测模型探讨未来 5 年冰雪体育产业规模、冰雪竞技类赛事数量、滑雪场数量的发展趋势与规模,发现未来我国冰雪体育产业规模、冰雪竞技类赛事数量、滑雪场数量均具有较好的增长趋势,且冰雪体育运动场地和冰雪竞技类赛事的有效供给进一步推动了产业规模的扩大,逐步形成了较为完善的冰雪体育产业链;其次,冰雪文化、冰雪资源与体育资源互补互利,推动了冰雪体育产业供给数量与质量的提升,促进了冰雪体育产业的整体发展;最后,在冰雪体育产业良好的发展趋势下,应有效推进冰雪体育产业朝着结构服务化、内容多元化转型。

第三,以方法目的链为研究工具,采用深度访谈法及软式阶梯访谈技术,将其研究结果以消费者知觉价值图进行呈现,探讨冰雪体育旅游消费决策的影响因素,发现冰上体育消费层级最重要的路径是"冰上项目种类—增长运动技能—生活中的乐趣与享受";雪上体育消费层级最重要的路径是"雪上项目种类—增进身体健康—生活中的乐趣与享受"。

第四,通过对我国滑雪体育赛事消费者消费模式的网络化特征及社会阶层与投入程度之间的关系进行分析与讨论,发现滑雪体育赛事消费者的消费模式主要呈现出电视平台观赛、网络平台购物的整体特征,且随着社会阶层的提升,滑雪体育赛事消费者在时间和费用成本投入上不断增加,但在投入精力方面,社会 B 层的消费者要高于社会 C 层和社会 A 层的消费者。由此,研究基于不同社会阶层消费者的消费行为特征,提出了"个性化—情感联结—消费情景"的组合营销策略,为推动滑雪体育赛事的品牌建设进程提供了重要的参考意义。

第五,运用案例分析法对吉林省、黑龙江省、京津冀地区冰雪体育产业的供给现状、优势、转型措施进行分析,发现了吉林省滑雪场、旅游人次、竞技赛事逐渐增加,并提出应加大政府支持力度、丰富冰雪体育业态、培育冰雪装备产业、补充完善产业体系提升、加大创新发展力度等转型措施;黑龙江省依托优越的自然资源和丰富的人文资源优势,产业发展优势明显、产业供给较为完善,但存在产业融资困难、设施陈旧、专业人才匮乏等问题,提出加强专业人才培养、完善管理措施、增强场馆建设、扩展场地建设等转型措施;京津冀地区依托优越的地理位置优势,形成了冰雪体育产业区域特色。在消费需求升级的背景下,应抓住北京冬奥会契机,加强政策支持、完善场馆建设、健全装备制造、注重人才开发、大力发展冰雪旅游和赛事产业,重视产业协作、协同创新,不断形成亲民的冰雪体育产业,以满足广大消费者日益扩张的消费需求,不断促进冰雪体育产业供需有效互动。

第六,采用空间计量分析法对冰雪体育场地的空间布局进行了分析,从全国冰雪场地空间分布的状况来看,目前我国冰场和雪场主要分布在北方地区,南方地区冰雪体育场地数量的增长速度加快。通过选取具有代表性的京津冀地区和东北地区作为案例进行冰雪体育场地的空间分析,发现区域内冰场和雪场在等级规模、空间分布均衡性与关联性、可达性等方面都存在诸多问题,并针对性地提出了优化方案。其中,在冰场方面,首先,将丰富的自然资源积极转化为经济和社会资源;其次,扩大受众群体,形成一定的冰上文化;最后,加强冰场等级和服务质量控制,减少低端劣质冰场供给。在雪场方面,首先,空间布局和选址应具有全区域的统筹发展思维;其次,以城市间滑雪产业的联动发展为导向,以区域内不同雪资源的分布趋势来形成综合发展的滑雪产业;最后,利用当前的区域内的地理位置和河流、山体等资源形成"轴带式"发展。

第七,通过探析冰雪体育产业需求侧与供给侧之间的互动关系,以及互动关系对冰雪体育产业转型发展的影响,发现以市场策略、营销策略、服务策略为主的需求侧和以管理策略、组织策略、绩效策略为主的供给侧是冰雪体育产业转型发展的影响因素;"供需互动效应"是冰雪体育产业转型的关键,其影响着冰雪体育产业的升级,进而影响到整个产业及产业链的运行。

第八,采用系统动力学研究的相关理论与观点,模拟运行了"传统发展型""消费驱动型""全面发展型"三种仿真模式,进而深层次地探讨了冰雪体育产业的转型发展路径。其中,"传统发展型"模式虽然在短时间内能促进冰雪体育产业的发展,但是长远来看存在巨大的问题,原因在于体育用品制造业的发展抑制着其他冰雪子产业的上升,并且形成的差距越来越大,不利于我国冰雪体育产业的长期发展。其次,"消费驱动型"模式通过加大冰雪体育产业的整体投入,来实现冰雪体育产业的发展,这种模式投入了大量资金,在挪威、瑞士等国家效果显著,但是我国冰雪体育产业结构庞大、组织关系错综复杂,且发展不平衡,组织的管理体系不够完善,市场运作机制还不成熟,虽然投入了大量的资金,但并不适用于我国冰雪体育产业的发展。最后,"全面发展型"模式较适用于我国冰雪体育产业的发展,通过将资金资源合理地配置来实现各个冰雪子产业的均衡发展,每个子产业都有了合理且完善的发展空间,促进了各子产业间的良性互动,更好地满足人民群众日益增长的多层次、多元化的冰雪体育需求,最终实现冰雪体育产业的健康快速发展。

第九,借鉴旅游地生命周期理论对我国滑雪场的发展历程进行分析,发现我国滑雪场的发展经历了探索期(1949　1999 年)、参与期(2000—2008 年)、发展期(2009—2014 年),目前处于稳固期(2015 年至今)。基于以上划分,研究分析了以上不同发展阶段的特征以及发展阶段中影响我国滑雪场发展的主要因素与主要矛盾。借鉴其他国家滑雪场经营与发展的经验,提出坚持政府引导的发展模式、以消费市场为主导推动滑雪场转型升级、以北京 2022 年冬奥会实现突破性发展、推动滑雪场步入生态环保进程等我国滑雪场可持续发展路径。

第十,通过分析滑雪产业链可持续发展的核心影响因素,挖掘出滑雪产业链可持续发展的关键影响范畴,通过三级编码透析其理论框架,提炼出需求升级、多元供给、技术革新、管理结构、经济协同5个主范畴,并在此基础上构建出滑雪产业链可持续发展的动态系统机制理论模型。

基于上述结论,本书提出了几点未来研究展望。首先,可以从冰雪体育产业服务升级、内外环境变化等角度切入,探索冰雪体育产业在不同方面的升级路径;其次,基于国外冰雪体育产业供需互动的相关研究经验,反思我国冰雪体育产业供需互动发展的最优化路径;再次,可以探究区域供需发展现状,以及区域间冰雪体育产业供需发展的差异与联动机制,以为促进我国冰雪体育产业均衡发展奠定理论基础;最后,可从微观、中观、宏观层面探究冰雪体育产业供需发展问题,旨在为我国冰雪体育产业健康可持续发展提供理论依据。

目　录

基础理论与现状研究篇

可持续发展篇

导　　论

一、研究依据

(一)研究背景

2014 年,国务院《关于加快发展体育产业促进体育消费的若干意见》指出,到 2025 年我国体育产业总规模将超过 5 万亿元,经常参加体育锻炼的人数达到 5 亿人,体育产业迎来重大的发展机遇期。据统计,2018 年,全国体育产业总规模(总产出)为 26579 亿元,增加值为 10078 亿元,体育产业增加值占国内生产总值的比重达到 1.1%,可见,体育产业在满足人民日益增长的美好生活需要方面发挥着不可替代的作用,成为国民经济的支柱性产业和新的增长点。2015 年 7 月,北京—张家口获得 2022 年冬季奥林匹克运动会举办权,且相关文件指出,到 2025 年我国将实现 3 亿人上冰雪,冰雪体育产业总规模达到 10000 亿元。可见,冰雪体育产业已成为健康中国、全民健身、体育强国等国家战略的重要组成部分,也成为体育产业的重要增长点。如何抓住机遇谋划冰雪体育产业发展,提供冰雪体育产业以及国家体育产业发展目标的实现路径成为紧迫而现实的重大问题。然而,我国冰雪体育产业供给结构扭曲导致产品和服务供给不足,体验型冰雪场所占比超过 75%,体验型消费者人群占比超过 80%,凸显了我国冰雪体育产业旅游休闲属性强而运动属性弱的低层次消费特征。总体判断,我国仍是全球最大的冰雪初学者市场,以下问题值得重视并加以解决:第一,冰雪体育产业消费层次较低,以初学者和初级体验消费为主,消费需求升级成为冰雪体育产业发展的基本趋势;第二,居民冰雪体育消费需求增长,但我国冰雪体育产业的供给不足,供给结构转型势在必行;第三,冰雪体育产业供需机制和产业联动机制尚未建立,亟须建立冰雪体育产业供需匹配和联动发展的机制。

此外,随着收入水平提高,我国居民的消费需求将从物质消费、必需品消费、发展消费向舒适消费、健康消费、快乐消费延伸拓展,这背后体现了消费者需求的不断升级。在这些新型消费中,冰雪体育消费是重要内容。近年来,随着冰雪进校园、冰雪嘉年华等一系列冰雪运动推广活动的开展,我国冰雪体育消费呈现出市场需求量激增、需求层多样化的特征。然而,由于我国冰雪体育产业供给结构扭曲导致产品和服务供给不足,导致在冰雪体育产业的实际发展过程中也存在人民日益增长的美好生活需要和不平衡不充分的发展之间的矛盾。总体判断,消费需求升级成为冰雪体育产业发展的基本趋势。

为此,本书围绕我国冰雪体育产业供给不足的现实问题和消费升级的发展趋势,以消费需求升级为背景探寻冰雪体育产业转型发展的路径,形成冰雪体育产业系统发展的网络化模型,促进我国冰雪体育产业可持续发展。

(二)研究意义

1.相对于已有研究的独到学术价值

整合冰雪体育产业需求与供给要素的研究,形成冰雪体育产业系统研究和结构性转型研究的新领域。研究冰雪体育产业的需求与供给结构、供需互动、转型发展路径,从消费特征、消费升级的角度形成冰雪体育产业消费研究新体系,从供需均衡视角分析消费需求升级背景下的供给转型路径,完善冰雪体育产业供需理论。此外,引入扎根理论、灰色系统理论、系统动力学方法、案例分析法以及空间计量分析法等进行研究,提供了冰雪体育产业研究的新视角和分析工具,促进冰雪体育产业研究的深入化,丰富并补充相关冰雪体育产业转型发展研究。

2.相对于已有研究的独到应用价值

通过消费升级背景下冰雪体育产业转型发展的研究,切实解决我国冰雪体育产业发展中供给与消费不平衡不充分的现实问题。对冰雪体育消费者进行调查,发现在消费升级的背景下我国冰雪体育消费中消费者的需求导向,提供政府和社会引导公众冰雪体育消费需求的建议措施,培育运动型冰雪体育产业消费者群体。在此基础上,进一步通过供给侧转型研究,丰富我国冰雪体育产品与服务供给并优化供给结构,促进冰雪体育产业增速提升、结构优化、动力转型和方式转变,满足居民多元化消费需求的增长。最后,通过优化我国冰雪体育场地供给与布局,提供冰雪体育产业可持续发展的有效路径,促进冰雪体育产业转型发展,推动3亿人上冰雪与冰雪体育产业1万亿元发展目标的实现。

二、研究思路

我国冰雪体育产业消费需求升级趋势明显但供给结构扭曲,扩大有效需求并加快供给结构转型是促进我国冰雪体育产业转型发展的关键所在。由此,本书从供需互动视角出发,从需求端与供给端两个方面对我国冰雪体育产业的发展现状进行了分析,准确把握了我国冰雪体育产业市场需求导向,了解到我国冰雪体育产业供给不平衡、不充分的矛盾,为后续探索消费需求升级背景下我国冰雪体育产业转型发展明确了方向。在此基础上,本书主要运用灰色系统理论、方法目的链、社会阶层理论、案例分析法、空间计量分析法、扎根理论以及系统动力学等新的方法和视角,着重探讨了我国冰雪体育产业需求与供给结构、供需匹配以及转型发展路径等问题,旨在促进我国冰雪体育产业消费升级、供给转型以及产业联动发展。由此,本书的研究思路为:

运用焦点团体访谈法、软式阶梯访谈法、计算机亲身辅助访谈法等对我国冰雪体育产业经济背景、本质特征、发展机制、消费行为、供给要素等进行具体讨论,分析我国冰雪体育产业消费需求升级趋势、消费需求与供给结构内容、供给结构转型、新型结构特征等。

运用问卷调查法对我国冰雪体育产业的供给与需求现状进行调查,了解我国冰雪体育产业消费主体、客体、环境等需求侧以及冰雪体育产业产值、场地、人才储备等供给侧现状,为进一步探索我国冰雪体育产业链条中的消费行为、供给结构转型以及整体链条的可持续发展奠定了基础。

运用灰色系统理论,着重分析了我国冰雪体育产业未来的发展趋势。其中,一方面通过构建冰雪体育产业与三大体育产业业态的灰色关联模型,探讨冰雪体育产业与三大体育产业业态的关联度及关联关系;另一方面通过构建冰雪体育产业的市场规模、滑雪场数量、冰雪竞技类赛事数量的灰色预测模型,探讨未来 5 年我国冰雪产业市场规模、滑雪场数量、冰雪竞技类赛事数量的发展趋势。

以方法目的链为研究工具,采用深度访谈法及软式阶梯访谈技术,探讨了冰雪体育旅游消费决策的影响因素,这不仅有利于提升我国冰雪体育旅游产品的营销策略,同时也为促进冰雪体育旅游市场转型提供新的发展思路。

基于社会阶层理论视角,运用社会网络分析、回归分析等方法对滑雪体育赛事消费者消费模式的网络化特征及社会阶层与投入程度之间的关系进行了分析与讨论。同时,研究基于不同社会阶层消费者的消费行为特征,提出了"个性化—情感联结—消费情景"的组合营销策略,为推动滑雪体育赛事的品牌建设进程提供了重要的参考意义。

运用案例分析法,探讨吉林省、黑龙江省以及京津冀地区冰雪体育产业发展历程中产业供给转型的关键措施与核心因素,归纳探索冰雪体育产业供给转型的共性特征与方法模式。

运用空间计量分析法,通过从区域内冰场和雪场的空间数据中获取相关对象的空间位置、分布、形态等信息并进行分析,明晰当前区域内冰场和雪场的空间布局现状以及存在的问题,归纳出空间结构的优化方案。

运用扎根理论对我国冰雪体育产业转型发展的思路进行探索性的理论归纳与提炼,归纳总结出冰雪体育产业转型发展的影响因素,并探索冰雪体育产业转型发展的新理论。

运用系统动力学方法,构建我国冰雪体育产业可持续发展的系统模型,建立与应用我国冰雪体育产业需求与供给结构的因果关系回路图和流图,探讨冰雪体育产业各业态投资金额比例以及整体产业的最优发展路径。

运用逻辑分析法,以生命周期延长理论预测我国滑雪场可持续发展曲线,并根据我国滑雪场不同时期的主导因素、矛盾与特征,结合域外滑雪场稳固期的发展经验,提出坚定政府主导的发展模式,推进消费需求为导向的滑雪场转型,借助国际级滑雪赛事实现突破发展,推动滑雪场步入环保轨道的我国滑雪场可持续发展路径。

运用扎根理论对我国滑雪产业链可持续发展路径进行了探索性的理论分析,提炼出需求升级、多元供给、技术革新、管理结构、经济协同 5 个主范畴,并归纳总结出"动态系统机制"这一核心范畴,从而构建了滑雪产业链动态系统机制理论模型。

三、研究对象与研究方法

(一)研究对象

以我国冰雪体育产业供给结构要素、供给结构转型和消费需求升级以及冰雪体育产业供给与消费需求关系为基本研究对象,探索消费升级背景下我国冰雪体育产业转型发展的有效路径。

(二)研究方法

1.文献资料法

借助中国知网、Web of Science、EBSCO 等数据库,对国内外相关冰雪体育产业基础性理论研究、冰雪体育产业消费需求升级研究以及冰雪体育产业供给及发展态势研究进行检索并梳理,为后续课题的开展奠定了坚实的理论基础。同时,充分借助中国产业信息网、中冰雪网、中华全国体育总会网等网络平台,及时获取与本书内容相关的最新研究资料和相关调查数据,丰富本书的文献支撑与资料佐证。

2. 深度访谈法

根据研究采取焦点团体访谈、软式阶梯访谈的方式,对体育学、经济学与管理学等相关领域专家学者进行理论论证,研究我国冰雪体育产业的转型发展路径,构建影响我国冰雪体育产业有效供给及可持续发展的要素模型。同时,对国家体育总局群体司、经济司,10 个城市体育产业处、群体处负责人进行访谈,具体深度访谈内容包括:一是对国家体育总局群体司、经济司负责人进行访谈,了解我国冰雪体育产业的实际发展现状,并获取相关统计数据和内部调研资料;二是对 10 个城市体育产业处、群体处负责人进行访谈,了解 10 个城市冰雪体育产业的发展情况、冰雪运动普及情况以及冰雪运动参与情况等,及时掌握最新的冰雪体育产业发展动态。

3. 问卷调查法

对长春市、哈尔滨市、沈阳市、济南市、西安市、昆明市、北京市、上海市、乌鲁木齐市、深圳市 10 个城市的 1400 名冰雪体育消费者进行问卷调查。通过问卷发放和回收,数据整理与分析,了解我国冰雪体育产业的发展现状,把握我国冰雪体育产业发展的动态趋势,更好地为未来冰雪体育产业供给转型发展奠定现实基础。

4. 灰色系统理论

构建冰雪体育产业与三大体育产业业态的灰色关联模型,探讨冰雪体育产业与三大体育产业业态的关联度及关联关系。在此基础上,通过构建冰雪体育产业的市场规模、滑雪场数量、冰雪竞技类赛事数量的灰色预测模型,对未来 5 年我国冰雪产业市场规模、滑雪场数量、冰雪竞技类赛事数量进行预测,明晰我国冰雪产业市场规模、滑雪场数量、冰雪竞技类赛事数量的未来发展趋势。

5.方法目的链法

以方法目的链为研究工具,采用深度访谈法及软式阶梯访谈技术,将研究结果以消费者知觉价值图进行呈现,挖掘冰雪体育旅游消费决策的影响因素,进而提出促进冰雪体育消费决策的建议,并给出冰雪体育有效供给内容的具体措施,以促进我国冰雪体育旅游产业实现快速转型发展。

6.定量分析法

以滑雪体育赛事消费者的消费行为模式及其社会阶层与投入程度之间的关系为研究对象,采用社会网络分析法对不同社会阶层滑雪体育赛事消费者的消费模式进行网络化分析,以发现不同社会阶层中滑雪体育赛事消费者消费模式的网络化特征。在此基础上,进一步通过回归分析以发现滑雪体育赛事消费者的社会阶层与投入程度之间的关系,进而有针对性地提出相关营销策略。

7.案例分析法

选取吉林省、黑龙江省以及京津冀地区冰雪体育产业的供给模式为案例,深入探索三个地区冰雪体育产业发展的历程中产业可持续发展的关键措施与核心因素,总结归纳出其冰雪体育产业转型发展的方法与经验,为我国其他地区冰雪体育产业转型发展提供方向。

8.空间计量分析法

空间计量分析法是在进行地理信息科学研究中常采用的一种研究方法。通过运用 ArcGIS10.5 软件输入京津冀地区和东北地区冰场和雪场的空间数据,对区域内冰场和雪场进行矢量化作图。通过对区域内冰场和雪场的数量、区域特征进行分析,总结出冰场和雪场的布局结构、分布特征和存在的问题,并归纳出空间结构的优化方案。

9. 扎根理论

一方面,对冰雪体育产业转型发展的思路进行探索性的理论归纳与提炼,通过三级编码过程,提出了冰雪体育产业转型发展的新理论,且归纳总结出冰雪体育产业转型发展的影响因素。通过进一步梳理需求侧和供给侧之间的关系,发现冰雪体育产业转型发展的思路,且着重探讨了冰雪体育产业转型发展的供需互动关系,提出冰雪体育产业转型发展的有效路径。另一方面,依据扎根理论的质性分析法探析滑雪产业链可持续发展的核心影响因素,在此基础上构建出滑雪产业发展的动态系统机制理论模型。

10. 系统动力学法

构建我国冰雪体育产业系统模型,探讨速率变量结构、辅助变量结构等模型变量,建立与应用我国冰雪体育产业系统的因果关系回路图和流图,并通过Vensim-PLE 软件对模型系统进行决策分析与系统结构的调试与改进,对冰雪体育产业各业态投资金额比例进行系统仿真,以为我国冰雪体育产业发展提供新思路,促进冰雪体育产业实现转型发展。

11. 逻辑分析法

借鉴旅游地生命周期理论对我国滑雪场的发展历程以及不同发展阶段的特征、影响我国滑雪场发展的主要因素与主要矛盾进行分析,并借鉴其他国家滑雪场经营与发展的经验,提出我国滑雪场的可持续发展路径,以加深对我国滑雪场经营的市场规律认识,为促进我国滑雪场的可持续发展提供理论参考。

四、研究逻辑架构

本书的逻辑框架如图 0-1 所示。

```
┌──────────┐        ┌──────────┐
│ 研究背景 │        │ 研究意义 │
└────┬─────┘        └────┬─────┘
     └──────────┬────────┘
          ┌─────▼──────┐
          │  研究依据  │
          └─────┬──────┘
          ┌─────▼──────┐
          │  理论基础  │
          └─────┬──────┘
```

| 消费需求
升级研究 | 国内冰雪体育
产业相关研究 | 国外冰雪体育
产业相关研究 |

冰雪体育产业研究述评

我国冰雪体育产业供需现状与问题调查

| 冰雪体育产业
需求现状 | 冰雪体育产业
供给现状 | 冰雪体育产业
相关问题调查 |

我国冰雪体育产业供需困境与转型发展路径

| 产业需求篇 | 产业供给篇 |

| 我国冰雪体育旅游
消费决策研究 | 我国冰雪体育赛事
消费行为与营销
策略研究 | 我国部分地区冰雪
体育产业供给转型
研究 | 我国冰雪体育
场地供给研究 |

可持续发展篇

| 我国冰雪体育产业
可持续发展的理论
研究 | 我国冰雪体育产业
可持续发展的实证
仿真研究 | 案例研究——滑雪
场可持续发展 | 案例研究——滑雪
产业链可持续发展 |

结论与研究展望

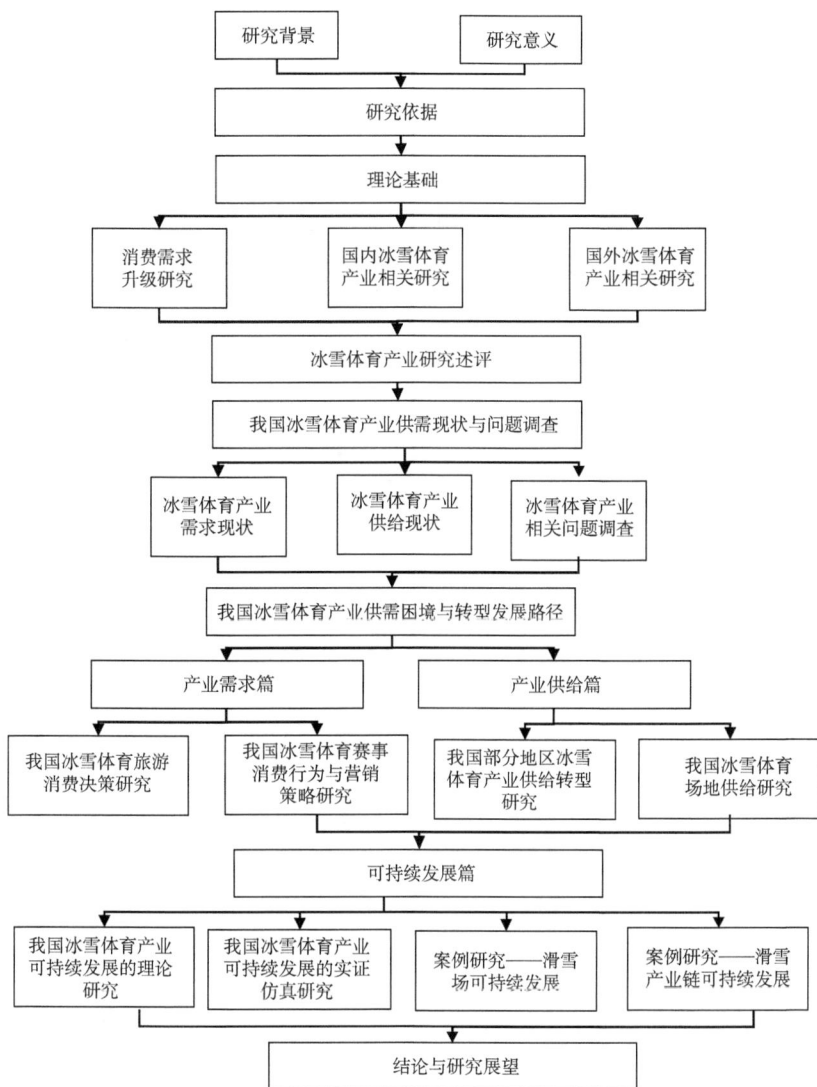

图 0-1　逻辑框架图

基础理论与现状研究篇

第一章　我国冰雪体育产业转型发展的理论基础

本章将从冰雪体育产业基础性理论探索、供给研究探索、消费需求研究探索三个角度对国内外冰雪体育产业研究现状进行分析和综述,旨在从理论视角通过已有文献进一步探析消费需求升级背景下我国冰雪体育产业转型发展的研究现状与发展方向。

第一节　国内冰雪体育产业相关研究

一、我国冰雪体育产业基础性理论研究

（一）我国冰雪体育产业的特征

2015 年我国北京—张家口获得 2022 年冬季奥运会的举办权,习近平总书记明确指出,"要努力带动更多人参与冰雪运动,北京冬奥会是一个重要推动,对冰雪运动产业也是一个重要导向"①。但由于我国冰雪体育运动发展较

---

① 《习近平在张家口市考察冬奥会筹办工作:科学制定规划集约利用资源　高质量完成冬奥会筹办工作》,《人民日报》2017 年 1 月 24 日。

晚,推广方式较为单一,地区环境差异较大,造成群众对冰雪体育运动的认知相对不足的问题,这使我国冰雪体育产业处于发展的初级阶段。在冬奥会筹办之前,国内冰雪运动的普及程度并不高,除了有特殊地理优势的地区以及经济发展卓越地区有条件和能力开展冰雪体育运动项目外,国内大多数地区冰雪运动相关项目的场地设施建设相对不足,甚至有部分地区和城市并没有关于冰雪体育运动的项目。除了受地理环境的影响,还有地方对于冰雪运动开展的认知度不够,从而使冰雪运动推广滞后,政府和地方性投资不足,造成冰雪体育场地的基础性设施落后,硬件供给上的不足直接反映出我国冰雪体育产业发展的基本特征。

随着 2022 年冬季奥运会的筹办,我国冰雪体育运动的推广和发展取得了很大成效。综合我国冰雪体育产业的相关研究,并结合实际发展现状,总结我国冰雪体育产业主要有以下几点特征:

首先,我国冰雪体育运动开展出现两极分化的严重不平衡现状,受地理位置影响,靠近北京以及北京以北地区,地区寒冷,适合冰雪运动的开展,同时能够进行冰雪运动并且热爱冰雪运动的人也很多,从而使国内北部地区的冰雪体育产业发展较为迅速,特别是北京冬奥会申办成功以来,冰雪体育产业发展更为迅速。但是相较于北部地区冰雪运动的火热开展,我国中东部以及南部地区冰雪体育运动发展较为缓慢,地理气候环境限制是很大一方面原因。由于我国中部和南部地区常年气温处于零上,导致地区关于冰雪体育运动项目的场地设施的建设成本大大增加,所以除了极少部分经济发展好的一线城市有比较齐全的冰雪体育场地外,绝大部分的中南部城市很少有设施完善的冰雪体育运动场地。正是由于地区差异化导致冰雪体育运动开展状况不同,使不同地区就冰雪运动的重视程度带动冰雪体育产业发展促进地区体育经济收益也会有所不同,这就直接导致南北地区的冰雪体育产业结构出现区域两极分化较为严重的现象。尽管随着冬奥会的临近,国家对于冰雪体育运动的发展制定了很多促进性的政策,但国内冰雪体育运动发展不平衡导致的冰雪体育产业结构不合理仍然是我国冰雪体育产业发展的一个重要特征。

其次,冰雪体育产业供需不平衡。我国冰雪体育产业资源分布呈现出不合理现象,地理环境会造成不同地区对冰雪体育的冰雪资源分配具有很大程度的差异化,从冰雪体育产业经济链中可以看出,产业资源分配占比是决定产业链供需的根本,资源的可持续化进程能带动产业不断升级,促进经济增长。我国冰雪体育产业资源分配占比反映出非常明显的资源分配不合理化,绝大多数的冰雪资源都聚集在国内冰雪产业开发较好的北方城市,无论是人力资源还是冰雪产业核心企业资源,都是北方城市冰雪发展较好城市占据大多数。而冰雪体育消费需求是不分南北方的,冰雪体育产业要实现供需平衡需要做到点面结合,铺设冰场、雪场设施打造冰雪体育产业面,培育地方特色冰雪体育文化,打造冰雪体育产业点,以实现冰雪体育产业供需平衡。

最后,我国冰雪体育运动商业模式的推广尚不完善。我国冰雪体育产业处于初级发展阶段,需要正规化的冰雪体育商业模式才能带动国内冰雪体育产业发展,成熟的商业模式有利于冰雪体育运动在群众间推广,让更多的人了解和参与到冰雪体育运动中来。但受我国特殊的地理环境限制,以及冰雪运动普及程度较低,群众对于冰雪体育运动的接受程度较低,同时由于市场价格、时间、环境等各种影响因素,限制了冰雪体育产业市场运行。张瑞林(2016)在研究中指出,我国冰雪体育市场发展应遵循市场和政府相结合管理,在提升自身产业的同时,吸引外资企业投资,从而促进体育产业融合壮大。正是由于我国冰雪体育产业商业化规模发展处于初级发展阶段,使我国冰雪体育产业商业模式还存在很多的不足,且国内发展冰雪体育产业时间较国外发达国家发展时间短很多,所以我国冰雪体育产业商业模式推广与运营还有很大的进步空间。

随着2022年冬奥会的临近,我国冰雪体育产业发展已经取得了长足的进步,但是相对于冰雪体育发展较好的国家,我国冰雪体育产业在地区发展上还存在着冰雪运动的南北极端化,造成这一情况的主要原因是地理气候;其次,我国冰雪体育产业存在供需失衡问题;最后,是我国冰雪运动商业模式运行还处于初级阶段,需要后期冰雪体育产业政策的不断推广和发展。尽管目前国内冰雪体育产业发展还存在众多的缺陷,但我国有良好的轻工业基础作为支撑,以及近几年国家政策的支持和号召,还有民众对冰雪体育运动参与度越来越高、对冰雪运动喜爱程度也越来越强,这些积极的现象让冰雪体育产业能够朝着优良化的方向发展。

(二)我国冰雪体育产业的发展价值和意义

发展冰雪体育产业一是为了满足国家的需求,二是为了满足群众的需求。从宏观层面来看,发展冰雪体育产业能提高我国承办 2022 年北京冬奥会的能力:第一,受冬奥会以及众多冰雪产业政策的影响,大量企业进军冰雪市场,加大了冰雪体育产业方面的投资,为我国冰雪体育产业的发展提供了强劲的动力;第二,在成功申办冬奥会的基础上,为后续我国继续承办国际级的冰雪赛事积累了丰富的经验;第三,各个地区都颁布了相应的冰雪产业发展政策,这对冰雪运动的普及、冰雪产业发展有着显著的影响。张瑞林(2016)指出,冬奥会将有助于实施全民健身战略、促进冰雪运动产业升级等,并提出要均衡场地建设、加快冰雪运动人才培养、发挥政策驱动等策略。举办冬奥也有助于建设体育强国,在夏季奥运会中我国已呈交出一份满意的答卷,但是在冬季项目中却难以斩获奖牌,一方面是因为群众体育基础发展速度缓慢,另一方面是冰雪运动的基础设施和专业人才稀缺。近几年各个地区相继出台了相应的政策,使得中国冰雪运动出现了新的发展契机。由于我国南北方的基础资源存在显著差异,王露露等(2019)认为,冬奥会的成功申办为南方冰雪产业的发展提供了发展契机,南方虽没有充足的冰雪资源,但是可以依靠高水平的技术手段为冰雪产业的发展创造新的突破点。这些都在不同程度上为冰雪体育产业的快速发展提供了重要支撑。同时各地区政府支持政策的推出还会吸引人、财、物等资源,并为冰雪产业的长远发展指明方向,进而引导冰雪产业健康有序发展。顾久贤(2016)认为,冬奥会不仅能对我国的冰雪运动发展产生积极影响,而且对我国的冰雪体育产业经济、冰雪体育旅游、冰雪体育用品制造等方面都具有积极意义。第四,各城市在举办冬奥会的过程中,会在经济、文化方面得到显著发展,尤其是体育场馆设施方面取得长足的发展,同时大型赛事会推动举办国冰雪体育产业的大发展,奥运遗产也会给举办地城市在后奥运时代带来巨大的经济效益。以北京鸟巢为例,它既可以作为体育竞赛场地,又可以作为国家级演唱会场地。因此,举办北京冬奥会可以促使举办地区建成相应的冰雪运动设施,并进一步提升我国冰雪体育产业的竞争力。

从微观层面来看,要想满足群众冰雪体育消费需求就必须不断加强相关基础设施建设,尤其是冰雪体育场馆的建设。大多数冰雪运动项目都对基础设施有着极高的要求,因此相关部门要加大资金投入,修建出一批符合国际标准的冰雪运动场馆,满足群众冰雪运动需求,从而带动我国冰雪体育产业的发展。冬奥会对体育现代化转型的基本意义就在于推动人民群众形成科学、文明、健康的生活方式,使冬奥会惠及民生,这也是国际奥委会的追求。因此,国际奥委会要求申办国必须在申请报告中回答承办冬奥会可能增加的体育人口数量、体育项目的普及率、推广体育文化,特别是青少年体育人口的增加等问题。逯明智(2016)认为,北京冬奥会对群众体育发展的影响是扩大冬季运动项目的群众基础,增加冰雪运动基础设施建设,丰富全民健身运动内容。张婷等(2018)认为,借助北京冬奥会这一契机,我国冰雪运动发展应从总体上进行符合我国国情的冰雪运动发展顶层设计;要注重冰雪运动的普及性,立足群众冰雪运动培育,通过多元的手段激发群众的冰雪运动参与热情;要加强冰雪运动发展的场地设施等基础性条件的建设;要充分整合各类冰雪资源。最为重要的是,举办奥运会有利于解决民生问题,如改善空气质量、提供更为便利的出行方式、增加就业岗位、带动周边产业的发展、冰雪场馆的赛后运营等。此外,发展冰雪运动对群众的身心健康有积极影响,俗话说"冬三九,夏三九",这"冬三九"是指整个冬季最寒冷的时期,也是锻炼身体的最佳时期。随着全民健身计划的推进以及冰雪场馆数量的增多,吸引了越来越多的群众参与到冰雪运动中,为达成"三亿人参与冰雪运动"的目标打下了坚实的基础。冰雪运动还可以增强参与者的身体素质,学者们普遍认为冰雪运动会在三个方面对人产生影响,自然层面是对人的身心健康产生积极的作用,精神层面是一种积极参与冰雪运动的生活方式,社会层面是增强人们的社会适应能力以及提高全民参与冰雪运动的热情等。

综上所述,我国冰雪体育产业的发展价值主要分为宏观层面和微观层面。国内大多数学者主要采用文献资料法研究冬奥会对冰雪体育产业的影响,但存在冰雪体育产业的现状研究不足、运用的研究方法不新、研究层面较浅等问题,在今后的研究中应该予以弥补。根据现有的研究结果,在未来的研究中应借助典型案例对我国冰雪体育产业发展价值和意义进行深层次的研究,并针对我国冰雪体育产业物质基础薄弱、服务水平不高、供给机制缺失等方面存在的问题提出相应的解决办法,满足我国日益多样化的冰雪体育消费需求,增强冰雪体育产业的发展活力,进而保证冰雪体育产业的健康发展。

(三)我国冰雪体育产业的发展态势

我国冰雪体育产业的发展态势主要有:冰雪体育产业链、产业融合发展态势、商业化发展态势、政府引导的发展态势、产业集群等。发展态势之一:冰雪体育产业链。冰雪体育产业链是一个具有某种内在联系的企业群结构,其中存在着大量的上下游关系和相互价值的交换,上游环节向下游环节输送产品或服务,下游环节向上游环节反馈信息。周良军和周西宽(2006)认为,体育产业链包含了:生产要素系统、体育需求系统、相关和支持产业系统、体育竞赛表演企业战略系统、政府行为系统。具体而言,冰雪体育产业链主要由主产业链(包含了冰雪娱乐业、旅游业、教育培训业、服务业等),配套(相关)产业链(包含了冰雪场馆、装备制造等),周边延伸产业链(包含了餐饮、交通、酒店等)三个部分组成,是不同产业间的动态变化过程。据《中国旅游统计年鉴》

的数据以及我国冰雪体育产业的发展情况,结合冰雪体育产业链的传导作用,加大资本(冰雪体育场馆建设投入)投入,产业链上游的冰雪设备业将向中下游的冰雪消费以及冰雪旅游业发展,进而带动整个冰雪体育产业链的发展。此外,逐年增加的冰雪运动人口也将带来更多的冰雪运动需求,根据产业链的传导机制,未来的冰雪运动配套设施以及冰雪服务业会有庞大的发展空间与前景。发展态势之二:产业融合。经济全球化不但增强了世界各国的经济联系,而且促进了不同产业之间的合作与融合,要想创造更高的产业价值,单个产业的独自发展已然是不够的,这就促进了不同产业间的合作交流。冰雪体育产业作为新兴产业,要想得到快速的发展就少不了与其他产业进行融合发展,当前冰雪产业与其他产业融合形成的业态主要有:冰雪旅游产业、冰雪文化产业、冰雪网络信息产业、冰雪商贸服务业、冰雪健康服务业等。李在军(2018)认为,技术融合、产品融合、企业融合、市场融合是实现冰雪产业融合的具体实施路径。冰雪产业的融合发展形成的新业态、新产品满足了日益多样的冰雪消费需求,新型冰雪产业的出现对我国冰雪产业结构的优化有着强大的推动作用,同时也在不断提高我国冰雪体育产业所创造的价值。发展态势之三:商业化发展态势。张瑞林(2016)认为,由于我国各个地区的资源基础和经营管理方式天差地别,因此根据不同地区冰雪体育产业基础资源的情况,应该制定出相应的商业运行模式。根据西方发达国家冰雪体育产业的发展经验,主要存在三种商业运行模式。第一种是社区模式,主要针对地区性的冰雪体育产业,这种社区模式能加强政府对市场的监管与控制,有效降低市场失灵现象的出现概率,提高了企业经营行为的规范性。第二种是企业模式,政府将相关的冰雪体育产业基础资源授权给大型企业经营管理,使其在市场中不断发展和完善相关的冰雪体育产品。第三种是混合模式,政府与市场通过不同的方式投入到冰雪体育产业中,并形成了三类不同的经营模式,可依据不同地区的现实情况来选择相应的经营模式。由于我国冰雪体育基础资源分布不均匀,应采取因地制宜的方式来发展当地的冰雪体育产业,进而不断优化我国冰雪体育产业的结构。发展态势之四：政府引导。面对我国冰雪体育产业的大发展以及各省冰雪体育产业发展所存在的内、外部环境问题，要充分利用政府职能，推动冰雪体育产业优势地区的资源最优利用，加快冰雪体育产业的升级与优化。姚小林（2012）认为，冰雪体育产业的非均衡发展作为国家战略，一方面是因为我国冬季运动项目的发展水平与市场成熟度方面都与国外存在较大差距，另一方面是因为我国冰雪体育基础资源分布不均匀，无法在全国范围内推广，因此政府应在东北地区优先发展冬季项目，例如"北冰南展西扩东进"战略就充分适应了这一冰雪体育产业发展态势。借助政府引导来促进我国冰雪体育产业的优势主要在于能充分利用政府职能，统筹全局，能将有限资源充分应用于某一地区和部门，进而由该地区带动周边地区的发展，从而实现整个地区经济的发展。发展态势之五：产业集群。综观全球，产业集群已成为世界经济发展的重要模式。在欧美国家，产业集聚是体育产业获取巨额利润的优势之一。在我国尚未形成标准的体育产业集群，但是存在于东南沿海地区的体育产业园区已经呈现体育产业集群的轮廓。我国东北地区作为冰雪体育产业的集聚地，建立相应的产业集群是我国未来冰雪体育产业的发展态势之一。王芒（2011）认为，冰雪体育产业已成为东北地区的重要经济支柱，要想做大做强就要依托得天独厚的基础资源和周围高校、企业的力量，打造东北冰雪体育产业集聚地。此外，产业集聚这一发展态势还具备以下优势：一体化效应（产业集群间自然形成的一个社会影响大、竞争力大的统一体），降低成本效应（原材料、技术、专利共享可以极大程度地减少各类成本支出），集聚效应（产业集聚在提高生产效率的同时还能不断推动技术创新，吸引同类型企业加入集群，形成"滚雪球"的集聚效应）。

综上所述，我国冰雪体育产业主要有冰雪体育产业链、产业融合、商业化发展态势、政府引导、产业集群等发展态势，并且这些发展态势不是单独存在的，在冰雪体育产业链中也存在产业融合、商业化发展、政府引导、产业集聚，这种混合多种形式的发展态势有利于各方面资源的整合，优化冰雪体育产业的内部结构,在一定程度上促进了冰雪体育产业的发展,推动冰雪体育经济的发展。目前,我国冰雪体育产业的发展态势良好,同时在政府和市场的监管下形成了相关产业链,促进了冰雪体育产业的健康发展。

二、冰雪体育产业供给相关研究

(一)冰雪体育产业供给的发展价值和意义

体育产业作为朝阳产业,在国家的支持下不断发展,逐渐成长为国民经济新的增长点。冰雪体育产业作为体育产业中的新兴产业,其产业供给仍存在高质量赛事供给不足、冰雪产品的供需不匹配、冰雪场地设施不足、冰雪产品无效供给过剩等问题,这也直接导致了我国冰雪体育产业发展速度延缓,冰雪体育产业的产业链难以扩大,新兴产业的发展遭到阻碍。雷国飞(2017)在研究中主要从物质基础、服务水平、供给机制这三个方面对我国冰雪体育产业供给进行探析。首先,我国冰雪体育产业整体处于发展的初级阶段,物质基础相较于发达国家仍然比较薄弱,这种差距不仅存在于国家之间,而且我国南北方冰雪体育产业的发展中也存在较大的差距,北方地区由于地理优势冰雪体育产业发展较为突出,南方地区则因为地理优势发展较为困难,这种地区发展不平衡对于消费市场的影响不容小觑,这严重阻碍我国冰雪体育产业的均衡发展。其次,我国冰雪体育产业的服务水平相对较低,冰雪体育服务业发展较为滞后,整体的服务业产业链较小,无论从管理层面还是技术层面均存在相应的问题。不仅如此,冰雪体育产品的供给也仅仅是为了迎合市场的需求,并没有具有当地文化特色的冰雪品牌,社会影响力以及国际竞争力极大缺失,甚至过多"同质化"冰雪体育产品的出现引发极大的恶劣反响。最后,供给机制的模糊造成供给与需求对接不融洽,对于不断升级的物质文化需求,冰雪体育消费正逐渐从"低端"走向"高端"。原始的平台以及资源不能满足当前消费者的真实需求,再加上资金投入的渠道不宽广,这就造成冰雪体育产品不仅在

"量"上的不足,在"质"上的缺陷也仍需弥补。正是因为机制不明确以及管理上的缺失,许多南方城市的冰雪体育项目会出现消费者过多,但消费市场规模较小,消费者无法参加冰雪体育运动的情况。北方城市会出现消费者广阔的冰雪体育市场,但是无人问津,这些都是冰雪体育产业供给机制缺失导致的后果。除此之外,国内学者在以往冰雪体育产业供给的研究中并未形成合理统一的理论体系。因此,如何优化冰雪体育产业供给以及其意义何在成为研究的热点话题。无论是竞赛表演业、冰雪用品制造业还是冰雪运动场馆服务业,其存在的问题大致与体育产业供给改革的"四大要素"相契合,优化冰雪体育产业供给主要从人才、土地、资本、创新等方面进行。(1)优化冰雪产业供给可以促进冰雪运动人才、冰雪服务人才以及冰雪运动专业技术人员的培养,尽量避免发生人才无效供给问题以及过多同质化现象的发生,与其他产业的相关人员产生一定的差异。人才的培养在一定程度上可以迎合市场的需要,满足消费者多元化的需求,最终形成别具一格的特色品牌,与其他产业拉开差距,加速产业的发展,进一步刺激消费者进行消费,推动冰雪体育产业的发展,最终带动经济的发展。张婷(2018)在研究中指出,只有建立优秀的冰雪体育团队,多途径多层次吸收冰雪体育人才,才能带动冰雪体育产业不断进步。(2)随着人民生活质量的不断提高,参与冰雪体育运动的人数日益增长,而冰雪体育场馆以及设施的数量成为消费者参与冰雪体育运动的最基本条件。为响应"全民健身"的号召,冰雪体育场馆在遵循公益效益以及经济效益的前提下,逐渐完善场馆运营的模式,逐渐使场馆智能化、信息化,在不同程度上满足消费者的要求,而随着消费者冰雪运动的体验感的不断提升,其消费意愿也在随之增加,这一程度上促进了冰雪体育产业的发展。不仅如此,冰雪体育场馆的建设可以拉动地方经济的发展,不断吸引外来游客,促进城市间的资源共享,实现共同发展。王露露(2019)在研究中发现,我国冰雪产业需从硬件设施等方面入手,解决了冰雪运动人群的根本需求才能为冰雪产业的发展奠定基础。(3)在冰雪体育赛事的投资中,国内的投资与国外冰雪强国有着较大的差距,无论是消费者的投资还是赛事的发展都不尽如人意。而提升冰雪体育赛事的知名度以及赛事影响力可以通过提升赛事品牌的价值、优化赛事品牌的营销策略、加大资本的引入,扩大资本引入的渠道等方式。冰雪体育运动赛事扩大知名度以及影响力,才能受到更多消费者的青睐,更多投资商的关注,从而提升冰雪体育赛事的观赏性,不断进行良性循环,进而推动我国冰雪体育赛事走出国门,在国际竞争中提升地位。郭金丰(2018)认为,我国冰雪体育赛事的规模以及举办数量在逐年增加,其主要原因是我国冰雪体育赛事的影响力以及知名度在不断提升,在此基础上,冰雪体育竞赛表演业也得到了发展,冰雪体育产业的进步也随之产生。(4)冰雪体育产业供给实现真正意义上的平稳发展是在供给侧与需求侧平衡的前提下进行,而连接二者的重要桥梁是互联网,在互联网管理下的供需关系是创新的重要突破口。我国冰雪体育运动的消费者大多处于初学阶段,整体对于冰雪体育运动的需求是多样化的,而使用互联网最直接的效果就是供给侧可以在第一时间了解到需求侧的要求,并且可以科学合理地根据需求侧的要求为其寻找合适的服务。供给侧会根据需求侧及时调整其发展模式,政府也可以通过互联网对供给侧的发展进行监督与维护,使供给侧与需求侧的权益得到充分保障,最终实现供需平衡的状态。沈克印(2016)在研究中指出,要大力发展"互联网+体育"的合作产业模式,提高冰雪体育产业的运行速率,推动冰雪体育产业的飞速发展。

综上所述,前人对于冰雪体育产业供给的研究主要集中在人才、土地、资本、创新四个方面,学者认为强化冰雪体育产业人才、土地、资本、创新的供给可以推动冰雪体育产业的快速发展。同时也对冰雪体育产业供给的人才、土地、资本、创新四方面供给要从需求侧角度出发的观点进行了支持。我国有大量的冰雪体育运动人口,从需求侧衡量供给侧的供给方向、供给力度,进而满足冰雪体育运动人口需求是冰雪体育产业有效供给的途径,长期有效地供给是冰雪体育产业发展的关键。

(二)冰雪体育产业转型发展态势

2022年冬奥会的成功申办推动了冰雪产业的飞速发展,使我国冰雪产业进入了黄金时代,国家相继推出了《冰雪运动发展规划(2016—2025年)》《全国冰雪场地设施建设规划(2016—2022年)》《群众冬季运动推广普及计划(2016—2020年)》等指导文件,为我国冰雪体育产业发展提供了新的方向。同时我国"北冰南展西扩东进"战略不断深入实施,冰雪运动越来越受到人们的喜爱。在此背景下,人们的冰雪体育消费需求也在不断升级且日趋多样。但是我国冰雪体育产业仍处于初期发展阶段,在冰雪体育产业供给上存在诸多短板,主要有冰雪体育产业专业人才缺失、冰雪体育基础设施与服务供给不足、冰雪体育设备和装备业发展滞后等。诸多问题导致我国冰雪产业无法满足人们日益增长的冰雪体育消费需求。

那么,针对冰雪体育消费的不断升级,我国冰雪体育产业供给的发展态势是怎样的,这些发展态势有何优势,如何能够满足人们日益增长的冰雪体育消费需求呢?关于这一系列问题,叶文平(2017)认为,我国冰雪体育产业供给的发展态势应该紧紧跟随国家供给侧结构性改革的要求,从劳动力、土地、资本、创新四大要素出发,合理配置资源,优化产业供给。从劳动力要素来说,应该加强培养冰雪产业专业人才,建设专业素质较强的冰雪体育产业后备人才队伍;从土地要素来说,要大力建设冰雪体育场馆,丰富冰雪体育场地设施,加强服务供给;从资本要素来说,要加强建构多元化的融资投资体系,吸引更多的社会资本,使其投入冰雪体育产业中;从创新要素来说,要加强建设我国自主冰雪运动品牌,而不是依赖进口,要建立我国自己的冰雪设备装备制造业。体育产业供给侧结构性改革是解决我国体育产业发展中经济结构性问题的主要途径之一,冰雪体育产业作为体育产业的重要组成部分,冰雪体育产业供给侧结构性改革也是冰雪体育发展的主要态势。国家体育总局在2017年提出要进行体育产业供给侧结构性改革,体育用品业必须转型升级,制造品质更高的产品,冰雪体育用品业也不例外。李乐虎等(2019)也认为,在重视供给侧改革的同时,需求侧的问题也不容小觑,只有供需形成平衡的局面,冰雪体育产业才能实现更好更快发展。从需求侧来说,我国大众冰雪健身的需求之前处于较为薄弱的阶段,导致我国冰雪体育产业供需发展不平衡,继 2020 年北京—张家口冬奥会的成功申办,群众对于冰雪运动的热情日益高涨,需求也不断上涨,然而目前我国冰雪设施中场地较为陈旧,供给跟不上需求的发展,目前以大众健身需求为导向,合理规划供给的改革,寻求供给与需求平衡发展是我国冰雪产业发展的主要态势。基于萨伊定律提出供给创造需求理论,我国学者程文广等(2016)提出,我国冰雪产业供给侧结构性改革中缓解"供需失衡"的主要路径,认为政府、协会、企业、社会、市场应当协同发展,普及冰雪运动,营造大众冰雪健身的氛围,推动大众冰雪健身的发展,形成多主体共同参与的供给模式。

此外,冰雪产业供给还存在供给机制缺失,供需难以对接的问题,冰雪体育产业供给发展态势应该建立良好的供需对接机制。供给机制的缺失一方面是冰雪产品总量不足,另一方面是产品质量不达标。同时,服务平台的缺失导致冰雪体育旅游信息不对称,种种原因造成了冰雪资源的浪费。雷国飞(2017)认为,冰雪体育产业转型发展是我国冰雪体育发展的态势。首先,冰雪场地需要向多元化、综合化的方向发展,加强与互联网的融合,推动冰雪产业装备制造业产业升级。其次,还要提升冰雪体育服务业的服务质量,提升服务品质和层次,提升服务的专业化,建立全面的产业链运作模式。最后,人们参与冰雪运动不仅为了愉悦与健康,更多的是为了获得身份认同感,这就要求冰雪体育产业供给发展建立供需高效对接的供给机制,与互联网深度融合,有效利用互联网的便利性,建立互联网服务平台,给予消费者有效的回应。

基于以上分析,本书认为冰雪体育产业供给的发展态势主要有供给侧结构性改革发展态势以及互联网发展态势。供给侧结构性改革发展态势主要是从劳动力、土地、资本以及创新四个要素建立冰雪体育产业供给的发展机制，这种发展态势有利于从多角度全方位丰富我国冰雪产业的供给，建立我国冰雪体育产业新的经济增长点，推动冰雪体育经济的发展。互联网发展态势主要是指我国冰雪体育供给要与互联网深度融合，充分运用互联网的时效性、便利性建立互联网服务平台，建立供需高校对接的供给机制，互联网发展态势的优势主要体现在供给方能及时与需求方进行有效沟通，更有利于资源的整合，更有针对性地提供冰雪体育产品以及服务。目前我国冰雪体育产业供给的发展态势具有较强的针对性，能有效解决目前供需不平衡的问题，有效推动冰雪体育产业的健康发展。

第二节　国外冰雪体育产业相关研究

自 20 世纪 50 年代以来，全世界许多国家掀起了冰雪体育运动的开发热潮，开始大范围兴建冬季运动场地及冰雪休闲度假村。目前，全世界每年约有 4 亿消费者经常参与冰雪运动，已建成规模以上滑雪场数量超过 6000 家，每年产生冰雪体育相关产业收益达 700 亿美元。分析世界冰雪体育产业强国的发展模式及特点，把握世界冰雪体育产业的发展态势将对我国冰雪体育产业发展提供借鉴。因此，本节将对美国、芬兰、日本的冰雪体育产业供给进行深入研究，旨在通过分析三国冰雪体育产业供给的特征及发展态势，进一步为我国冰雪体育产业供给研究提供借鉴。美国是世界最大的经济体，体育产业高度发达；芬兰是北欧地区著名的滑雪胜地，拥有悠久的冰雪体育发展历史和浓厚的冰雪体育文化氛围；日本是亚洲地区的发达国家，人口规模较大、冰雪体育产业实力雄厚。上述三国的发展经验对我国冰雪体育产业供给发展具有一定的借鉴意义。

一、美国冰雪体育产业相关研究

（一）美国冰雪体育产业的概况

美国是世界上体育产业最为发达的国家,体育产业总产值占国民生产总值比重接近3%,是汽车产业的2倍、影视产业的7倍。美国也是全球冰雪体育运动开展得较为广泛的地区,是世界冰雪体育强国,冰雪体育产业是其体育产业发展的重要组成,在国民经济中占据一定地位。美国冰雪体育产业依托现代化的冰雪体育设施,电视、网络等媒体技术的转播及科学化管理手段,以冰雪体育竞技表演、冰雪体育健身休闲、冰雪体育旅游、冰雪体育用品制造、博彩等相关产业为主体内容,实现了高度的市场化运作模式。美国冰雪体育产业发展历史悠久、文化底蕴深厚,单板滑雪、自由式滑雪空中技巧、冰球等冬奥会项目都起源于美国。美国历史上曾举办过4届冬奥会,参加了历届全部冬奥会并均跻身奖牌榜,曾在1932年普莱西德湖冬奥会上位列奖牌榜第一。美国冰雪体育产业发展较为成熟,结构也更为合理,核心产业占总产值50%以上,处于主导地位,并保持着相对稳定的发展态势。冰雪体育外围产业与核心产业协调发展,实现了良性互动。美国实行社会主导型的体育产业管理体制,冰雪体育产业规模、经营管理、市场运行都处于世界领先水平。充满活力的职业体育和成熟的休闲产业是美国冰雪体育产业的主要组成部分,美国拥有全球竞技水平最高、赛事规模最大、影响力最广的冰球联盟——美国冰球联盟(NHL),和庞大的冰雪体育运动爱好者,使冰雪体育产业成为美国最有活力和广阔发展前景的黄金产业之一。

（二）美国冰雪体育产业供给的特征

作为全球第一大经济体和老牌资本主义强国,美国冰雪体育产业经历了数百年的发展历程,已经形成了相对成熟的冰雪体育产业结构和较为完整的产业链条,拥有较为完善的冰雪体育产业供给体系。冰雪体育产业的主体产业及其相关产业的产值比例分布合理,冰雪健身休闲业、冰雪竞赛表演业、冰雪中介服务业及冰雪体育用品制造业等相关业态的发展规模与发展水平均在全球处于领先水平。

冰雪健身休闲业蓬勃发展,设施服务齐全,能够较好满足人们冰雪体育运动的健身需求。美国冰雪体育人口数量众多,每年参与冰雪体育运动人数达1930万。拥有开展冰雪运动的优越自然条件,雪量充沛、气候适宜,全球十大滑雪胜地中美国占据三席。据不完全统计,全美共有840余座滑雪场提供服务。美国的滑雪设施大多以滑雪度假区形式运营,主要分布于美国东部及中西部,并以科罗拉多州为主。这些雪场都已形成较为成熟的运营体系,在雪场周围配套有大量房地产业,并为社会名流配建了价格高昂的高端别墅。此外,美国境内许多天然湖泊河流在冬季低温的气候条件下结冰,从而形成了数量众多的天然冰场,为普通民众参与冰雪运动提供了便利的条件。

冰雪竞赛表演产业规模庞大,在全球拥有大量观众。以美国冰球联盟为代表的美国冰雪体育赛事拥有全世界的体育观众,成为美国冰雪体育产业的引领。美国冰球联盟作为全球最高水平的职业冰球联赛和美国四大职业体育联盟之一,备受世人瞩目,带动了整个冰雪体育产业的蓬勃发展。以滑雪项目为例,美国滑雪业每年创造的财富总和多达60亿美元。在滑雪胜地阿斯蓬(Aspen),每年举办盛大的冬季极限运动比赛,面向全球100多个国家和地区同步直播。同时,美国冰雪竞技体育成绩斐然,名列历年冬奥会奖牌榜前列,拥有一大批知名体育明星,为冰雪体育产业相关业态的发展奠定了良好的基础。

冰雪体育培训与教育业运营机制成熟、发展较为完善、极具吸引力,形成了以协会为核心、俱乐部为主的发展模式,为美国冰雪体育产业的可持续发展提供了庞大的后备力量。美国冰雪体育俱乐部是其冰雪体育产业发展的一大特色,服务范围涵盖冬季运动的各个项目,在美国大众体育、学校体育、竞技体育三方面均发挥重要作用。冰雪体育俱乐部以不同冬季项目为中心,为拥有共同冰雪体育爱好的人群提供场地器材等硬件设施和训练指导、比赛机会等服务,通过科学管理和有序运营向社会提供群众和竞技体育人才供给。美国冰雪体育俱乐部从性质上可以分为营利性机构和非营利性公益组织两种类型,运营内容和体系较为全面,运营方式具有会员中心性和教练核心性的特征,会员没有年龄、种族、性别等任何限制,他们与俱乐部的联系就是对冬季项目的热爱;同时俱乐部的核心内容是开展训练与竞赛服务,具体工作由教练团队执行,负责全体会员的运动能力提升,并需要考虑所有运动过程中可能发生的危险因素,是俱乐部训练、竞赛业务事务的总代表。教练员除了具备专业技术资质外还必须拥有相关道德、医疗资格证书。

冰雪体育中介服务业和冰雪体育用品制造业面向全球市场,知名度高、影响力大。国际管理集团(IMG)等世界级的体育中介企业提供的冰雪体育中介服务在全球拥有广泛的业务,为美国冰雪体育产业的蓬勃发展提供了较好的支持。此外,美国拥有众多世界级的冰雪体育用品品牌,品牌形象好、科技含量高。如 K2、"蜘蛛"滑雪服、Bution 等滑雪装备器材在世界各地开设工厂,被全世界冰雪体育运动者广泛使用。

由此可见,美国冰雪健身休闲业、冰雪竞赛表演业、冰雪体育中介服务业、冰雪体育用品制造业和冰雪体育培训与教育业等相关业态的有效供给为美国冰雪体育产业的蓬勃发展奠定了良好基础。总的来说,美国冰雪体育产业发展历史悠久、产业链条完备、供给结构合理、国际化趋势明显,充分发挥了市场化运作机制的优势,使冰雪体育产业发展至今还处于继续较快稳定发展的阶段。

（三）美国冰雪体育产业供给的发展态势

从历史的角度分析,在历次的金融危机及"9·11"事件等重大变故中,包括冰雪体育产业在内的美国体育产业都未遭受重大变动,仍旧处于稳定发展的良好态势。冰雪体育产业的蓬勃发展给人们休闲度假提供了更多选择,也为美国经济持续增长注入了强劲动力。

根据美国冬季运动产业协会发布的冬季项目参与调查报告,可以发现在美国参加冬季项目的1930万名参与者当中,高山滑雪的参与人数最多,占了滑雪总参与人数的44%,其次是单板滑雪的参与人数,占了滑雪总参与人数的31%,这两个项目的参与人数占了滑雪总人数的3/4。冰球是仅次于滑雪和雪上滑板的另一个流行的冬季运动项目,美国参与冰球运动的人数约为260万人,其中正式注册的冰球选手达51万人。从滑雪爱好者的经济状况看,高收入人群占了很大比例,50%的高山滑雪爱好者和37%的单板滑雪爱好者的年收入超过10万美元。而滑雪爱好者的构成也越来越多样化,非洲裔、亚裔和西班牙裔的参与人数增长很快,这三个群体人数超过了滑雪总参与人数的25%。目前,820万名高山滑雪爱好者、740万名单板滑雪爱好者、330万名越野滑雪爱好者和400万名雪地行走爱好者活动的总时长约为2.9万小时,并且这些数字仍在持续增长过程中。

同时,为了进一步扩大冬季运动爱好者群体、继续促进冰雪体育产业发展,美国政府及社会各界采取了一系列手段和措施。自2010年起,美国14个州政府联合发起“学习冰雪运动月”活动。在活动期间,参与活动州的高山滑雪场、单板滑雪场以及北欧两项运动中心,向美国公众提供免费的或者低收费的冰雪运动学习课程,呼吁大家带孩子到户外去参加冰雪运动。另外美国有多个非政府组织和度假村的开发协会也在所属范围内开展了类似活动,号召更多消费者参与冰雪体育运动。多个运动协会与组织还设立了促进消费者参与冰雪运动的纪念日,美国冰球大联盟和美国冰球协会联手在全美发起了“来打冰球月”活动,美国滑雪和雪上滑板协会首次推出了“全国冰雪俱乐部日”活动。此外,美国设立了全国冬季运动教育基金会,其目的是协助各组织,让青少年进入冬季活动当中去,以培养健康的、长期热爱冬季运动的新一代人。这一系列举措使美国参与冰雪运动的人数不断增长,使美国冰雪体育产业得以不断发展壮大。

综上所述,美国是全球第一大经济体,包括冰雪体育产业在内的整个体育产业系统经过长期发展目前已高度发达。从产业供给的角度进行分析,美国冰雪健身休闲业、冰雪竞赛表演业、冰雪体育培训教育业、冰雪体育中介服务业和冰雪体育用品制造业的有效供给为美国公众参与冰雪体育运动带来了极大的便利,是保证美国冰雪体育产业快速发展的基础。同时,产业链条完备、供给结构合理、国际化趋势明显等特征和优势也极大地促进了美国冰雪体育产业的提升。虽然近年来美国贸易保护主义势头给冰雪体育产业的发展带来一些不确定性因素,但庞大的群众基础以及得天独厚的自然优势仍然给美国冰雪体育产业的发展带来了巨大活力。

二、芬兰冰雪体育产业相关研究

(一)芬兰冰雪体育产业的概况

芬兰是北欧五国之一,其独特的地理位置孕育了独特的冰雪产业发展环境。在芬兰,一年只有春季和冬季,这为冰雪运动的开展提供了得天独厚的环境条件。在芬兰常听到"凡是会走路的芬兰人就会滑雪"这样一句话。据相关研究显示,在芬兰 500 多万的人口中,经常参与冰雪运动人口就达到了24%,因为独特的地理环境促使人们积极参与到冰雪运动中来。

芬兰的地形属于丘陵,有"千湖之国"的美誉,其国土面积有 70% 的地域被森林占据,这为冰雪运动的开展创造了防寒条件。因为森林的覆盖面积较大使得芬兰人在进行冰雪运动的同时不会被冻伤。另外,从日照的时间上分析,芬兰地处北极圈附近,拥有极昼和极夜现象,为芬兰人创造了足够参与冰雪运动的时间条件。

在时间和气候都满足的情况下,参与冰雪运动的基础设施是进行冰雪运动的基本条件。而冰雪体育场地设施也是衡量一个国家冰雪运动发展的重要标志之一。芬兰尤其注重冰雪体育运动场地设施的建设,特别是在规模性和标准性方面举世闻名。根据相关研究显示,目前芬兰拥有标准滑雪场 75 个,室内冰场 268 个,室外大型冰场 55 座,还有 40 多个政府机构联合创办的可免费进修滑雪的主体国家公园,以此来满足大众进行日常的滑雪运动。场地设施满足的情况下,国家还积极组织滑雪志愿者和滑雪教练员在雪场中对初次滑雪的爱好者进行培训,来扩大滑雪的大众参与度,使滑雪运动能够可持续发展,以此来不断扩大参与运动的人员基数。

(二)芬兰冰雪体育产业供给的特征

芬兰的冰雪体育产业供给具有一定的典型性和代表性,尤其是在场地设施建设方面具有世界级别的标准性和规模性。芬兰能够承办世界型赛事的滑雪场高达 70 余个,其中靠近北极圈的诺瓦涅米背部的类维(Levi)滑雪场是芬兰最大也是闻名全世界的滑雪场。评定滑雪场规模的指标在于滑道数和拖牵数,就芬兰类维滑雪场而言,有 43 条滑道,28 个拖牵,其数量排在世界前列。此外,据相关研究表明,芬兰具有 5 条拖牵以上的滑雪场占到了国土规模的一半;为了满足大众的冰雪运动需求建设了室内冰场 263 个,室外冰场数以千个,以此形成了冰雪体育运动场地设施的世界标准性和规模性。

场地建设完善在于满足民众冰雪运动的需求。需求是刺激供给发展的重要因素。芬兰国家旅游指南指出,冬季开展的冰雪运动已经融入芬兰人民的血液当中,成为每一个芬兰人生命的一部分。因为独特的自然环境和丰富的场地设施,学生在校时会进行大量的冰雪运动,以此刺激学生积极参与到体育运动中来,发展学生的身体素质,实现素质教育。由于冰雪运动与教育体系进行了良性的结合,使芬兰人民对冰雪运动具有极其强烈的民族认同感和责任感,与我国的乒乓球成为"国球"有着异曲同工的意义。据《2017 全球滑雪旅游报告》数据显示:芬兰经常滑雪的人数达 126.4 万人,滑雪运动的参与率达到 24%,具有民众参与度高的特征。

参与冰雪体育运动离不开芬兰政府制定的系统化的冰雪教育政策与完备的网络培训系统。同时,芬兰在培养志愿者和教练员方面具有系统性和发展性。根据志愿者的内心需求和提升技能的心态,大量的冰雪旅游胜地为志愿者提供相应的培训,以此来为冰雪初学者和爱好者提供更好的冰雪运动体验。一方面,通过参与志愿服务,志愿者自身的滑雪技能和服务技能也得到了锻炼和提高;另一方面,通过指导爱好者,能够满足大众基本的冰雪技能需求,加速掌握冰雪运动的能力,扩大了参与冰雪运动的民众群体,具有系统化的培养特征。

(三)芬兰冰雪体育产业供给的发展态势

芬兰冰雪体育产业供给的发展态势主要从场地实施方面、服务人员文化素养以及冰雪科技的研发能力方面进行深入探讨。首先,芬兰独特的自然环境为冰雪运动的开展奠定了基础条件,芬兰人在参与冰雪运动的同时必然对冰雪的场地设施的需求和等级在不断提高,这就促使国家必须加大对于场地设施的精细化和专业化的提高和完善,以此来满足大众的需求。表现在滑雪场的数量和标准性的程度上,通过不断增加滑雪场的滑道数量和拖牵数量来满足大众需求。在完善场地设施的同时,大力举办世界级赛事来刺激世界各地的滑雪运动员参与到冰雪运动中。一方面可以提升国家冰雪运动的综合实力,另一方面可以吸引外资发展芬兰冰雪产业,实现芬兰经济的可持续发展。

其次,随着世界全球化和科技革命的时代潮流,国家的产业发展主流逐渐关注到服务体验上来,服务质量的优良和文化素养的高低成为大众参与运动体验效果的主要标准之一。因此,芬兰在志愿者培训和教练员指导方面进行了大量的改革,以系统化的冰雪运动服务和培养体系来提升服务人员的文化素养能力,通过给予运动者良好的消费体验和运动体验来呈现国家整体的文化素养,进而吸引全世界国民跨境旅游来到芬兰进行冰雪运动和参与冰雪体育赛事。

最后,最为核心的因素在于芬兰冰雪科技的研发能力。芬兰在冰雪科技的研发方面投入了大量的时间和财力。据全球冰雪研发数据表明,芬兰的科技研发能力始终领先全球,冰雪产业创新指数也始终处于国际前列,具有冰雪科技研究能力的时代性和超前性,从芬兰研发的柔性冰球挡板和雪上射击光学瞄准仪中可以体现出来。尤其是柔性冰球挡板技术具有世界标准性,根据冰球赛事数据分析发现,柔性的护栏挡板可以降低运动员 50% 的撞击损伤率,极大地降低了冰球运动的危险性。

因此,从芬兰冰雪产业供给的发展来看,我国需要借鉴和学习芬兰的场地基础设施完善方面、服务人员的文化素养方面,以及加大对于冰雪科技能力的研发,只有通过完善运动的基础设施以及对于技术进行不断的更新才能适应时代发展的潮流,不断提高冰雪产业综合能力,实现产业的优化升级,推动体育产业的整体可持续发展。

三、日本冰雪体育产业相关研究

(一)日本冰雪体育产业的概况

日本作为亚洲地区重要的冰雪运动中心,冰雪体育产业发展水平较高。在政策制度方面,日本早在 1961 年就颁布过《体育促进法》,2011 年又颁布实施《体育基本法》。政策制度的制定不仅为政府执行体育政策提供依据,而且也以法律的形式维护民众进行体育运动的权利,推动全民积极参与体育运动。在冰雪运动参与方面,大众对冰雪体育运动具有强烈的参与热情,形成了学校、家庭、社会冰雪运动参与的良好互动。在丰富大众体育活动内容的同时,还有利于大众养成冰雪运动的习惯,促进终身体育的形成。在冰雪体育产品生产制造方面,已完全形成了冰雪产业的工业体系,索道制造和滑雪场整地机械、造雪设备、滑雪器械、滑雪辅助用品等产品,在国际市场均有一席之地。另外,日本于 1972 年举办长野冬奥会,不仅促进了日本政治经济的发展,也留下了珍贵的奥运遗产,掀起了日本全民参与冰雪体育运动的热潮,使日本冰雪体育产业开始受到关注。日本冰雪体育产业起步早,经过 60 多年的发展,至今其冰雪体育产业已处于高度发展阶段,具备相当大的市场规模、完备的产业链和配套的产业资源。尤其是冰雪体育产业在物质基础、场地设施建设、供给制度、产品供给以及服务质量水平等方面发展均较为完善。日本已经形成以冰雪场地设施建设为物质基础,以冰雪体育旅游为推动力,以冰雪体育服务业为核心,以冰雪运动产品以及相关配套产业资源为支撑的冰雪产业供给体系。

（二）日本冰雪体育产业供给的特征

日本作为亚洲地区重要的冰雪运动中心,经过了 60 多年的发展历程,形成了完整的产业链和完善的产业体系,并呈现出冰雪资源丰富、场地设施齐全,冰雪体育配套产业资源完备,服务质量高,冰雪体育文化底蕴丰厚,冰雪运动人才充足这五个特征。

日本冰雪资源丰富,场地设施齐全。日本冰雪体育产业发展离不开丰富的冰雪资源。在自然资源方面,日本冰雪场地总量充足,基础设施完善。以长野县滑雪运动为例,相关统计数据表明,长野县共拥有 42 家滑雪场,2018—2019 年,共接纳滑雪爱好者 64.5 万人,在满足日本国民滑雪需求的同时,还吸引众多国际滑雪爱好者来日本体验滑雪,冰雪体育场地供给十分充足。除了数量多之外,冰雪体育场地质量良好。日本是世界降雪量最大的地方,得益于丰富的冰雪自然资源,日本滑雪场积雪丰厚,雪质优良;另外日本地形复杂,有绵延 300 公里的山脉地形横跨富山县、岐阜县、长野县与新泻县,创造了巨大落差的山脉和大角度的峰面,有利于滑雪项目的开发,优化滑雪爱好者的滑雪体验感,满足消费者的滑雪需求。丰富的自然资源为日本冰雪体育场地设施建设打下了坚实的基础,为冰雪爱好者提供了高质量冰雪场地。

工业基础深厚,冰雪体育配套产业资源完备,日本冰雪体育产业已处于高度发展阶段,与其他配套产业有着密切的联系。例如,日本拥有巨大的冰雪体育旅游市场,凭借优美的地理环境和得天独厚的冰雪资源吸引着众多国内外冰雪爱好者旅游观光。巨大的市场需求,使日本早早地就进行了冰雪体育旅游资源的开发和配套设施建设,多年以来,其产品知名度不断提高,加之日本温泉资源丰富,交通资源便利,以及其他旅游资源开发完善,使日本冰雪体育旅游市场持续火爆,这也使日本成为冰雪体育旅游产业的代表之一。可见,配套产业资源的供给是推动日本冰雪体育产业发展的重要动力。

冰雪体育产业服务质量高。日本体育产业以体育服务业为主体产业,以完善的体育产业政策体系为保障。具体到日本冰雪体育产业中,冰雪体育服务业是冰雪体育产业的核心。日本提供高质量冰雪体育服务的同时,在其他相关配套服务,例如酒店、餐饮以及购物等方面也有较高的服务与管理水平,高质量的服务不仅可以满足冰雪爱好者的需求,而且还可以吸引冰雪爱好者再次进行冰雪运动。可见,高质量的服务供给可以推动冰雪体育产业发展。

冰雪体育文化底蕴丰厚。日本作为世界上少数举办过两次冬奥会的国家之一,不仅掀起了全民参与冰雪运动的热潮,促进冰雪体育产业的兴起,也使札幌、长野成为著名的冰雪城镇,吸引着国内外众多冰雪运动爱好者,推动日本冰雪体育产业不断发展,更是留下了珍贵的奥运文化遗产。日本冰雪体育运动历史悠久,冰雪体育文化底蕴深厚,多次开展各种冰雪文化节庆活动,例如札幌冰雪节、北海道冰雪节等。数年来,日本已经形成了文化品牌效应,推动冰雪文化产品体系不断完善。作为非制度供给的冰雪体育文化,不仅可以推动日本体育经济发展,而且也彰显了日本丰厚的冰雪体育文化软实力,展示民族风采。

冰雪运动人才充足。日本冰雪文化底蕴深厚,对冰雪运动十分重视,在冰雪运动人才培养方面也尤为重视。在社会冰雪运动方面,日本在冰雪体育场馆经营管理方面拥有大量专业化、职业化的应用型人才。在校园冰雪运动方面,日本政府积极推进有条件的地区和学校开展冰雪运动,打造"示范学校""青少年上冰雪""冰雪宝贝培训计划"等校园性品牌冰雪活动,不仅丰富了学生校园体育活动内容,还有利于培养学生参与冰雪体育运动的兴趣,养成冰雪运动的习惯。同时,日本政府建立了体育与教育协同合作机制,在部门之间展开合作,整合体育与教育资源,把校园纳入冰雪后备人才选材范围,不断完善冰雪运动后备人才发现机制、培养机制,为冰雪运动人才的发现、选拔和培养作出重要贡献,同时也使冰雪运动人才培养体系日趋完善。在竞技冰雪运动方面,日本不仅在花样滑冰、速度滑冰、冰球等项目上人才储备充足,而且还具有在国际赛场上争金夺银的实力。

(三)日本冰雪体育产业供给的发展态势

日本冰雪体育产业已经高度发展,供给侧建设已相对完善,并且在冰雪基础设施、服务质量水平、相关配套产业资源开发以及制度体系等方面均走在世界前列。但据相关统计数据显示,随着日本进入老龄化社会,虽然有众多的国际游客赴日体验冰雪体育运动,但在整体上呈现参与人数减少的趋势,导致部分滑雪场生存困难。由此可见,日本冰雪体育产业市场已经相对饱和,产能严重过剩。针对此种现象,日本政府和企业都积极推动“冰雪产业复兴”。

从日本冰雪体育产业供给侧要素的角度分析,科技是日本冰雪产业复兴的重要动力。科技是创新的重要组成部分,通过要素的配置影响产业供给,通过技术关联影响产业关联,通过技术的更新换代促使产业和产业部门的更迭,进而影响产业结构的调整。日本作为科技大国,科学技术水平和科研能力名列世界前茅,政府应借鉴日本新能源汽车的发展历程,设立专门的“科技振兴”机构,利用科技创新要素推动产学研的互助合作,从而促进冰雪体育产业复兴。

从生产力要素在全球流动的角度,张贵海(2013)认为,东北亚冰雪产业的区域合作、共生、竞争都具有一定的现实可操作性。如今,日本冰雪体育产业国内资源开发过剩、市场饱和,为了走出冰雪体育产业发展困境,日本应积极拓展海外冰雪体育市场,进行海外投资或产业外移,顺应产业融合的发展趋势,推动冰雪体育产业市场融合,在产业服务、资源开发、文化理念以及配套设施等方面,与其邻国开展合作,推动冰雪体育产业区域一体化发展。

综上所述,日本在冰雪体育市场饱和、产能过剩的环境下,为了实现"冰雪体育产业复兴",凭借其冰雪资源丰富、冰雪基础设施完善、文化底蕴丰厚以及配套设施齐全等优势,并且借助科学技术创新,主动将冰雪体育产业进行转型升级,在未来将呈现产业融合、区域合作的发展模式。

第三节　冰雪体育消费需求升级相关研究

一、消费需求升级的概念及特征

消费需求升级源自社会生产力的进步与经济事业的快速发展,既是经济活动的重要出发点,也是产业发展的重要推动力。综观国内外消费需求升级的研究可以发现,消费需求升级概念及其内涵的阐释尚未达成统一的认识。恩格尔定律中针对消费需求升级的相关概念指出,随着恩格尔系数的逐渐下降,食物支出比例也随之减小,其他支出则相应增加,从而实现消费者消费需求的改变和升级。我国学者叶立新等(2001)就我国国情及发展实际在恩格尔定律的基础上提出,消费结构升级是恩格尔系数不断降低,发展型消费比重和消费效用不断增加的过程。此外,石明明等(2019)认为,消费需求升级应该包括消费水平不断提高、消费结构优化、消费者的频率和种类逐步扩大以及消费观念更加开放和创新。可见,尽管消费需求升级概念仍处于不断讨论与发展的阶段,但是其内涵涉及了消费结构、消费观念以及消费对象等多个方面。冰雪体育产业的消费需求是消费需求的一个方面,固然也包含了消费结构、消费观念、消费对象等方方面面。

通过对既有文献的进一步梳理可以发现,消费者对消费品的需求不是一成不变的,而是更具个性化与多元化的。尹莉等(2009)在分析消费者需要时认为,不同时代的消费者存在不同的消费需求观念,大致经历了由数量到质量、由低层次需求到高层次需求以及由效用功能到服务功能的变化阶段。朱孟晓(2010)在我国居民消费倾向变化及原因研究中发现,消费结构变化是消费需求升级的重要体现和特征。陈鹏(2018)认为,消费升级在消费对象升级、消费方式换代以及消费观念转变三个层面形成循序渐进的阶梯。此外,石明明等(2019)在分析了中国消费结构的优化过程发现,居民消费需求升级特征呈现出从生存消费到愉悦消费和发展消费,从物质消费到服务消费的趋势。可见,消费需求升级是消费结构升级的必然结果,具有阶段性、逐渐性以及层次性等特征。

就冰雪体育产业的消费需求而言,随着人们生活质量的不断提升,消费者在健康方面的投资正在持续增加,我国的冰雪体育消费需求结构也逐渐开始从传统实物性消费向参与性消费转变,由常见的体育运动向多元化运动形式转变,这也在无形中促进了冰雪体育产业消费需求的升级,使得消费者对于冰雪运动消费的需求更加趋于多元化,人们的冰雪运动需求早已不仅是简单的物质层面的需要,更多的是呈现对于精神层面的追求。消费者渴望通过参与冰雪体育运动,以满足其愉悦身心和发展享受的需要。可见,同消费需求的发展特征一样,我国冰雪体育产业的消费需求升级也是一个由低层次需求到高层次需求、由效用功能到服务功能转变的过程,具有多元化、层次性、阶段性的特征。

二、冰雪体育消费需求相关研究

(一)冰雪体育产业需求的概念及特征

要想定义冰雪体育产业需求的概念,首先要了解需求的概念。需求是人

类为了生存而产生的一种生理和心理上的需要。胡森、波斯尔思韦特
(Husén、Postlethwaite,1994)认为,需求是因为差距、自身存在的不足、需要或
者是偏好才产生的。西方的经济学家将需求定义为:"消费者对一种商品的
需求是指在其他条件不变的情况下,某一特定时期内消费者在各种可能的价
格下愿意且能够购买该商品的数量。"①马克思辩证地探讨了供给与需求之间
的关系,认为供给与需求是密不可分的,虽然生产与消费不直接等于供给与需
求,但生产的起点是供给,消费的终点是需求,所以供给和需求实际上可以等
于生产供给和消费需求。从上述学者的角度来看,消费是满足人类需求、实现
人类自我的基本活动之一。不同的社会人群会产生不同的消费需求,且当现
实和预期不一致时就会产生需求。综合上述观点,对商品的需求也是人的一
种基本需求和需要。消费行为的出现伴随着经济集聚与经济活动的形成,随
着人们消费活动的日益增多,需求的不断扩大,某种同类属性的经济群体或经
济活动的集合随之出现,这就是产业。产业根据消费者需求的不同,会分类为
不同的产业需求。其中体育产业作为新兴的产业,它也具备着产业的特征,它
是某一种体育经济群体和经济活动的集合。而体育产业就处在国民经济的中
观层次,它不但是同类企业经济活动的集合,还是维系国民经济与企业经济活
动的纽带。同其他许多经济学概念一样,产业需求也是一个历史范畴,其概念
在历史的发展中不断拓展。即使在同一时期,由于研究内容、研究目的的不
同,"产业需求"的内涵也会不同。产业需求是商品经济条件下的物质生产部
门,包括所有按资本方式经营的生产系统,两者在生产过程中的需求。在众多
产业需求的研究中,首先从产业人才需求来看,李秀红(2018)认为,产业需求
很大一方面是对专业人才的需求,新时期产业发展面临许多困境,如资源制
约、产业层次的提升、科技创新驱动、产业融合发展,这些都使产业发展需要大
量的高素质人才。其次从产业发展的城市需求来看,张忠国等(2018)指出,

---

① Husén, Torsten, Postlethwaite T.N.,"The International Encyclopedia of Education",*British Journal of Educational Studies*, Vol.44,No.3,1994, pp.617-630.

城市功能离不开产业和人口两大需求主体,并且围绕他们提出各自生产生活的需求,为满足这些需求内容,城市会根据一定的计划分配城市空间以及资源。最后,产业需求也需要一定人、事、物的支撑。赵越(2018)认为,产业需求会受到社会经济发展水平的影响,因为产业的运作需要一定的资金支撑。同时产业发展也离不开政策支持,完善法律体系以及社会保障体系对相关产业发展具有重要的影响效果。冰雪体育产业作为产业的一部分,也具有产业需求描述的上述特点。基于上述研究,冰雪体育产业需求可以分为专业科技人才需求,城市空间需求、资源需求、经济需求以及政策支持需求。基于此,本书将冰雪体育产业需求定义为在冰雪体育产业发展过程中的物质生产部门在生产、运输、销售过程中对人力、物力、财力的总需求。需求的本质是人们支付某些商品或服务的能力,而不是忽略商品或服务的特定使用价值的一般需求,并且有限性是产业需求的特征之一,它解释了对产品以及服务的需求,会根据不同的产业发生变化。体育产业需求作为产业需求的重要组成部分,也具备有限性的特征,它会随着行业的不同而改变。

(二)冰雪体育产业需求的发展价值和意义

需求是拉动经济发展的重要力量,对产业的经营和发展有着十分重要的指导作用。根据国家统计局相关数据显示,中国2008年到2013年这5年消费支出的贡献率从45.7%增长到了47%,只增长了1.3%,但是从2013年到2016年,消费对中国经济增长的贡献率就从47%提升至64.6%,2017年更是在前三季度就达到了64.5%,消费支出所占的比重越来越高,说明消费正逐渐变成我国经济增长新的驱动力。消费可以看作人类的一种基本活动,马克思(2009)曾提出"消费是为了满足需求","消费的过程也是人类需求得到满足的过程"的论断,因此对商品的需求也是人的一种基本需求和需要。消费需求作为总需求的重要组成部分,加之消费需求作为最终需求,对带动总需求的增长有不可忽略的作用。同时产业需求作为消费需求的重要组成部分,对于冰雪体育产业转型发展以及产业发展都有着重要的价值和意义。

随着北京—张家口取得 2022 年冬奥会举办权，国家出台了一系列关于体育，尤其是冰雪体育的相关政策。在冬奥会以及国家冰雪体育政策的带动下，我国冰雪体育消费需求不断上升，人们参与冰雪体育运动的热情高涨，据统计，就滑雪产业一项预计每年将创造 325 亿元的经济效益。加之冰雪体育产业具有产业链带动能力，根据冰雪体育产业 1∶10 的产业带动效应计算，由需求带动的冰雪体育将创造高达 3000 亿元的收益。冰雪体育产业需求作为推动冰雪产业转型升级以及发展的重要因素，具有良好的价值创造能力与产业带动能力，这些对于冰雪体育产业的发展壮大具有重要的价值和意义。

一方面，冰雪产业需求具有良好的价值创造能力，分为经济价值、政治价值与文化价值。在经济价值方面，需求产生劳动力与劳动产品。从消费需求来看，我国已经进入了消费需求持续增长、消费结构不断升级，以需求拉动经济作用明显增强的重要历史时期。深入冰雪体育产业方向，有研究指出，我国有关冰雪体育运动的需求人群达到了全部人口的 10%，尤其是北京冬奥会的即将召开，使国民有关冰雪体育的消费需求更加旺盛，并呈现出多样化以及个性化的特点。但是，我国冰雪体育产业还处于发展的初级阶段，虽然近年来在国家政策的大力推动下，我国的冰雪体育产业已经取得了快速的发展，且具有广阔的市场前景以及强劲的市场需求动力，但无论是冰雪体育产业的供给总量还是产品质量，或是硬件设施以及软服务，对满足人们对冰雪体育产业日益增长的物质文化需求仍然还存在一定的差距。有需求就会有市场，在旺盛的市场需求的刺激下，推动着冰雪体育产业相关技术创新、业态革新以及高端产品的注资与研发。因此，旺盛的冰雪体育产业需求对促进冰雪体育产业的转型升级具有积极的意义。在政治价值方面，党的十九大报告指出，我国社会的主要矛盾发生了质的变化：由人民日益增长的物质文化需要同落后的社会生产力之间的矛盾转变为人民日益增长的美好生活需要和不平衡不充分的发展之间的矛盾。我国具有良好的冰雪资源与极具潜力的消费市场，但是受经济条件的制约,在我国经济欠发达时期,冰雪体育产业作为休闲娱乐类没有得到良好的资源开发与利用。随着我国经济的不断发展以及冰雪产业的良好运行,现如今冰雪体育产业不再是属于有钱人才能享受的高端运动,加之近年来我国相关政策的大力推动,使冰雪体育产业逐渐平民化、大众化。面向的消费人群在数量上日益增长,由此带来了消费需求不断上涨,这些对促进我国冰雪体育产业结构转型等相关政策的实施具有积极的作用。在文化价值方面,我国的冰雪文化不仅历史悠久,而且内容丰富多样,包括冰雪民俗文化、冰雪艺术文化、冰雪科技文化以及冰雪文学等多个方面。这些冰雪文化的发展与弘扬,能够形成独特的地域文化,并实现良好的社会经济效益。同时在良好的经济运行以及国家政策的推动下,对冰雪体育产业结构升级具有良好的推动作用。

另一方面,冰雪体育产业需求具有良好的产业带动能力,冰雪体育产业需求中良好的政治价值、文化价值以及经济价值可以顺应国人冰雪体育消费需求升级特点,加快冰雪体育产业转型发展,推动冰雪场地及装备制造业转型发展,提升冰雪体育服务业产品输出质量,建构供需高效对接的供给机制。尤其在我国东北地区,其一,在得天独厚的冰雪自然资源的基础上,以冰雪体育产业价值创造活动和区域资源禀赋分析为基础,构建出东北地区独有的冰雪体育产业商务模式,优化冰雪体育产业结构,促进冰雪装备制造业产业技术升级、服务业质量提升和休闲业高效治理。其二,东北地区发展冰雪体育产业对深化老工业基地改革,带动老工业基地国民经济,优化自然环境,推动经济的可持续健康发展具有战略性意义。

基于以上文献,本书认为冰雪体育产业需求从价值创造能力与产业带动能力两方面对促进冰雪体育产业升级具有积极的意义。其中价值创造能力包含了经济价值、政治价值与文化价值三方面内容。这些都充分体现了冰雪体育产业需求是推动冰雪产业转型升级的重要力量,对于我国冰雪体育产业的发展具有重要价值与意义。因此,本书从冰雪体育产业需求出发,探究促进冰雪体育产业转型与升级的路径与方法,为促进我国冰雪体育产业发展提供借鉴。

(三)冰雪体育产业需求的发展态势

随着社会经济的发展,人民群众的生活水平日益提高,消费需求也随之不断增长,尤其是北京—张家口成功取得2022年冬奥会的举办权,以及国家相关政策对于冰雪体育发展的优惠与支持,使国民对冰雪体育运动的需求不断高涨,且呈现多元化的发展趋势。

关于马斯洛需求层次理论,众多学者通过不同角度的阐述,皆认为马斯洛需求层次理论是当某一层级的需求得到满足后,人们会自动追求下一层级的需求。具体将五种层次的需求分为低级需求和高级需求,低级需求包括生理需求、安全需求和感情需求,高级需求包括尊重需求和自我实现需求。随着我国经济水平的不断提高,我国群众的消费水平不断升级,简单的锻炼已经无法满足大众日益多样化的体育消费需求,潜水、滑雪等新兴运动不断涌现,丰富着大众的娱乐生活。人们对于体育运动有着强烈的需求,体育运动的目的和形式发生着转变。在目的方面,在工作之余开始越来越多地选择体育休闲运动,追求精神层次的享受。在运动形式上,大众越来越倾向于体验更加丰富有趣的运动项目。其中,大众对于冰雪体育运动的喜爱和参与程度日益提高便是经济收入提高以及休闲健身需求改变的结果。结合马斯洛需求层次理论,当人们从生理需求的控制下解放出来时,会出现更高级、社会程度更高的需求,随着我国社会的快速发展,冰雪体育产业消费需求便成为现代产业消费环境中十分重要的部分。同时冰雪体验产业消费需求作为特殊的消费需求,除了需求总量在不断发生变化之外,其发展态势也受到多个因素的影响,包括经济、政治、社会、文化等因素。在经济方面,由于冰雪体育消费的娱乐性比较强,因此对于人们的收入水平有一定的要求,只有当人们的生活水平达到一定的阶段时,冰雪体育产业需求才能得到进一步的增长。而我国目前虽然已经全面建成小康社会,但是仍然不能忽视人均可支配收入水平南北部、东西部、内陆与沿海以及山村与城市之间存在差异的现状。在我国经济越发达的地区,人均可支配收入越高,该地区对于冰雪体育产业相关服务的需求量也就越多;反正则会有所下降。因此,人们对于冰雪体育产业需求的分布也会根据经济收入水平而受影响。在政治方面,虽然发展冰雪体育产业,开展冰雪运动是国家政策鼓励的结果,但是,由于各个地方的自然环境以及冰雪资源存在差距,北方地区纬度位置较高,冬季严寒,降雪量大,有着丰富的冰雪资源,利用自身资源优势发展冰雪体育产业成本低。南方地区少雨雪且气温常年较高,冰雪资源稀少,在进行冰雪场馆建设时通常需要注入更多的资金与技术。因此,不同地区的地方政府在制定冰雪体育产业的政策以及实施力度上也会各有不同,地方政府通过政策的宣传与引导,对冰雪体育的相关企业进行规划指导,决定冰雪体育产业在该地区的市场占比份额,影响大众对冰雪体育运动的需求。在社会层面上,由于受到年龄、职业、文化构成、城市化程度、交通的便利性等多方面因素的影响和制约,大众对冰雪体育运动的需求在量上存在差距。在文化方面,根据地区文化以及个人兴趣习惯的不同,大众在冰雪体育运动的形式选择上同样存在多样化,在不同的冰雪体育运动上面存在差别,从而进一步影响冰雪体育运动的需求量。在影响冰雪体育产业需求未来发展趋势的因素中,经济因素已经被众多学者研究证实是影响冰雪体育产业需求未来发展趋势最主要的因素。

基于以上文献,本书认为我国冰雪体育消费需求正在呈现出多元化的发展趋势,且在以往的研究中发现在多样化的冰雪体育消费需求中只有通过了解消费者的消费决策特征与价值动机,才能够设计出符合消费者真正需求的多样化冰雪体育产品与服务,从而明确冰雪体育产业发展方向,促进冰雪体育产业的转型与升级。因此,本书从冰雪体育产业需求入手,深入了解消费者消费行为与习惯,为冰雪体育产业转型提供理论依据。

三、冰雪体育产业消费需求升级的发展及影响

在应对消费需求升级而采取相应措施前,首先要对其产生的原因和影响两个方面进行探索。其中,在消费需求升级产生的原因方面,既有文献中指出消费需求升级与供给结构转型是相互促进和作用的重要因素。纪玉俊(2007)从产业链分工视角切入认为,要想发挥消费需求升级对产业发展具有强大的推动作用,就要在供给环节进行供给产业链的合理分工。陈鹏(2018)通过对影响消费升级的外因机理分析发现,在供给端进行技术与创新两方面优化与发展更有利于加快实现消费升级。王晓宇(Wang Xiaoyu,2019)通过对中国城镇居民消费升级的数据分析发现供给侧结构性改革既是消费升级的内在动力,又是加快我国消费升级的根本途径。此外,在产生影响方面,消费需求升级对供给结构同样具有重要影响。如郭梅君(2011)从消费需求与生产供给的动态均衡角度发现,居民生活水平的提高伴随着消费结构向文化消费与服务消费升级,这一变化有利于提升产品供给能力,促使供给不断优化和转型升级。张超等(2019)从制度经济学视角在理论层面构建了广东自改革开放后其产业升级路径,即消费需求升级→供给转型升级→产业升级。可见,消费需求升级与冰雪体育产业转型具有密切联系,一方面冰雪体育产业转型有利于推动消费需求升级,另一方面消费需求升级能够促进冰雪体育产业转型发展。

在冰雪体育产业领域,随着一系列利好政策措施的落地和我国整体宏观经济的持续高质量发展,我国冰雪体育产业迎来了前所未有的发展机会。参与冰雪体育运动的人口规模不断扩大,冰雪体育消费逐渐由单一化向多元化、一般化向个性化的趋势发展。随着2022年北京冬奥会的日益临近,会有越来越多冰雪体育爱好者参与到冰雪运动消费中来。冰雪体育运动迎来了消费需求升级的重大契机,这对于我国冰雪体育产业供给而言,也是一次调结构促转型的重要机遇。通过不断调整冰雪体育产业的供给模式,主动适应并在此基

础上持续优化消费升级背景下的冰雪体育消费者需求,形成良性发展道路,最终实现满足人民群众对于参与冰雪运动的需要是我国冰雪体育产业发展的最终目标。

综上所述,包括冰雪体育消费在内的冰雪体育消费需求升级是消费者对其消费结构、观念、对象以及方式质量等多方面变化升级的过程,具有阶段性、逐渐性与层次性等特点。而产业转型发展作为我国冰雪体育消费需求升级过程中的重要外在因素,两者互相作用为产业发展与升级提供了实现的可能。因此,在当前我国消费需求升级背景下,发挥消费需求升级对冰雪体育产业转型发展的积极作用显得尤为重要。

四、冰雪体育产业研究述评

随着冰雪运动的蓬勃发展,吸引了广大体验者和爱好者参与冰雪运动,掀起了冰雪运动的热潮,冰雪产业的需求呈现增加的趋势,而冰雪产业的供给和冰雪产业的需求是相互联系和互相作用的有机统一体,相应的冰雪产业的供给也成为冰雪产业发展研究的重要课题。冰雪产业主要强调冰雪产品和服务的供给,可从政府和冰雪产业界两方面探讨。就政府的角度而言,政府作为冰雪体育发展的主导者,对于冰雪产业的供给注重冰雪资源的合理配置、冰雪体育专业人才的培养、冰雪运动项目文化的传播以及冰雪运动装备器材发展等方面。就冰雪产业界方面而言,则注重于冰雪场馆的服务质量、消费者满意度以及服务绩效等服务层面的供给。无论是政府还是冰雪产业界都是为冰雪运动消费者提供多样化产品、更深层次的冰雪运动体验,使冰雪产业的供给效率最优化,以进一步刺激冰雪产业需求侧的提升为出发点和落脚点。政府和冰雪产业界在冰雪体育产业供给中是相互补充的关系,使高质量的供给与多元化的需求无缝有效衔接,促进冰雪产业供给结构的优化升级。具体而言,根据区域经济的不同特色,在地域优势的基础上,积极发挥冰雪资源的优势,有针对性地组织和开展各式各样的冰雪运动赛事和活动,丰富冰雪体育消费供给,同时开展冰雪运动技能和文化的学习,利用高等院校和社会团体的力量,组织冰雪运动项目指导员、教练员的培训,注重冰雪体育产业基础性人才和管理型人才的培养,积极带动广大群众投入冰雪运动,促使更多的人参与冰雪体育运动、爱好冰雪体育运动、享受冰雪运动带来的欢乐与愉悦、进而营造浓厚的冰雪运动氛围。此外,互联网的发展促进了经济结构的调整和变革,已成为推动企业和个体经济发展的重要力量,因此,"互联网+"与冰雪体育产业的跨界融合是探索冰雪体育产业供给创新发展的重要途径,依托网络发展的便捷性,借助网络平台的互动和网络媒体的传播,深入了解冰雪消费人群的多样化需求,打造冰雪体育产业和互联网相结合的多元化服务平台,进一步激发冰雪体育市场的活力,从而助推冰雪体育产业的供给结构发展。

为适应冰雪运动发展的需要,促进冰雪产业的长足发展,提高冰雪体育产业的供给质量和效率,一方面,需积极扩大有效供给,如提升冰雪运动设施与服务建设,不断完善冰雪软硬件设施,通过把握不同需求层次冰雪运动消费者的服务需求,促进冰雪体育产业与旅游业有机结合。另一方面,减少冰雪产业低质量的无效供给,如某些冰雪场馆管理者的经营理念偏差或者对市场定位不准确,无法适应市场和政策变化等内外环境的问题,造成冰雪体育产品价格过高,冰雪运动产品的价格和消费者的支付能力与社会能力无法相适应的问题,从而增加了冰雪产业无效供给。因此,本书在整理相关文献、实地调查、深入分析的基础上,对冰雪体育产业、冰雪体育产业供给、冰雪体育产业需求三个方面进行了探讨,发现冰雪体育产业呈现结构不合理、冰雪体育运动商业模式推广尚处于初级阶段以及冰雪资源分布具有较大差异化的特征,并且冰雪体育产业呈现产业融合发展、商业化发展、政府引导发展、产业集群的发展态势。具体从冰雪体育产业供给和冰雪体育产业需求两方面分析,冰雪体育产业供给存在高质量赛事供给不足、冰雪产品的供需不匹配、冰雪场地设施不足、冰雪产品无效供给过剩的问题。需从冰雪体育产业人才、土地、资本、创新这些供给方面不断地推动冰雪体育产业的发展,且冰雪体育产业供给呈现供给侧结构性改革发展态势和互联网深度融合的发展态势。而冰雪体育产业需求呈现产业人次需求、城市需求的特征与多元化需求发展态势。基于冰雪体育产业供给和冰雪体育产业需求的特征和发展态势，在消费需求升级的背景下紧紧围绕3亿人参与冰雪运动的目标任务，在了解冰雪运动消费者的现实需求以及潜在需求的基础上，紧紧抓住冰雪运动新一轮的发展机遇，借助政府、社会等各方力量灵活多样地推动冰雪产业的健康持续发展，充分有效地利用现有渠道，引导社会多元力量参与，优化冰雪产业各类资源的合理配置，促进冰雪运动常态化，从而有效解决不同层次的冰雪产业供给问题，达到满足冰雪运动消费需求的最终目的，促使冰雪产业焕发出新的生机与活力。

第二章　我国冰雪体育产业
现状调查研究

第一节　问卷设计与调研流程

通过设计我国冰雪体育产业消费者需求调查问卷和我国冰雪体育产业消费市场需求现状调查问卷,对社会参与主体进行冰雪体育产业市场消费需求认识的调查,并整理相关数据,通过数据反映当前我国冰雪体育产业的市场消费需求现状,为推进我国冰雪体育产业改革,推动我国冰雪产业可持续发展提供参考。我国冰雪体育产业消费者需求调查问卷的问卷设计部分从消费主体、消费客体、消费环境三个方面对消费者需求展开调查,以期发现在消费需求升级背景下,冰雪体育消费者的需求现状,调查对象针对参与冰雪体育运动的消费者。我国冰雪体育产业消费市场需求现状调查问卷的问卷设计部分主要从我国冰雪产业发展现状和如何提升我国冰雪产业市场消费需求两个方面展开调查,调查对象主要针对冰雪体育场馆经营者、冰雪产业专家学者。

调查问卷通过专家的效度检验和两轮预调查的信度检验,在 2018 年 1—5 月,通过现场发放的形式进行调查和回收。我国冰雪体育产业消费者需求调查问卷的预试问卷第一轮发放地点在长春市庙香山滑雪场,采用立意抽样的方式选择调查对象。共发放问卷 60 份,回收问卷 48 份,剔除无效问卷 6

份,预问卷的有效回收率为87.5%。根据问卷的填写情况并结合相关专家意见,删除难以理解和填答困难的题项,第二轮发放问卷100份,回收问卷96份,剔除无效问卷4份,有效问卷回收率达95.8%,并再次删除和修正相关题项。经过2轮的问卷预发放,并对问卷的内容进行修改,最终形成正式问卷。对长春市、哈尔滨市、沈阳市、济南市、西安市、昆明市、北京市、上海市、乌鲁木齐市、深圳市10个城市的冰雪运动消费者发放问卷。共发放问卷1400份,回收问卷1244份,剔除无效问卷64份,有效问卷回收率为94.8%。我国冰雪体育产业消费市场需求现状调查问卷的预试问卷第一轮发放地点在长春市庙香山滑雪场,采用立意抽样的方式选择调查对象。共发放问卷20份,回收问卷18份,剔除无效问卷1份,预问卷的有效回收率为94.4%。根据问卷的填写情况并结合相关专家意见,删除难以理解和填答困难的题项,第二轮发放问卷40份,回收问卷36份,剔除无效问卷3份,有效问卷率达91.6%,并再次删除和修正相关题项。经过2轮的问卷预发放,并对问卷的内容进行修改,最终形成正式问卷。对长春市、哈尔滨市、沈阳市、济南市、西安市、昆明市、北京市、上海市、乌鲁木齐市、深圳市10个城市冰雪场馆负责人、冰雪企业从业人员以及相关研究学者发放问卷。共发放问卷200份,回收问卷183份,剔除无效问卷8份,有效问卷回收率为95.6%。

第二节　冰雪体育产业需求现状研究

一、冰雪体育运动消费者人口统计学信息调查

本次消费者调查问卷共发放1400份,经过筛选后获得有效问卷1180份,其中男性621人,占比52.63%,女性559人,占比47.37%。25岁以下189人,占比16.02%,25—35岁300人,占比25.42%,36—45岁335人,占比28.39%,46—55岁280人,占比23.73%,55岁以上76人,占比6.44%(见图2-1)。总体上呈

现男性冰雪运动消费者多于女性消费者、青年和中年消费者较多的情况,冰雪运动的刺激性和健身性更能吸引中青年消费者群体参与到冰雪运动中。

（单位：%）

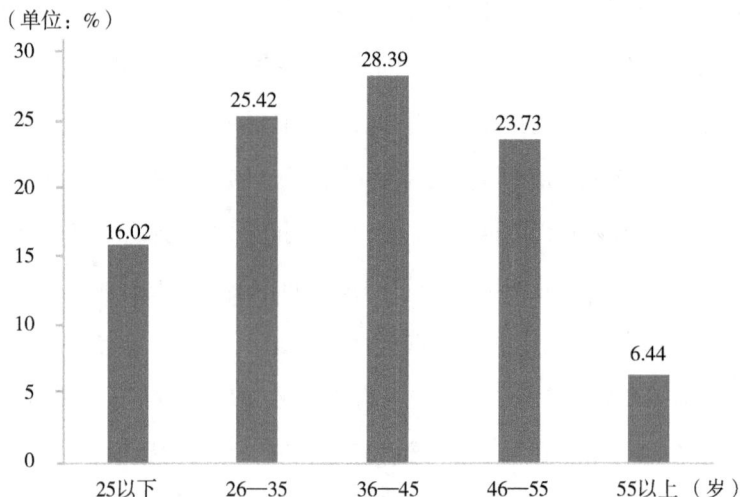

图 2-1　冰雪运动消费者调查对象年龄占比情况

　　学历方面,初中学历 94 人,占比 7.97%,高中/中专/技校/职高学历 396人,占比 33.56%,大专学历 125 人,占比 10.59%,本科学历 306 人,占比25.93%,硕士及以上学历 259 人,占比 21.95%(见图 2-2)。参与冰雪体育运动的消费者学历水平整体较高,以本科及以上学历的消费者为主,这部分消费者更容易从不同渠道获取关于冰雪运动的相关信息,接受冰雪运动文化,从而产生积极的参与态度,参与到冰雪运动中来。

　　国家机关、党群组织、企业、事业单位负责人 131 人,占比 11.10%,专业技术人员 163 人,占比 13.81%,办事人员和有关人员 125 人,占比 10.59%,商业、服务业人员 259 人,占比 21.94%,农、林、牧、渔生产人员 96 人,占比8.14%,生产、运输设备操作人员及有关人员 61 人,占比 5.17%,军人 23 人,占比 1.95%,不便分类的其他人员 322 人,占比 27.3%(见图 2-3)。冰雪消费者以商业、服务业从业人员和专业技术人员为主,这部分消费者闲暇时间较为充裕,消费观念也比较时尚,更容易参与到冰雪运动中来。

（单位：%）

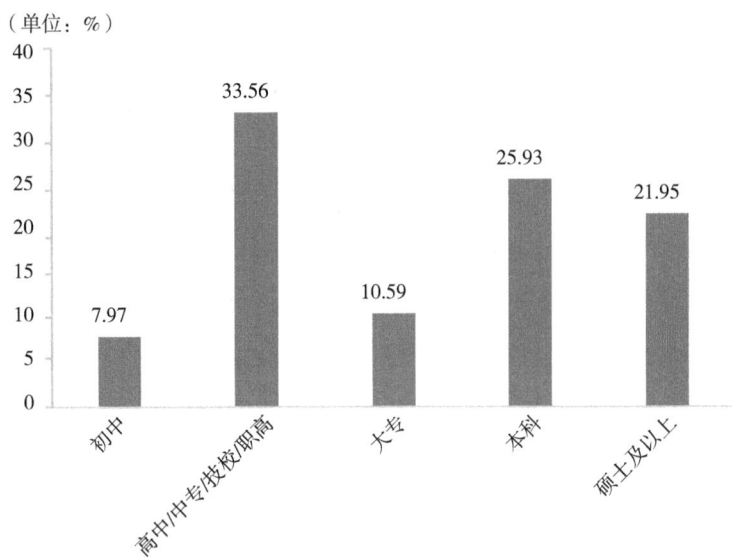

图 2-2　冰雪运动消费者调查对象学历占比情况

（单位：%）

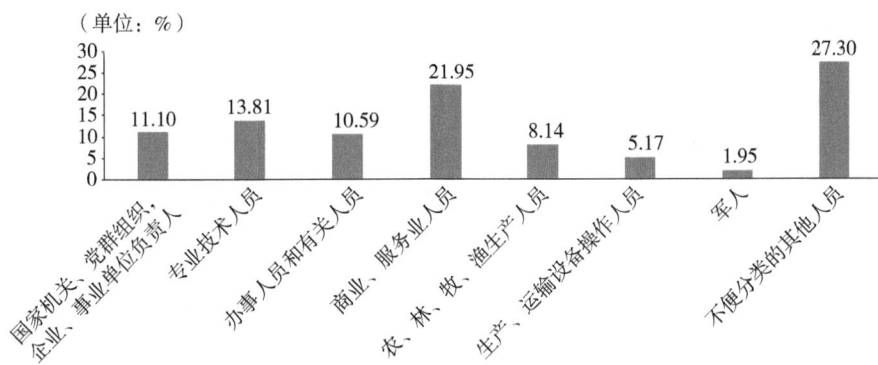

图 2-3　冰雪运动消费者调查对象职业占比情况

在市场经济条件下，社会生产力飞速发展，我国社会主要矛盾已经转化为人民日益增长的美好生活需要和不平衡不充分的发展之间的矛盾。新时代、新变化、新需求推动消费需求提升成为满足市场经济新形势下的必然趋势。在新形势下，人们对于冰雪体育产业的消费需求也随着时代的变迁逐渐转变，具体体现在消费能力、消费理念、消费方式上的转变。这三大转变对冰雪体育产业结构转型升级具有重要影响，消费能力变化带来的新的消费市场特点引起整个产业理念的变革;消费理念的变化需要产业重构,适应消费的新需求,例如现在消费者的需求从以往的"实物型消费"转变为"体验型消费";消费方式的变化则需要产业面对当前的新环境,重构新的市场体系。在消费需求逐渐提升的背景下,冰雪体育产业迎来了新的发展机遇。冰雪体育产业属于新兴产业,在发展的初期将会遇到许多困难与阻碍,这就需要以消费需求提升为着力点,持续推进冰雪体育产业的发展。目前消费需求现状及现在冰雪体育产业消费需求的转变使得消费者自身消费理念、方式、能力发生转变,这给产业结构的转型升级指引了方向,进而对产业供给内容平衡和市场环境的提升提出了新的要求。基于此,将消费需求分为主体需求、客体需求以及环境需求,大力推动冰雪体育产业消费需求的提升,促进产业结构的转型升级。

二、冰雪体育运动消费主体需求调查

家庭收入方面,家庭收入在5万元以下的122人,占比为10.34%,5万—10万元的212人,占比为17.97%,10万—20万元的317人,占比为26.86%,20万—50万元的390人,占比为33.05%,50万元以上的139人,占比为11.78%(见图2-4)。冰雪运动门槛较高,装备价格相对昂贵,冰雪运动消费者家庭年收入在20万—50万元的最多,这也比较符合参与冰雪运动所需花费较高的实际情况。

对消费者每年参与冰雪运动次数的调查结果显示,参与1次的人数为349人,占比为29.58%,参与2—5次的人数为306人,占比为25.93%,参与6—10次的人数为218人,占比为18.47%,参与11—15次的人数为174人,占比为14.75%,参与15次以上的人数为133人,占比为11.27%(见图2-5)。可以看出,冰雪运动的消费者群体每年参与次数在5次以下的最多,比例高达55.51%,说明我国参与冰雪运动的消费者主要以体验型消费为主,同时我们可以注意到,每年滑雪次数在15次以上的消费者也占到了11.27%的比例,说明我国也存在一部分滑雪运动的忠实爱好者。

（单位：%）

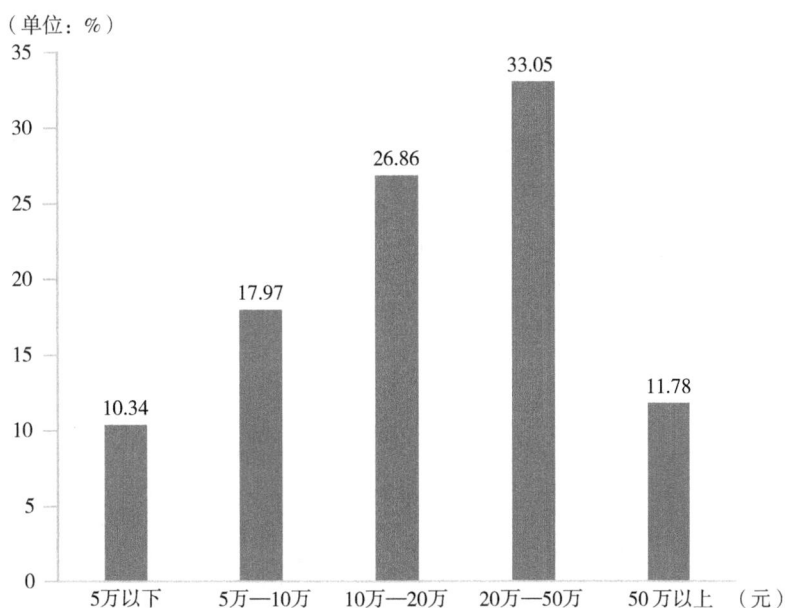

图 2-4 冰雪运动消费者调查对象家庭收入占比情况

（单位：%）

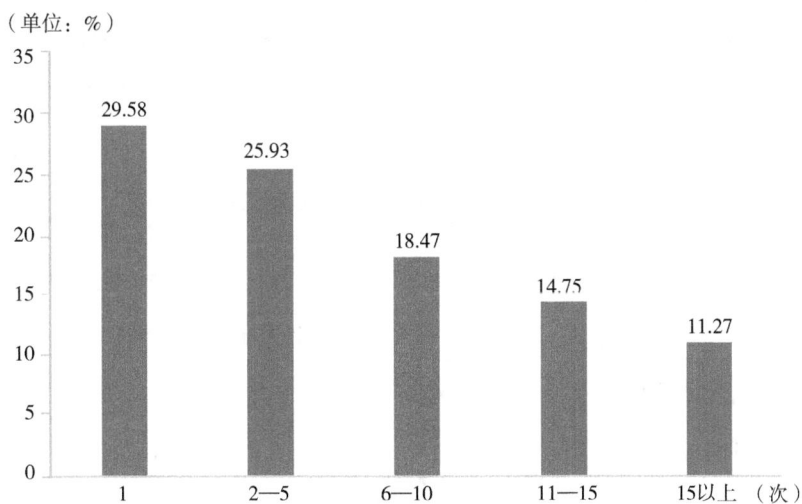

图 2-5 冰雪运动消费者每年参与运动次数占比情况

关于冰雪运动消费者每年在冰雪运动上的花费的调查结果显示，花费在

500元以下的人数居多,为670人,占比为56.78%;花费在500—1500元的消费者较少,仅有64人,占比为5.42%(见图2-6)。我国冰雪运动消费者每年的消费投入较少,并结合我国消费者每年参与次数在5次以下比例较多的调查结果可知,我国冰雪运动产业的发展水平较低,消费者主要以体验型消费为主,如何宣传冰雪运动文化,培养消费者的忠诚度,促进消费者的良性口碑传播和再次参与意愿是促进我国冰雪运动可持续发展的关键问题。

（单位：%）

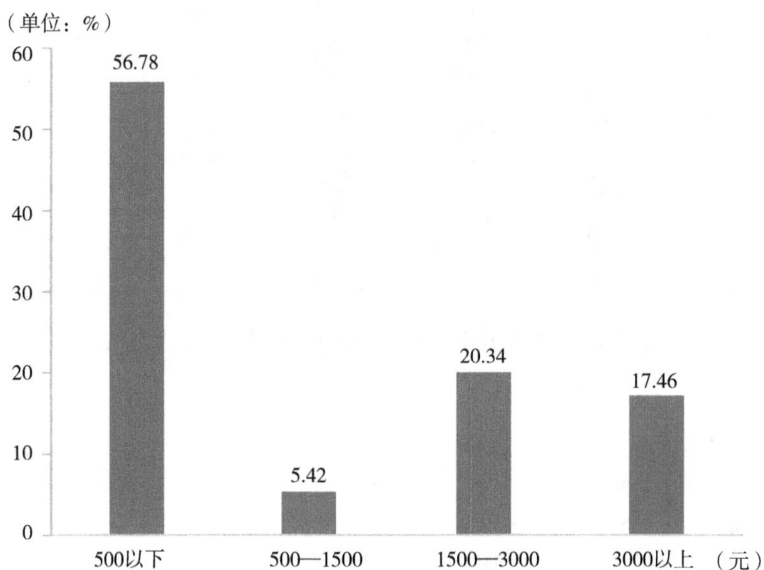

图2-6　冰雪运动消费者每年参与运动花费占比情况

　　关于消费者参与伙伴形式的调查结果显示,自己单独去的人数为163人,占比为13.81%,与家人一起的有186人,占比为15.76%,与朋友一起的有268人,占比为22.71%,与同事一起的有256人,占比为21.70%,以情侣为伙伴形式的相对居多,有307人,占比为26.02%(见表2-1)。根据调查结果可知,我国冰雪运动消费者参与冰雪运动主要和情侣、朋友、同事一起参与,而自己单独参与冰雪运动的消费者比较少,通过参与冰雪运动可以强化社交关系,增进友谊。

表 2-1　冰雪运动消费者参与冰雪运动的伙伴形式

伙伴形式	百分比（%）	排序
自己	13.81	5
家人	15.76	4
朋友	22.71	2
同事	21.70	3
情侣	26.02	1

关于消费者选择雪场所注重因素的调查结果显示，雪场的价格和朋友推荐是两大重要因素，人数分别为 401 人和 224 人。价格因素是消费者最为关注的因素，合理的价格更能够吸引消费者参与冰雪运动，朋友推荐也是消费者参与冰雪运动的关键因素之一，说明消费者参与冰雪运动比较注重冰雪场地口碑质量和品牌形象。其次，距离和雪场设施也是消费者所关心的因素（见图 2-7）。

（单位：%）

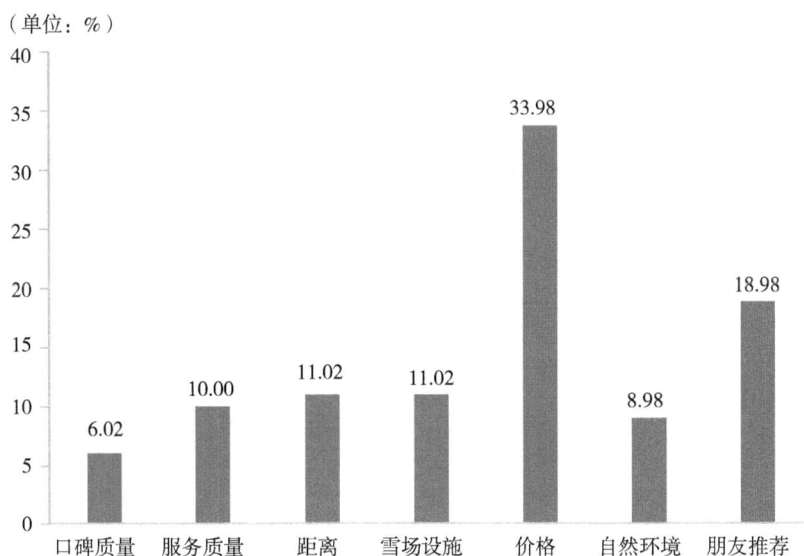

图 2-7　冰雪运动消费者选择雪场所注重的因素分布情况

三、冰雪体育运动消费客体需求调查

关于消费者对哪些冰雪运动项目感兴趣的调查结果显示,短道速滑和花样滑冰的关注者最多,分别为229人和207人。其次,冰球冰壶和速度滑冰也是人们比较感兴趣的冰雪项目,分别为171人和136人,说明冰雪场馆运营方可以通过以上四项运动(短道速滑、花样滑冰、冰球冰壶、速度滑冰)提供相关服务(见图2-8)。

（单位：人）

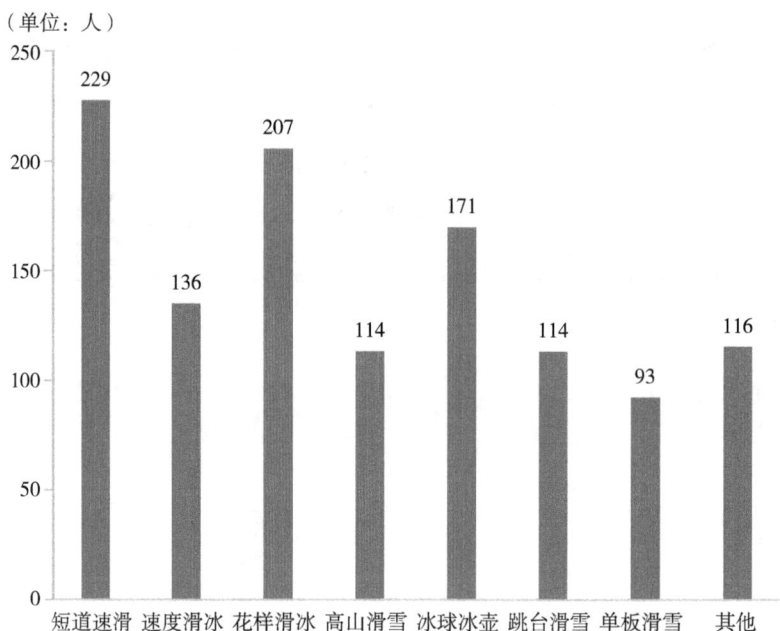

图 2-8　冰雪运动消费者感兴趣的项目分布情况

关于消费者能联想到的冰雪旅游的地方,调查结果显示(见表2-2),联想到我国东北地区的人数为711人,占比为60.28%,由于受访者多为国内地区的居民,因此一谈到冰雪旅游地区多想到我国的东北地区,除了多想到我国东北地区外,想到北欧地区的人数为198人,占比为16.82%,想到日本北海道地区的人数为168人,占比为14.23%,想到美国阿拉斯加地区的人数为103人,占比为8.67%。

由此可见,随着全球化趋势的发展以及家庭平均收入的增高,不少居民选择境外冰雪旅游,当然,网络信息的飞速传播也促成了冰雪旅游胜地被大众所了解。

表 2-2 冰雪运动消费者联想到的冰雪旅游地区

选项	百分比(%)	排序
我国东北地区	60.28	1
北欧地区	16.82	2
日本北海道地区	14.23	3
美国阿拉斯加地区	8.67	4

在雪具的选择上,调查结果显示,选择租赁的人数较多,达到 789 人,占比为 66.86%,选择购买的人数为 391 人,占比为 33.14%(见图 2-9)。当前消费者参与冰雪运动所需的装备还是以租赁的方式为主,但也存在相当一部分的消费者自行购买自己的部分或全部装备。不难看出,雪具的购买对目前的普通居民家庭来说还是一笔不小的花费,因此多数人选择租赁雪具,由此可以推断出滑雪爱好者中约有三四成为滑雪忠实爱好者。

（单位：%）

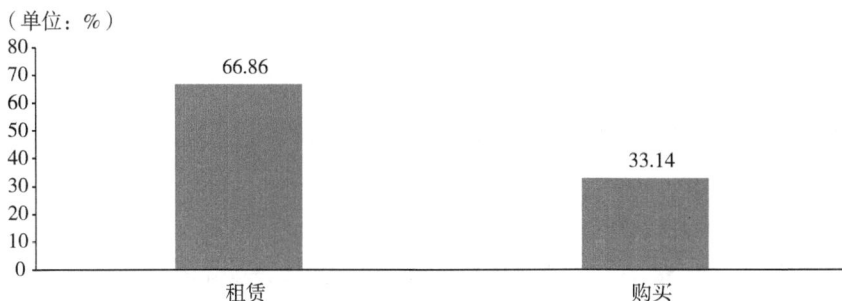

图 2-9 冰雪运动消费者雪具选择情况

四、冰雪体育运动消费环境需求调查

关于消费者对 2022 年冬奥会了解情况的调查结果显示,一般了解的有 426 人,占比为 49.94%,非常了解的有 128 人,占比为 15.00%,完全不知道的人有 5 人,占比为 0.59%,知道一点的有 294 人,占比为 34.47%(见表 2-3)。由此可知,我国冰雪运动消费者对于 2022 年冬奥会举办的了解情况整体较好。对冬奥会这种国际大事件普通滑雪消费者也非常关心,此现象可以反映出我国举办冬奥会的国民支持力,以及举办冬奥会的国民参与感。

表 2-3　冰雪运动消费者对冬奥会的了解情况

选项	百分比(%)	排序
一般了解	36.10	1
非常了解	36.01	2
完全不知道	2.96	4
知道一点	24.91	3

　　关于消费者知道的冰雪产业的调查结果显示,知道冰雪旅游产业的人数有 1043 人,占比为 88.39%,知道冰雪装备制造业的人数有 841 人,占比为 71.27%,知道冰雪健身休闲业的人数有 743 人,占比为 62.97%,知道冰雪竞赛表演业的人数有 414 人,占比为 35.08%(见表 2-4)。冰雪运动消费者大多会进行冰雪旅游活动,使用冰雪器材、器具,同时通过冰雪运动进行健身运动,说明冰雪体育旅游产业和冰雪装备制造业是我国冰雪运动消费者较为关注的产业,而冰雪竞赛表演业在人们日常生活中活跃度不是很高,因此冰雪爱好者对冰雪竞赛表演业的关注度相对较低。

表 2-4　冰雪消费者所了解的冰雪体育产业情况

选项	百分比(%)	排序
冰雪旅游产业	88.39	1
冰雪装备制造业	71.27	2
冰雪健身休闲业	62.97	3
冰雪竞赛表演业	35.08	5
其他	36.04	4

关于消费者认为的我国冰雪产业的发展现状调查结果显示,认为我国冰雪产业发展比较发达的人数有 227 人,占比为 19.24%,认为我国冰雪产业发展处于一般水平的人数有 676 人,占比为 57.29%,认为比较落后的人数有 163 人,占比为 13.81%,认为落后的人数有 114 个,占比为 9.66%(见图 2-10)。多数消费者都认为我国冰雪体育产业的发展处于一般水平,实证研究也已证明我国冰雪产业的发展尚处于初步发展阶段,完善冰雪产业基础设施建设,推动冰雪产业的发展是促进我国冰雪运动发展的关键所在。

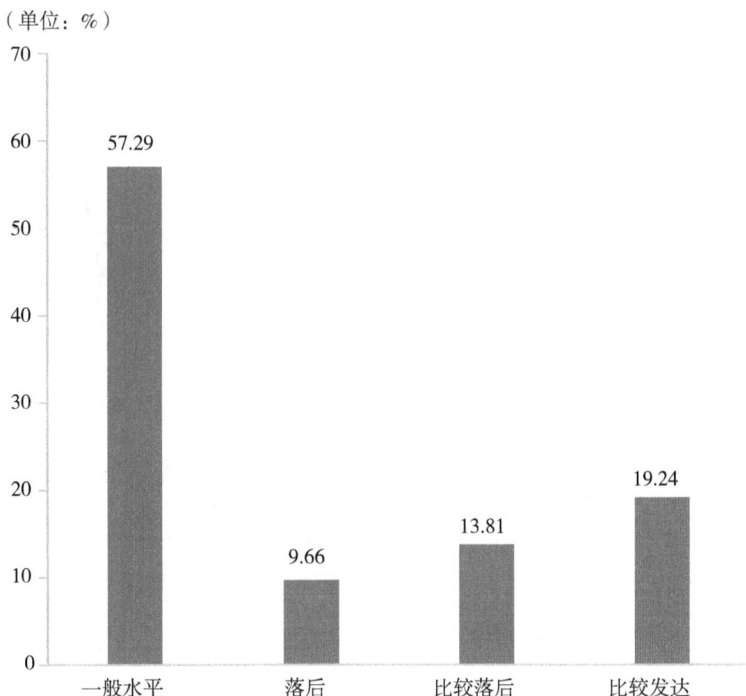

图 2-10　冰雪运动消费者对我国冰雪产业发展水平的认识情况

关于北京冬奥会对居民参与冰雪活动的影响调查结果显示,居民年均参与冰雪活动增加 1—5 次的人数有 579 人,占比为 49.07%,增加 5—10 次的人数有 126 人,占比为 10.68%,增加 10 次以上的人数有 224 人,占比为

18.98%,不增或不变的人数有 251 人,占比为 21.27%(见图 2-11)。由此可见,北京冬奥会在促进居民参与冰雪活动上卓有成效,仅有一小部分人群未受影响,八成左右的居民因为北京冬奥会的举办刺激了他们更多地参与冰雪活动,从而为冰雪产业的发展作出贡献。

（单位：%）

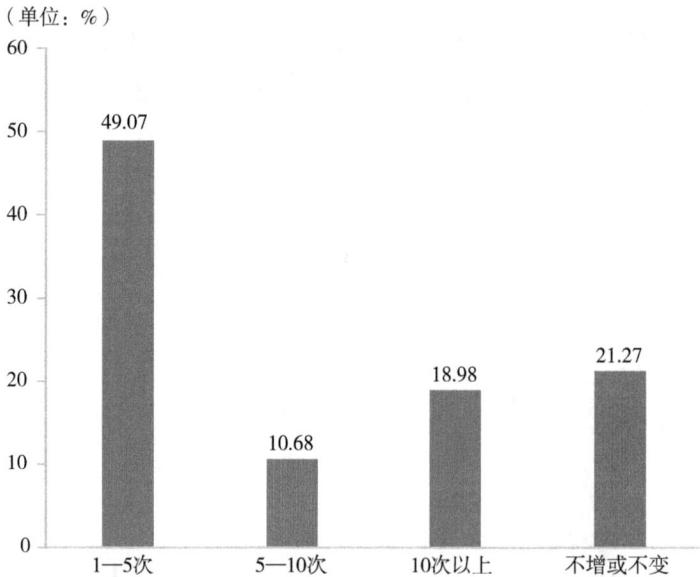

图 2-11　冰雪运动消费者参与冰雪活动增加次数的情况

关于国家冰雪政策的出台对消费者的影响调查结果显示,国家发展冰雪政策的出台让消费者感受到冰雪场馆建设得更优质的人数有 689 人,占比为 58.39%,促进消费者更多地参加冰雪活动的人数有 725 人,占比为 61.44%,使消费者更多地关注冰雪赛事的人数有 491 人,占比为 41.61%,使消费者感到冰雪活动的氛围更浓厚的人数有 736 人,占比为 62.37%(见图 2-12)。不难看出,国家冰雪政策的出台不仅促进了冰雪产业的发展,也间接改善了冰雪场馆的服务,促进了更多居民直接或间接地参与到冰雪活动中去,使冰雪活动、冰雪赛事的关注度更高。

（单位：%）

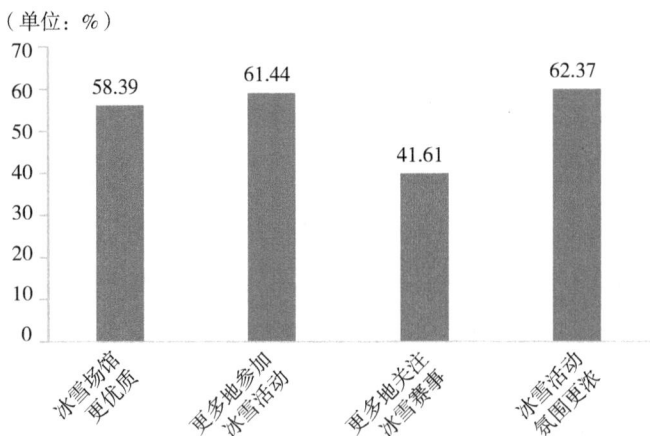

图 2-12　冰雪运动消费者对冰雪政策的感受情况

第三节　冰雪体育产业供给现状研究

2022 年冬奥会成功申办,习近平总书记提出,绿水青山就是金山银山,冰天雪地也是金山银山。此外,国家体育总局印发《冰雪运动发展规划(2016—2025 年)》的通知,紧随其后又出台了《"带动三亿人参与冰雪运动"实施纲要(2018—2022 年)》等,在陆续出台的国家政策的大力推动下,冰雪体育产业迎来大发展的"黄金时期"。冰雪体育产业快速发展的同时离不开转型发展,党的十九大报告中指出,新时代中国社会的主要矛盾已经转化为人民日益增长的美好生活需要同不平衡不充分的发展之间的矛盾,由此说明协调供给与需求之间的关系是影响冰雪体育产业健康可持续发展的关键所在。部分中国供给学的学者提出"新供给创造新需求"的观点,产业需求升级是产业转型发展的出发点。基于此,供需结构转型升级是推动产业发展、解放产业生产力和拓展新经济领域的落脚点。在冰雪体育产业中,产业供给主要体现在冰雪体育市场的动能转换,通过产业的改革创新、产业融合等让冰雪产业迸发创新发展的活力,从而更加适应新时代的消费需求升级。

冰雪体育产业的统计数据能够直观反映冰雪产业的供给现状,针对目前冰雪体育产业发展的现状,主要将目光聚集在冰雪产业的产值、滑雪场的数量、雪道面积和冰雪项目教练员的培养等几个方面。产值能直接体现冰雪体育产业发展的规模,反映出产业的综合经济实力和基本竞争力;滑雪是冬季项目中历史最悠久的一项,滑雪运动作为冰雪运动中的典型代表,其自身所带有的运动属性,使滑雪产业成为冰雪体育产业的发展引领,同时也成为冰雪体育产业的核心供给产品;而滑雪场的数量更能直观反映滑雪产业在冰雪产业中的重要地位;雪道是滑雪场的核心构成要素,雪道的优劣影响着滑雪产业的发展;冰雪项目是冰雪运动发展的基石,冰雪运动员的培养离不开教练员的专业化指导,教练员在冰雪运动的发展中扮演着组织者和指导者的角色,所以教练员的供给数量影响着消费需求升级背景下我国冰雪体育产业转型发展。

一、冰雪体育产业产值现状研究

产值主要是指国家或地区所有常驻单位或个人在一定时期内的全部生产活动的最终成果,是社会总产品价值扣除了中间投入后的价值余额,是当期新创造的价值总量。对于冰雪产业而言,产值的增加使冰雪体育产业成为当下的热门行业,为我国的经济市场带来了良好的产业环境。根据我国冰雪产业市场规模统计及增长情况(见图2-13)可以发现,我国冰雪产业的产值从2013年到2018年处于持续增长状态,从2013年的1177亿元增加到2018年的4506亿元,增长了282.84%。由此可以看出,冰雪产业的热度在持续增高,冬奥会的成功申办、冰雪产业规划、"三亿人上冰雪"的提出等一系列政策的出台推动了冰雪产业规模的快速增长。

据以上数据分析,冰雪产业在我国的发展态势是持续增长的,2013—2018年其增长速度从开始的60.75%放缓到2018年的13.33%,可发现增长速度正在逐步放缓且逐渐趋于稳定,说明冰雪产业正在进入一个稳定发展的阶段。在经济新常态的背景下,伴随着国家政策的推动以及人们消费需求升

（单位：亿元）　　　　　　　　　　　　　　　　　（单位：%）

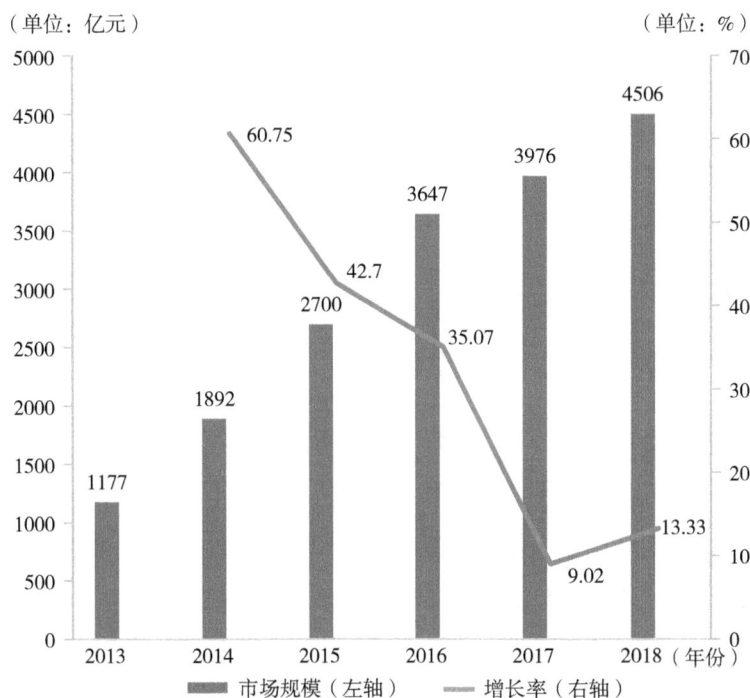

图 2-13　2013—2018 年我国冰雪体育产业市场规模与增长率

级,冰雪产业正在成为体育产业中的一匹"黑马",其内在动能正一步步被激发,在"创新、绿色、协调、开放、共享"的新发展理念的指引下,必将推动我国冰雪产业朝着健康可持续发展道路迈进。

冰雪体育产业虽然在国内卷起一股冰雪热潮,但是因资源和地域的原因使冰雪产业的发展集中在我国的北方地区,因此国家推出"北冰南展西扩东进"的发展战略。通过对国内部分省份的冰雪产业规模进行调查发现,冰雪产业主要集中在黑龙江、吉林、辽宁、内蒙古自治区等冰雪资源丰富的地方,黑龙江省预测到 2025 年,冰雪产业总规模达到 500 亿元;吉林省在 2017—2018 年实现冰雪旅游产值达到 1421.81 亿元,占全省旅游总收入的 36.85%;辽宁省预计在 2025 年初步建成以冰雪体育休闲旅游产业为核心的冰雪全产业链条,冰雪旅游总收入达 2300 亿元,年增长率不低于 15%。为举办 2022 年冬奥会,北京冰雪产业的发展也具备了一定的规模,2015 年冰雪相关产业收入近 100 亿元,预计到冬奥会举办时冰雪产业产值达到 400 亿元。河北省同样具有良好的冰雪产业发展前景,预计到 2022 年全省冰雪产业规模达 1200 亿元,到 2025 年全省冰雪产业总规模达 1500 亿元。南方冰雪运动的开展也是如火如荼,调查显示,南方人更爱冰雪,南方城市同样具有很大的市场潜力,要根据冰雪运动的特点以及南方气候特点等多方面因素共同助力冰雪项目发展。

二、我国冰场数量供给现状分析

对于冰雪体育产业而言,滑冰、滑雪场的场馆是产业得以繁荣发展的基础。随着《关于以 2022 年北京冬奥会为契机大力发展冰雪运动的意见》《"带动三亿人参与冰雪运动"实施纲要(2018—2022 年)》等政策文件的颁布,冰雪体育产业发展势头勃发,与之相伴的滑冰、滑雪场馆数量也呈现迅猛增长之势。

在滑冰产业发展的过程中,滑冰场的建设一直是遏制冰上人才发展和滑冰产业消费提升的关键因素。自 2014 年起,国内冰场数量仅有 91 个,到 2015年北京冬奥会申办成功,冰场数量也随之增加到 200 个。为大力推动滑冰产业的发展,为冬奥会建立长远的基础设施储备,国家及各省市体育局重视冰场建设,冰场数量也逐步增多。2016 年年底,国家体育总局印发《全国冰雪场地设施建设规划(2016—2022 年)》的通知指出,到 2022 年,全国冰场数量不少于 650 个。冰场的发展以室内冰场为主体,其中南方城市商业休闲型冰场占比普遍较高,北方地区则是运动型冰场较多,其定位不同,发展着力点亦不相同,从未来发展角度看,依托商业综合体的冰场发展成为重要模式。以下为2014 年到 2019 年我国冰场数量汇总(见图 2-14)。

三、我国雪场数量供给现状分析

将视角转向滑雪场馆数量上,查阅相关政府网站以及相关报告,对

（单位：个）

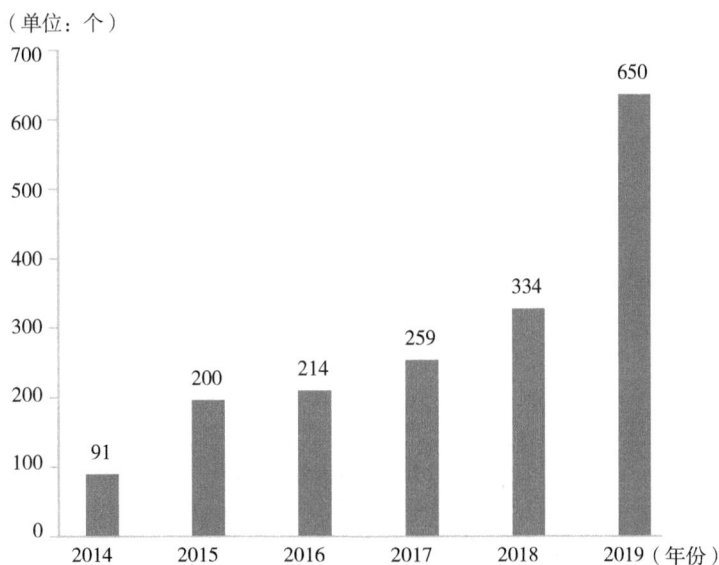

图 2-14　2014—2019 年我国冰场数量汇总

2013—2018 年我国滑雪场数量进行汇总（见图 2-15）。

（单位：个）

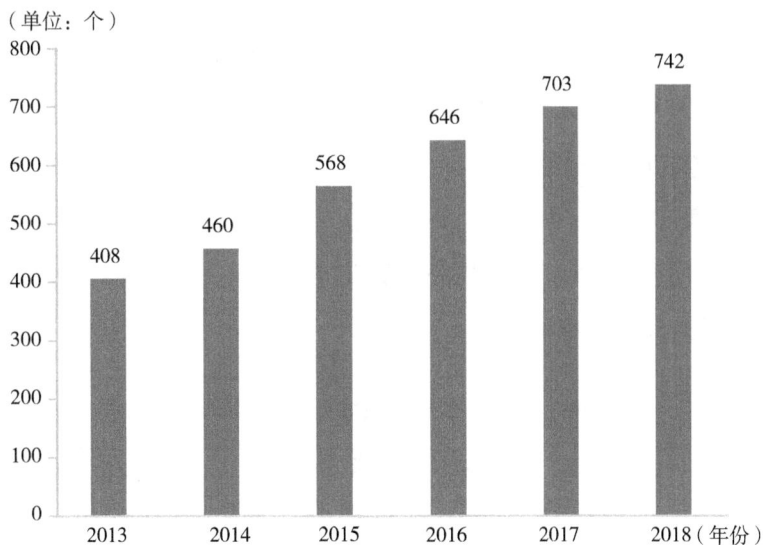

图 2-15　2013—2018 年我国滑雪场数量汇总

如图 2-15 所示,我国滑雪场数量由 2013 年的 408 个逐渐增长至 2018 年的 742 个,呈现出逐年增长态势,这种增长态势不仅得益于相关政策文件的颁布实施,更得益于我国居民消费形态多元化的发展。滑雪场数量的增加不仅有利于推动我国冰雪产业的进一步发展,更有利于带动我国经济发展步伐,从而对消费形态产生积极的促使作用,形成两者之间的良性循环态势。

此外,为更清楚地了解我国南北方滑雪场个数,在进行调查的基础上绘制表 2-5。

表 2-5　2013—2018 年南北方滑雪场数量汇总　　　　（单位:个）

	2013 年	2014 年	2015 年	2016 年	2017 年	2018 年
南方滑雪场数量	73	91	153	176	193	212
北方滑雪场数量	335	369	415	470	510	530

根据南北方滑雪场数量表可知,总体而言,北方由于具备地理位置等有利条件,其滑雪场数量多于南方滑雪场数量,南方滑雪场数量由 2013 年的 73 个逐渐增长至 2018 年的 212 个,北方滑雪场数量则由 2013 年的 335 个增长至 2018 年的 530 个,这表明无论是南方还是北方,其滑雪场数量都呈现出不断增加的趋势。这不仅仅有利于推动滑雪产业的更进一步发展,更能推动我国经济的发展。

此外,为更清楚地了解我国各省份滑雪场馆供给数量,查阅相关资料后进行整理汇总,具体见表 2-6。

表 2-6　2015 年、2018 年我国各省份滑雪场数量汇总　　　　（单位:个）

省份	2015 年滑雪场数量	2018 年滑雪场数量	省份	2015 年滑雪场数量	2018 年滑雪场数量
黑龙江	140	124	重庆	4	16
山东	49	65	天津	14	13

省份	2015 年滑雪场数量	2018 年滑雪场数量	省份	2015 年滑雪场数量	2018 年滑雪场数量
新疆	73	60	宁夏	6	13
河北	47	59	四川	10	11
山西	33	48	湖北	5	11
河南	24	43	贵州	2	10
吉林	37	43	湖南	4	9
内蒙古	30	42	青海	5	8
辽宁	42	38	云南	2	4
陕西	12	34	安徽	1	3
北京	37	24	广西	1	2
甘肃	6	21	江西	0	2
浙江	11	19	广东	1	2
江苏	9	17	福建	1	1

注:2015 年滑雪馆数据来自黑龙江省冰雪产业研究院;2018 年滑雪馆数据来自中冰雪网。

如表 2-6 所示,2018 年我国滑雪场总数为 742 个,由于地理位置、自然环境等因素,这些滑雪场多分布在黑龙江、吉林、辽宁、新疆等高纬度地区。与之相对的低纬度地区,如广东、广西、江西等地也拥有一定数量的滑雪场地。此外,与 2015 年相比,只有个别省份其滑雪场数量有所减少,其余大部分省份其滑雪场数量均有所增加,这体现出在滑雪场供给方面,我国各省份正逐渐朝着供给适应需求的方向发展,以使其供需平衡,从而不断推动我国冰雪体育产业的优化升级及更进一步繁荣发展。

四、我国雪道面积供给现状分析

雪道的选择对于滑雪运动至关重要,优质雪道的供给影响消费者的消费体验,从而影响滑雪场整体形象的塑造。按照阿尔卑斯山高山滑雪的分类,雪道一般被分为绿道、蓝道、黑道、双黑四种类型。在我国,通常是从长宽、面积、纬度等角度衡量滑雪场雪道状况。随着我国滑雪场地数量的不断增加,滑雪雪道也呈现多样化的供给状态。对全国 742 个滑雪场内雪道面积数据进行整理(见图 2-16)。

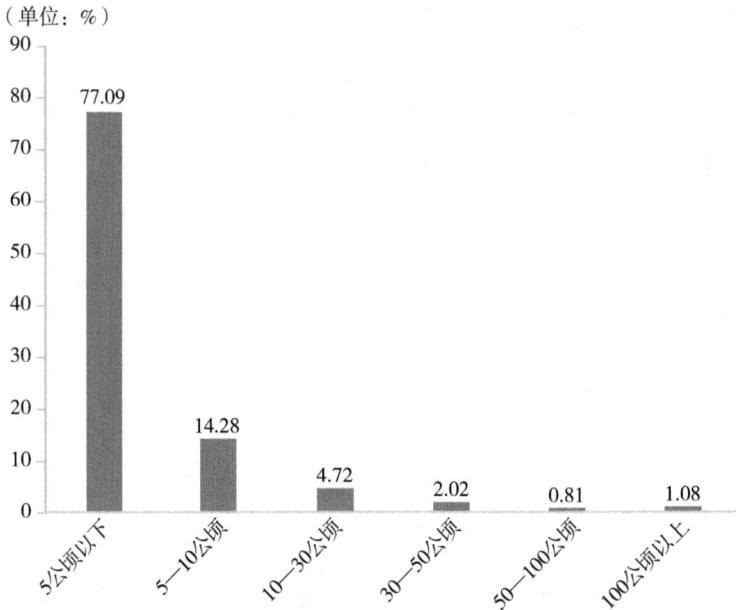

（单位:%）

图 2-16　滑雪场雪道面积占比情况

根据图 2-16 可知,我国 742 个滑雪场内雪道面积在 5 公顷以下的共 572 个,占比为 77.09%;面积 5 — 10 公顷的共 106 个,占比为 14.29%;面积在 10—30 公顷的共 35 个,占比为 4.72%;面积在 30—50 公顷的共 15 个,占比为 2.02%;面积在 50—100 公顷的共计 6 个,占比为 0.81%;面积在 100 公顷以上的共 8 个,占比为 1.08%。由此可知,滑雪场内雪道面积正在不断增大的发展过程中,反映出我国滑雪场供给态势越来越充足。此外,根据《中国滑雪产业报告白皮书(2018 年)》的相关数据,按照雪道面积对中国滑雪场进行排名,其中,排名前十位的滑雪场如表 2-7 所示。

表 2-7　中国滑雪场排名情况　　　　　　　（单位:公顷）

排名	雪场名称	雪道面积
1	丝绸之路	170
2	万科松花湖	150
3	万龙	140
4	北大壶	126
5	万达长白山	100
6	云顶	100
8	太舞	80
9	富龙	75
10	亚布力阳光	50
11	鳌山	50

根据表 2-7 可知,按照雪道面积排名前十的雪场中,第一名位于新疆,剩下的有三个位于吉林省,四个位于河北省,由此可见,北方地区不仅滑雪场数量多,雪道面积也较大,能够给消费者提供更加多样化、优质化的雪道选择以及更加满意的滑雪体验。

五、我国冰雪教练员供给现状分析

在进行冰雪运动的过程中,滑冰滑雪的装备、姿势、技巧尤为重要,对于初学者而言更是如此。在这一过程中教练员也扮演着重要角色,据国家统计局数据显示,至 2016 年,我国注册滑雪教练指导员仅有 8000 余名,其中也并非全部人员具有上岗资格证(考虑到目前在行业资格证获取上的多样性和复杂性,具体数据目前尚无法确认)。以大连市滑雪场为例,大连首家滑雪场出现在 2003 年,到 2010 年前后,大连已有 5 个滑雪场;截至 2016 年,大连 4 个大型滑雪场共计滑雪教练员 160 余名;至 2019 年大连滑雪场已发展至 10 家,共计滑雪教练员 400 余名,教练员队伍初具规模。此外,黑龙江亚布力滑雪场作为我国目前最大的综合性滑雪训练及比赛基地,拥有多达 300 名单双板滑雪指导员,其中包含顶级单双板滑雪指导员 50 名,强大的教练员团队为我国冰雪运动消费者参与滑雪运动提供了强大的技术保障。教练员不仅仅对其运动项目的知识技能有所掌握,同时还拥有丰富的实践经验,能够给予学员较多的指导及建议。具体到冰雪体育产业,冰雪消费人群需要教练员,同时冰雪运动员更需要教练员给予他们专业的指导,不断提高其竞技水平及能力。随着冰雪产业的蓬勃发展,也带动了冰雪教练员这一岗位职业的发展。为不断满足冰雪发展的消费需求,各省份陆续出台有关冰雪教练员的相关规定,从技能培训到职业素养等方面入手,力求在提高冰雪教练员素质水平的前提下不断推动各省份冰雪运动的发展。例如,第一届冰雪项目高级教练员岗位培训活动的举办,在结合当下经济社会发展的背景之下,对教练员作出了更进一步的要求。目前,在各省份的大力推进下,我国冰雪项目专职教练员数量持续增加,但在教练员供给方面仍然存在着供不应求等问题,这一问题的解决是培养冰雪运动人才,缓解产业发展矛盾的关键所在。

六、我国冰雪体育赛事举办现状分析

体育赛事是体育的重要组成部分,一般是指具有一定规模与级别的正规比赛,常见的大型体育赛事主要有奥运会、世锦赛等。随着体育赛事的不断发展及壮大,竞技体育应运而生,作为体育赛事的组成部分,竞技体育不仅能够反映出一国居民体育发展现状,同时更能够彰显出国家体育软实力水平。随着冰雪运动的逐渐火热,冰雪体育赛事的关注度也不断提高。查阅国家体育总局冬季运动管理中心发布的相关文件,汇总绘制图 2-17,根据相关数据得出近年来我国冰雪运动竞技类赛事的数量。

根据图 2-17 可知,2015—2019 年我国举办的冰雪竞技类赛事的数量逐

（单位：个）

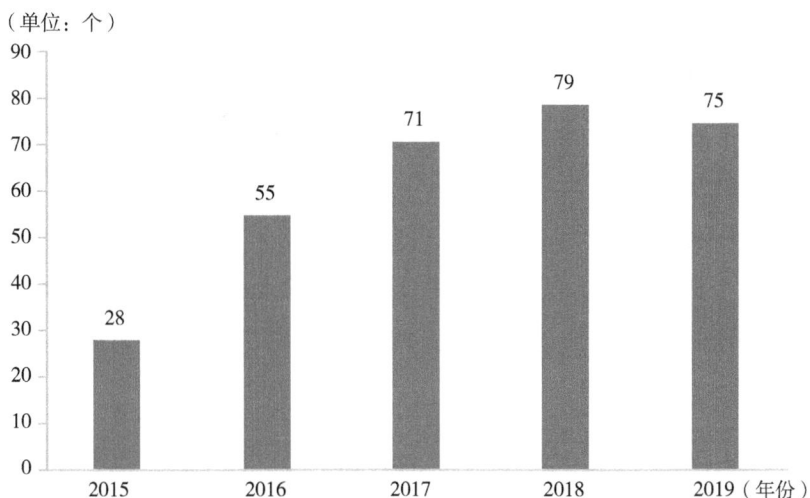

图 2-17　2015—2019 年我国举办的冰雪竞技类赛事数量

年增加,同时赛事项目类型与举办城市也呈现出多元化的特征。以 2019 年为例,全国共举办冰雪竞技类赛事 75 项,其中赛事项目类型包括冰壶、自由式滑雪、单板滑雪、高山滑雪、越野滑雪、跳台滑雪、北欧两项、冬季两项、雪橇、雪车、钢架雪车、短道速滑、速度滑冰、花样滑冰、冰球等,赛事举办城市包括北京、内蒙古、长春、哈尔滨、黑龙江等。冰雪竞技类赛事的举办不仅大大提高了城市的知名度,同时也有利于推动城市地区经济进一步发展,为 2022 年北京冬奥会的成功举办打下群众基础。冰雪竞技类赛事举办数量直接反映出当前我国冰雪产业供给样式多、数量广的新发展形态,从而不断适应冰雪消费多元化需求发展态势。

七、我国冰雪旅游发展现状分析

冰雪产业的快速发展,带动我国体育产业经济的快速提升,冰雪产业具有产业融合功能,使我国冰雪产业在多方面得到发展。冰雪旅游业是当前的热门产业,中国旅游研究院发布《中国冰雪旅游发展报告 2020》显示,在 2019 年,冰雪旅游收入约为 3860 亿元,人均消费 1723 元,说明冰雪旅游产业所带来的经济效益是非常显著的。黑龙江、吉林、辽宁等冰雪资源丰富的省份依靠冰雪资源提升了经济实力。从相关资料中可以看出,目前,我国冰雪旅游人数的增长呈现"两高、三快、N 平"的增长态势,主要体现在新疆、河北冰雪休闲旅游人数实现 30% 的快速增长,黑龙江、吉林、辽宁冰雪休闲旅游人数实现 15% 的快速增长,内蒙古、湖北、贵州、浙江等地区实现平稳增长。冰雪旅游人数的增长带来经济效益的提升,并且冰雪旅游的十强市集中在冰雪资源丰富的东北和西北地区,但是以南方游客居多,北方城市的冰雪旅游成为冬季旅游的主要类型之一(见图 2-18、图 2-19)。

（单位：亿人）

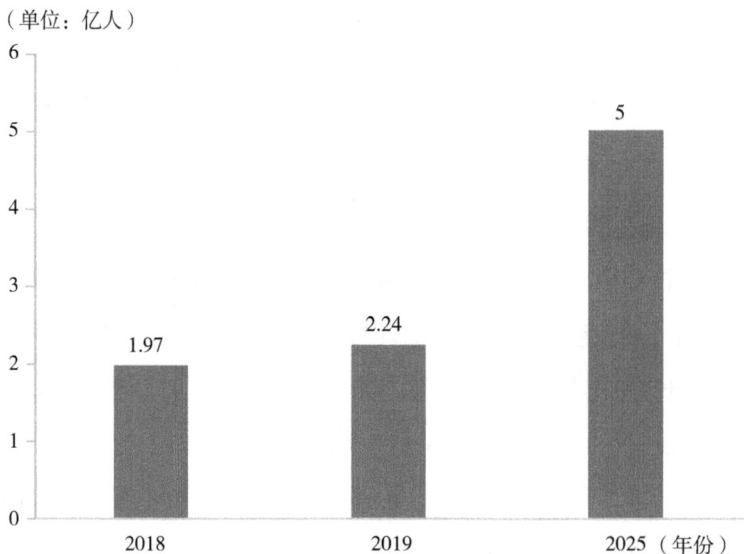

图 2-18 2018 年、2019 年和 2025 年冰雪旅游人数规模及预测

随着冰雪产业的不断发展,冰雪旅游业被逐渐重视,发展空间较大。虽然冰雪产业发展会受到冰雪运动自身特点的限制,但是从游客的来源上看,上海、广州、南京、厦门等南方城市游客居多,从冰雪运动的受喜爱程度看,冰雪运动的发展空间很大,目前亟须解决的问题是地域的限制,落实"北冰南展西扩东进"的战略目标。冰雪旅游的内需拉动能力极强,据相关调查显示,2019 年国内旅游人均消费 926 元,而在前文中已经提到冰雪旅游的人均消

（单位：亿元）

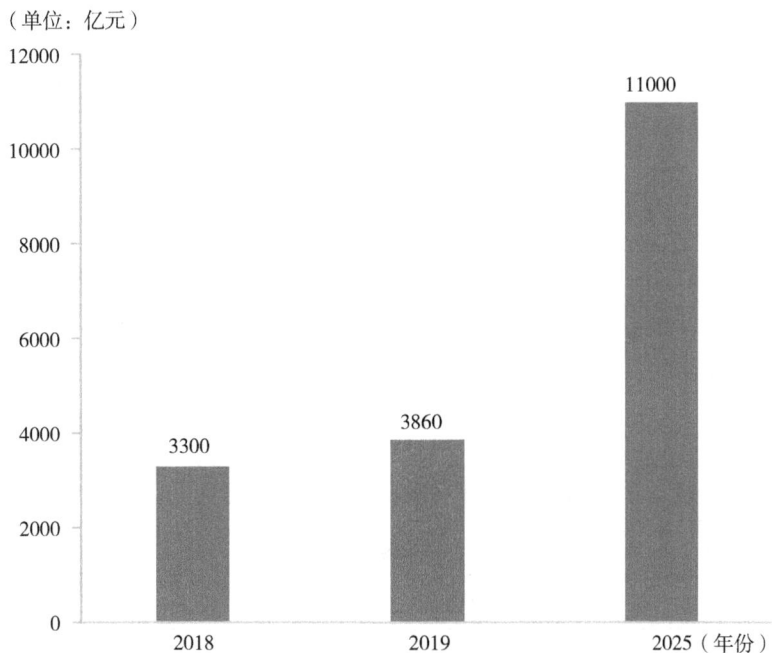

图 2-19　2018 年、2019 年和 2025 年冰雪旅游收入规模及预测

资料来源：《中国冰雪旅游发展报告（2020）》。

费为 1723 元,冰雪旅游是国内旅游人均消费的 1.86 倍。根据当前发展的趋势,冰雪旅游将成为我国冬季旅游和冰雪经济的核心引擎。冰雪旅游不仅受到民众的喜爱,而且也将其发展上升为国家战略。2019 年 3 月,国务院办公厅印发了《关于以 2022 年北京冬奥会为契机大力发展冰雪运动的意见》提出,推动冰雪旅游产业的发展,促进冰雪产业与相关产业的深度融合。国务院办公厅印发《关于促进全民健身和体育消费推动体育产业高质量发展的意见》提出,支持黑龙江、吉林和辽宁,以及西北地区大力发展寒地冰雪经济。因此,随着政策的陆续推进,对冰雪旅游业的投资也将呈现多元化的增长态势。

八、我国冰雪装备器材产业发展现状分析

2019 年 6 月 4 日,包括工业和信息化部、教育部、科技部在内的九大部门

发表关于印发《冰雪装备器材产业发展行动计划（2019—2022 年）》的通知，通知旨在助力制造强国和体育强国的建设，指出我国大众冰雪装备器材具体包括表 2-8 的内容。

表 2-8　我国大众冰雪装备器材

类型	名称
雪场设施装备	索道、缆车、魔毯、拖牵、造雪机、造雪枪、压雪车、吹雪设备等
冰场设施装备	绿色环保制冰主机、智能电动清冰车、冰壶专用清冰车、防撞垫等
场馆配套设施	智慧能源管理系统、票务管理系统、门禁系统、安全防护系统等
个人运动器材	冰刀、滑冰服、冰球服、冰球杆、滑雪板、滑雪杖、头盔等
冰雪休闲装备	高分子防真冰板、可拆装移动式人工制冷冰场、室内模拟滑雪机等
应急救援装备	推雪车、雪地救护船、多功能除雪车等

从表 2-8 可看出，目前各界对于冰雪产业已具备很大的关注力度、关注深度以及关注广度。在考虑冰雪产业发展的过程中，视角逐渐放宽放大，冰雪装备器材产业等领域也受到广泛关注。而冰雪装备器材产业中的冰雪设施装备发展迅猛，根据《中国滑雪产业白皮书（2018）》统计，截至 2018 年雪场架空索道总数为 250 条，有架空索道的雪场共计 149 个；脱挂索道总数为 54 条，有脱挂式架空索道数量的雪场 19 个；国内雪场共 1196 条魔毯处于运营中，魔毯总长度为 1760 米；国内雪场压雪车共 541 台，造雪机共 7410 台。以上数据显示出我国冰雪装备器材供给数量、样式多，有利于推动我国冰雪体育产业的繁荣发展。

第四节　冰雪体育产业发展的相关问题调查

本次调查对象共有 175 人，其中包括冰雪体育场馆负责人 52 人，占比

29.71%;冰雪企业从业人员 63 人,占比 36%;冰雪体育产业研究学者 48 人,占比 27.43%;其他人员 12 人,占比 6.86%。总体上人员分布较为合理,具有一定的代表性(见表 2-9)。

表 2-9 调查对象工作类型分布情况

调查对象工作类型	人数(个)	百分比(%)
冰雪场馆负责人	52	29.71
冰雪企业从业人员	63	36.00
相关学者	48	27.43
其他人员	12	6.86
总计	175	100

一、对冰雪体育产业现存问题的调查

从回收问卷的调查结果显示,受调查对象认为冰雪体育产业现存最严重的问题是冰雪体育产业的南北发展差距过大。由于南北气候的差异,南方雪期不足,甚至很多地区没有降雪,导致大部分南方人根本不会参与冰雪活动,此选项的选择率达到 73.14%。冰雪运动普及率低,排在第二位,选择此选项的受访者达到 58.85%;专业人才匮乏,相关从业人员、教练员稀缺,排在第三位,该问题导致冰雪人才供不应求,挤压了冰雪运动的消费规模,此项的选择率达到了 54.85%。48.57% 的人认为雪场规模较小、功能单一,缺乏高质量的综合性雪场,这一问题排在第四位。因此建设高水准、功能齐全的雪场也是发展冰雪体育产业的一大要务。盲目开发、冰雪产品制造业集中在中低端市场、冰雪产业起步晚也是人们的担忧所在(见表 2-10)。

表 2-10　对冰雪体育产业现存问题的调查情况

选项	百分比(%)	排序
冰雪产业起步晚	20.57	7
盲目开发	31.42	5
雪场规模小、功能单一	48.57	4
冰雪产品制造业集中在中低端市场	27.42	6
冰雪运动普及率低	58.85	2
冰雪体育产业南北发展差距过大	73.14	1
专业人才匮乏,相关从业人员、教练员稀缺	54.85	3

二、对冰雪体育产业可持续发展的调查

由问卷调查结果可知,随着"绿水青山就是金山银山"这一理念的深入人心,受访者也普遍认同绿色环保发展是实现冰雪体育产业可持续发展的第一要务,应以绿色环保为基础来探讨冰雪体育产业的可持续发展。因此,这一选项的选择率达到了 94.28%。排在第二位的是培养各类冰雪体育产业人才,此方式是使冰雪体育产业实现可持续发展与永葆活力的关键,是提升我国冰雪体育水平的重要一环,若想让冰雪体育产业实现可持续发展,必须要注重人才的培养,该选项的选择率达到了 86.28%。排在第三位的是促进冰雪体育文化与冰雪体育产业相融合,达到 69.71%,打造冰雪体育产业链,提升产业的综合竞争力,让冰雪文化融入冰雪体育之中共同促进彼此发展。提升冰雪装备制造业质量,打造高质量冰雪制造业,从而为冰雪运动爱好者提供优质产品,也是促进冰雪体育产业可持续发展中的重要方法,根据对受访者的调查显示此项排在了第四位,选择率为 54.28%。将冰雪小镇与冰雪体育产业融合发展、拓宽市民参与冰雪运动的渠道、完善冰雪基础设施等也在促进冰雪体育产业的可持续发展之列(见表 2-11)。

表 2-11　促进冰雪体育产业可持续发展的调查情况

选项	百分比（%）	排序
冰雪小镇与冰雪体育产业融合发展	41.71	5
完善冰雪基础设施	36.57	7
绿色环保发展	94.28	1
打造高质量冰雪制造业	54.28	4
拓宽市民参与冰雪运动的渠道	37.14	6
培养各类冰雪体育产业人才	86.28	2
促进冰雪体育文化与冰雪体育产业相融合	69.71	3

三、对冰雪体育产业发展优势的调查

根据调查结果显示,受访对象最认同的是北京冬奥会的申办成功促进了我国冰雪体育产业的长足发展,激发了人们参与冰雪活动的热情,增加了我国的冰雪体育人口,丰富了我国普通民众的体育活动方式。此选项的选择率达到了82.85%。排在第二位的是我国幅员辽阔,北方多个省份都有雪季,且雪期较长,为冰雪产业的发展奠定了良好的自然条件,此选项的认同率达到了58.85%。冰雪产业的政策法规支持也是我国冰雪产业发展的一大优势,目前政策法规的方向一致指向实现全国3亿人参与到冰雪运动中去,此优势排在第三位,此选项的选择率达到了52.57%。此外,宣传力度大、消费需求高也是当前我国冰雪体育产业发展不可忽略的优势(见表2-12)。

表 2-12　目前冰雪产业所具优势的调查情况

选项	百分比（%）	排序
申奥成功促进冰雪产业发展	82.85	1
幅员辽阔,雪期长	58.85	2

选项	百分比（%）	排序
政策法规支持	52.57	3
冰雪运动消费需求高	40.57	5
宣传力度大	47.42	4

四、对冰雪体育消费需求满足措施的调查

问卷调查结果显示，受访对象认为开展大众参与的冰雪活动是最能刺激冰雪消费的一个举措，通过开展男女老少皆宜的冰雪活动，提升人们对冰雪活动的认知，从而提升大众对于冰雪运动的消费需求，此选项的选择率达到了84.72%。排在第二位的是完善冰雪运动的基础设施，要想让群众积极参与冰雪运动，良好的基础设施是基础，只有有了良好的基础设施，才能吸引人们更多地参与到冰雪活动中去，此选项的选择率达到71.42%。排在第三位的是增加滑雪场的数量，目前我国面临雪场数量不足，导致部分人有消费愿望，却没有消费条件，因此，要让冰雪活动场馆与人们的冰雪活动需求之间达到一种较为平衡的状态，此选项的选择率达到了64.57%。提升冰雪产品质量、政府加强对冰雪运动的宣传与推广也是可以刺激冰雪运动消费需求的重要方法（见表2-13）。

表 2-13 提升冰雪运动消费需求的调查情况

选项	百分比（%）	排序
增加滑雪场数量	64.57	3
政府对冰雪运动的宣传和推广	38.85	5
提升冰雪产品质量	54.28	4
开展亲民的冰雪活动	84.72	1
完善冰雪运动基础设施	71.42	2

第三章　我国冰雪体育产业
发展趋势研究

第一节　我国冰雪体育产业关联研究

一、灰色关联模型的概念

在有些系统中,因为信息的不完整,或者不确定性,研究很难判断元素之间的关系。灰色关联分析的目的就是对这样的系统进行分析,区分主要因素和次要因素,分清哪些因素是推动系统发展的因素,哪些因素是阻碍系统发展的因素,并利用系统因素间的量化方法和序列转换,分析不确定数据所表达的系统发展。近年来,灰色关联分析被广泛应用,其既是灰色系统的重要组成部分,又是灰色系统预测和决策分析的基础。相关研究认为,灰色关联分析的基本思想在于确定因素曲线几何相似性,即如果两条曲线彼此相似程度高,则关联度越大;反之相似程度低,则关联度越小。灰色关联分析采用定量与定性相结合的分析方法,对关联因素进行序列计算,来探讨因素之间的关联水平度。可见,灰色关联分析采用有限数列的方法,解决了无限空间状态的问题。因此,可以利用离散的数据来取代连续的概念,通过建立灰色关联分析模型,量化计算整个系统因素并最终呈现一定的序列排序,可以更清晰地发现各因素与系统发展的关联程度。

经梳理国内相关灰色关联度模型研究发现,王清印(1987;1999)对 B 型关联度和 C 型关联度进行了分析;梅振国(1992)提出了灰色绝对关联度及其计算方法,提出以因素时间序列曲线变化势态的接近程度来探寻各个因素的关联程度;唐五湘(1995)提出了 T 型关联度及其计算方法,其主要是基于因素的时间序列曲线,并以相对变化势态的接近程度为分析点。此外,在关联度构造方面,邓聚龙(1985)提出了灰色关联四公理,并构造了邓氏关联度,该关联度利用序列的位移差来反映序列之间的发展过程。后续研究中,通过对邓氏关联度计算方法的研究,发现该关联度可能存在部分缺陷,进而提出了按照因素时间序列曲线变化势态的接近程度来计算关联度的想法,明确了绝对关联度的概念,并给出了相应的计算方法。如唐五湘(1994)根据灰色绝对关联度的缺陷,提出按照因素时间序列曲线相对变化趋势的接近程度来计算关联度,主要根据计算相近性和相似性,综合考虑总体位移差、速度、加速度等因素构建关联度;刘思峰等(2000;2004)提出了灰色绝对关联度、灰色相对关联度和灰色综合关联度,主要是根据序列的相似程度来计算序列间的关联程度;党耀国等(2004)提出了灰色斜率关联度,用序列折线斜率的接近程度来表示序列之间的关联程度;肖新平等(2006)建立区间灰色关联度,将区间灰数和邓氏关联度结合,提出了距离定义关联度概念;熊和金等(2004)利用引入距离概念,重新定义了向量关联度概念和矩阵关联度概念。

综合来看,国内灰色关联度模型研究主要关注了两个方面的内容:(1)观察整个系统序列的量纲是否相同或相近,可以采用无量纲技术进行序列量纲初值化计算;(2)对序列曲线几何发展趋势进行分析,主要包括几何斜率差、几何位移差、几何夹角差等,来计算二者序列曲线的相似程度(关联度)。

二、灰色关联模型的构建

灰色关联分析是依靠曲线几何形状的接近性来测度,发现数据序列之间的联系紧密程度,其中数据序列主要包括参考序列(母序列)和比较序列(子序列)。

按照灰色系统关联将 X_0 设为参考序列, X_i 设为比较序列,分别记为:

$$X_0 = \{x_0(1), x_0(2), \cdots, x_0(n)\}$$

$$X_i = \{x_i(1), x_i(2), \cdots, x_i(n)\}$$

其中, n 表示为序列长度及年数, m 为子序列数目,本研究中 $m=4$。

研究考虑到计量单位的差异性,按照序列变量标记为:

$$X_m = \{x_m(1), x_m(2), \cdots, x_m(n)\}$$

考虑到样本变量序列的无量纲处理,要使用初值化算子进行该模型运算,计算各序列的初值像,记为:

$$X'_i = X_i/x_i(1) = \{x'_i(1), x'_i(2), \cdots, x'_i(n)\}$$

$$i = 0, 1, 2, \cdots, m$$

研究为了使序列之间能够比较,再通过无量纲化处理后,进而计算差序列研究步骤,并以冰雪休育产业规模为研究的参考序列,以体育用品及相关产品制造业、体育服务业、体育场地设施建设业为研究的比较序列,记为:

$$\Delta_i(k) = |x'_0(k) - x'_i(k)|, \Delta_i = \{\Delta_i(1), \Delta_i(2), \cdots, \Delta_i(n)\}$$

$$i = 1, 2, \cdots, m$$

采用极差标准化方法进行运算,求极差最大值对极差最小值,记为:

$$M = \max_i \max_k \Delta_i(k); m = \min_i \min_k \Delta_i(k)$$

关联系数模型,取分辨系数 $\xi = 0.5$,记为:

$$\gamma\{x_0(k), x_1(k)\}$$

$$= \frac{\min_i \max_k |x_0(k) - x_i(k)| + \xi \max_i \max_k |x_0(k) - x_i(k)|}{|x_0(k) - x_i(k)| + \xi \max_i \max_k |x_0(k) - x_i(k)|}$$

研究为实现更加直观地比较序列之间的关联影响度,将关联信息集中处理,计算灰色关联度,确定关联度,记为:

$$\gamma_{0i} = \frac{1}{n}\sum_{k=1}^{n} \gamma_{0i}(k)$$

$i = 1, 2, \cdots, m$

三、灰色关联模型的实证分析

(一)指标选取

本节利用冰雪体育产业与体育产业的相关统计数据(见表3-1),进行灰色关联分析。其中,冰雪体育产业规模为参考序列,记为 X,其余比较序列分别为体育用品及相关产品制造业规模(Y_1)、体育服务业规模(Y_2)、体育场地设施建设业规模(Y_3)。

表3-1 2015—2018年冰雪体育产业与三大体育产业规模相关数据

(单位:亿元)

规模 ＼ 年份	2015	2016	2017	2018
冰雪体育产业规模	2700	3647	3976	4506
体育用品及相关产品制造业规模	11238.2	11962.1	13509.2	13201
体育服务业规模	5713.6	6827.0	8018.9	12732
体育场地设施建设业规模	155.2	222.1	459.6	646

资料来源:中华人民共和国国家统计局。

(二)实证模型与关联度分析

步骤1:考虑样本变量序列的无量纲处理,要使用初值化算子进行该模型运算,计算各序列的初值像。根据模型运算得出:

$X = \{1, 1.3507, 1.4726, 1.6689\}$

$Y_1 = \{1, 1.0644, 1.2021, 1.1747\}$

$Y_2 = \{1, 1.1949, 1.4035, 2.2284\}$

$Y_3 = \{1, 1.4311, 2.9613, 4.1624\}$

步骤2:本书以冰雪体育产业规模(X)定义为参考序列,以体育用品及相关产品制造业规模(Y_1)、体育服务业规模(Y_2)、体育场地设施建设业规模(Y_3)定义为本书的比较序列。根据模型运算得出：

$$\Delta Y_1 = \{0, 0.2863, 0.2705, 0.4942\}$$

$$\Delta Y_2 = \{0, 0.1559, 0.0691, 0.5595\}$$

$$\Delta Y_3 = \{0, 0.0803, 1.4887, 2.4935\}$$

步骤3：通过无量纲化处理后，采用极差标准化方法进行运算，极差最大值=2.4935，极差最小值=0。进而进行模型关联系数的计算，选取分辨系数取 $\xi = 0.5$。

步骤4：计算关联系数得出：

$$\gamma_1 = \{1, 0.8132, 0.8217, 0.7161\}$$

$$\gamma_2 = \{1, 0.8889, 0.9475, 0.6902\}$$

$$\gamma_3 = \{1, 0.9395, 0.4558, 0.3333\}$$

步骤5：通过关联系数计算序列与序列之间的关联度，得出：

$$\rho_1 = 0.8378, \rho_2 = 0.8816, \rho_3 = 0.6821$$

步骤6：对上述模型呈现的灰色关联度进行排序，求出关联序，根据关联序呈现进而判断比较序列对参考序列的关联关系。关联程度越大，说明比较序列中的因素与参考序列的关联度越高。

通过关联度分析所反映出的序列显示，冰雪体育产业规模与体育服务业规模（Y_2）的关联度最大，$\rho_2 = 0.8816$，其次是体育用品及相关产品制造业规模（Y_1），$\rho_1 = 0.8378$，三者中关联程度最小的为体育场地设施建设业规模（Y_3），$\rho_3 = 0.6821$。冰雪体育产业与三者的关联程度存在差异，其中体育服务业是影响冰雪体育产业规模的关键因素。

综合来看，当前我国冰雪体育产业正处于发展的提速期，各类冰雪体育产业如冰雪运动赛事业、冰雪运动培训与教育业、冰雪体育用品及相关产品制造业、冰雪体育场地设施建设业等都在如火如荼地发展中。由于《"带动三亿人参与冰雪运动"实施纲要（2018—2022年）》等政策的推进、冰雪热的持续升温以及诸多冰雪休闲度假区的落成，节假日参与冰雪旅游、体验冰雪运动、享受冰雪相关服务的人越来越多,这也体现了冰雪体育产业规模与体育服务业规模存在较高的关联度。但随着消费需求的不断升级,无论是从供给内容还是供给方式方面看,冰雪体育产业均存在效率低、供不应求等问题,严重制约了冰雪体育产业持续健康发展,因此,冰雪体育产业的发展仍有很大的提升空间。从其关联度以及供需互动的角度来看,应增强冰雪体育用品及相关产品制造业和场地设施建设业的发展。通过提升冰雪体育用品及相关产品制造业和场地设施建设业的发展能有效推动冰雪体育产业链的结构优化,完善冰雪体育产业的供给路径,有效缓解消费升级背景下供需之间的主要矛盾。

第二节　我国冰雪体育产业预测研究

一、灰色预测模型的概念

灰色预测法是一种对既含有已知信息又含有不确定因素的系统进行预测的方法,能将无序离散的原始数据序列转换为有序序列,其主要特点是所需的信息量少,预测精确度高,且还能保持原系统的实际情况。灰色预测通过鉴别因素之间的差异程度,通过关联分析对原始数据处理后生成一定规律性的序列,然后建立相应的微分方程模型,从而预测事物未来的发展趋势,最后得到其发展的模型。灰色预测利用 GM(1,1)模型对系统行为进行估计预测,同时发现在特定区间内的预测状况与未来时间的趋势形成的预测模型分析。一般情况下,灰色预测模型的预测结果是比较理想的,但是灰色预测模型在具体的应用过程中也有其自身的限制性。如由于一些原始数据在灰色预测模型中呈现单调化,经灰色预测的数据序列会呈现出相对稳定发展的趋势。与其他类型预测方法相比,灰色预测模型能够弥补数据不充足而导致无法进行正常预测的缺陷,不仅可以保证预测顺利进行,还可以保证预测的数据具有较高的精确度。因此,本书更倾向于运用灰色预测模型来分析冰雪体育产业未来的发展规模与趋势。

本书应用 GM(1,1)模型,利用 2014—2018 年我国冰雪体育产业规模、2013—2018 年我国滑雪场数量、2015—2019 年我国冰雪竞技类赛事数量等相关统计数据,对冰雪体育产业供给的动态形势作出模糊性的长期描述,并在此基础上评估未来 5 年我国冰雪体育产业的发展规模与趋势。

二、灰色预测模型的构建

灰色预测是指利用 GM(1,1)模型对系统行为进行估计预测,同时发现在特定区间内的预测状况与未来时间的趋势形成的预测模型分析。模型原理以灰色系统理论 GM(1,1)模型进行处理运算。

预测模型分析原理过程(1),原始序列 AGO 生成:

$$x^{(0)} = \{x^{(0)}(1), x^{(0)}(2), \cdots, x^{(0)}(n)\}$$

以过程(1)为数据列建立 GM(1,1)模型:

$$x^{(0)}(k) + \alpha z^{(1)}(k) = b$$

预测模型分析原理过程(2),生成紧邻均值序列记为:

$$x^{(1)} = \{x^{(1)}(1), x^{(1)}(2), \cdots, x^{(1)}(n)\}$$

预测模型分析原理过程(3),通过回归分析求得 a、b 的值,并得到 GM(1,N)白化微分方程式为:

$$\frac{\mathrm{d}x^{(1)}(t)}{\mathrm{d}t} + ax^{(1)}(t) = b$$

解为:

$$x^{(1)}(t) = \left[x^{(0)}(1) - \frac{b}{a} \right] e^{-a(t-1)} + \frac{b}{a}$$

并计算得过程(4),得到预测值:

$$\hat{x}^{(1)}(k+1) = \left[x^{(0)}(1) - \frac{b}{a} \right] e^{-ak} + \frac{b}{a}$$

$$k = 1, 2, \cdots, n-1$$

经上可得预测模型(5):

$$\hat{x}^{(0)}(k+1) = \hat{x}^{(1)}(k+1) - \hat{x}^{(1)}(k)$$

$$k = 1, 2, \cdots, n-1$$

三、灰色预测模型的实证分析

产业规模是目标产品或行业的整体规模,包括目标产品或行业在指定时间内的产量或产值。通过分析冰雪体育产业规模有利于明晰产业发展过程中的供给情况。目前,我国冰雪体育产业处于持续的快速发展阶段,产业规模呈现出不断上涨的趋势,如 2014—2018 年,我国冰雪体育产业规模从 1892 亿元增长至 4506 亿元。在滑雪场方面,滑雪场为一些参与性的冰雪运动、冰雪体育赛事以及冰雪运动培训等活动提供了强有力的保证,滑雪场的数量的供应情况也是影响我国冰雪体育产业发展的关键因素之一。随着我国冰雪体育产业的迅猛发展,我国滑雪场的数量也在不断地增加。据调查数据显示,我国滑雪场的数量从 2013 年的 408 个增加到 2018 年的 742 个。在我国冰雪竞技类赛事方面,继 2015 年北京—张家口获得 2022 年第 24 届冬季奥林匹克运动会主办资格后,我国举办的冰雪竞技类赛事数量日渐丰富、赛事体系开始完善。据调查数据显示,我国冰雪竞技类赛事数量从 2015 年的 48 场增加到 2019 年的 75 场。

本书分别以我国冰雪体育产业规模(X_1)、滑雪场数量(X_2)、冰雪竞技类赛事数量(X_3)为预测指标,构建了冰雪体育产业规模、冰雪竞技类赛事数量、滑雪场数量的灰色预测模型,并对未来 5 年我国冰雪体育产业规模、滑雪场数量以及冰雪竞技类赛事数量进行预测,以明晰未来我国冰雪体育产业的发展趋势与规模。GM 模型的具体运算过程如下:

第一,数据序列的 1-AGO,系统特征数据的 1-AGO。

X_1 的生成序列(1892,4592,8239,12215,16721)

X_2 的生成序列(408,868,1466,2112,2815,3557)

X_3 的生成序列(48,103,174,253,328)

第二,系统特征序列数据 1-AGO 基础上的紧邻均值生成。

根据公式原理 $Y_1 = (3242, 6415.5, 10227, 14468)$

根据公式原理 $Y_2 = (638, 1167, 1789, 2463.5, 3186)$

根据公式原理 $Y_3 = (75.5, 138.5, 213.5, 290.5)$

第三,计算灰色模型发展系数 a 和灰色作用量 b。

灰色模型发展系数 $a_1 = -0.151$,灰色作用量 $b_1 = 2410.663$

灰色模型发展系数 $a_2 = -0.103$,灰色作用量 $b_2 = 439.838$

灰色模型发展系数 $a_3 = -0.092$,灰色作用量 $b_3 = 53.552$

第四,系统特征序列的模拟值。

模拟值$_1 = (2910.485, 3384.797, 3936.407, 4577.911)$

模拟值$_2 = (507.383, 562.292, 623.143, 690.579, 765.312)$

模拟值$_3 = (60.689, 66.512, 72.895, 79.890)$

第五,计算平均模拟相对误差。

平均模拟相对误差$_1 = 4.394\%$

平均模拟相对误差$_2 = 4.944\%$

平均模拟相对误差$_3 = 7.728\%$

四、模型误差与模型预测

根据上述 GM(1,N)我国冰雪体育产业规模、滑雪场数量、冰雪竞技类赛事数量的预测分析结果对比预测值与实际值之间的误差,从而分析我国冰雪体育产业规模、滑雪场数量、冰雪竞技类赛事数量的预测效果及精度(见表3-2、表3-3、表3-4)。

表3-2　2014—2018年我国冰雪体育产业规模实际数据与模拟数据对比表

年份	实际数据 (亿元)	模拟数据 (亿元)	残差 (亿元)	相对模拟误差 (%)
2014	1892	1892	0	0
2015	2700	2910.485	−210.485	7.796

续表

年份	实际数据（亿元）	模拟数据（亿元）	残差（亿元）	相对模拟误差（％）
2016	3647	3384.797	262.203	7.190
2017	3976	3936.407	39.593	0.996
2018	4506	4577.911	-71.911	1.596

资料来源：《2015 中国冰雪产业白皮书》。

由表 3-2 可知，我国冰雪体育产业规模模拟数据的平均误差值为 4.39%，前期的相对模拟误差较大。相关研究指出，GM(1,N)在模型构建中，为了实现后期模型的理想化和预测精度，前期数据中误差一般较大。由此可以证明，GM(1,1)模型预测我国冰雪体育产业规模的相关预测数据具有较高的可靠性和有效性。

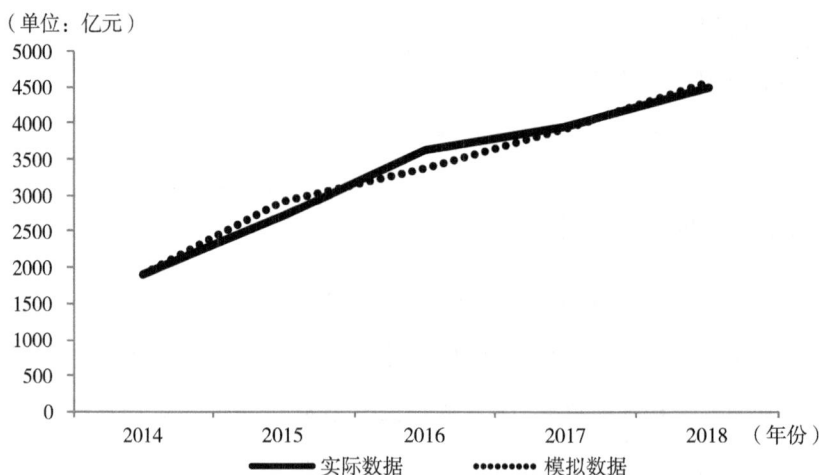

（单位：亿元）

图 3-1　2014—2018 年我国冰雪体育产业规模实际数据与模拟数据对比趋势图

由图 3-1 可知，通过 GM 模型模拟我国冰雪体育产业规模的曲线走势较为贴合，说明我国冰雪体育产业规模预测的结果较为准确和有效。通过灰色预测分析可以得到未来 5 年我国冰雪体育产业规模分别为 5323.959 亿元、6191.588 亿元、7200.612 亿元、8374.073 亿元、9738.770 亿元。从发展趋势看 2019—2023 年冰雪体育产业规模呈现出陡然上升的趋势,我们大胆预测这与 2022 年北京—张家口冬季奥运会关系密切,并且在不受外界因素和经济发展的阻碍条件下,2023 年我国冰雪体育产业规模将达到 9738.770 亿元。可见未来 5 年我国冰雪体育产业规模将呈现出较好的增长趋势。冰雪体育产业在我国尚处于新兴发展阶段,在冰雪政策及消费升级的多重利好下,冰雪体育产业规模不断扩大。大型体育赛事的开展会吸引全国人民对冰雪体育产业的关注,提高冰雪体育产业的影响力,进而带动冰雪体育产业整体的发展。未来一段时期内我国冰雪体育产业规模将呈现一定的上升趋势,这也从侧面反映出未来我国冰雪体育产业的发展前景良好。

表 3-3　2013—2018 年滑雪场数量实际数据与模拟数据对比表

年份	实际数据 （个）	模拟数据 （个）	残差 （个）	相对模拟误差 （%）
2013	408	408	0	0
2014	460	507.383	−47.383	10.301
2015	598	562.292	35.708	5.971
2016	646	623.143	22.857	3.538
2017	703	690.579	12.421	1.767
2018	742	765.312	−23.312	3.142

资料来源:《2015 中国冰雪产业白皮书》。

由表 3-3 可知,我国滑雪场数量模拟数据的平均误差值是 4.94%,前期的相对模拟误差较大。相关研究指出,GM(1,N)在模型构建中,为了实现后期模型的理想化和预测精度,前期数据中误差一般较大。由此,可以证明 GM(1,1)模型预测我国冰雪竞技类赛事数量的相关预测数据具有较高的可靠性和有效性。

由图 3-2 可知,GM 模型模拟我国滑雪场数量的曲线走势较为贴合,说明我国滑雪场数量预测的结果较为准确和有效。通过灰色预测分析可以得

（单位：个）

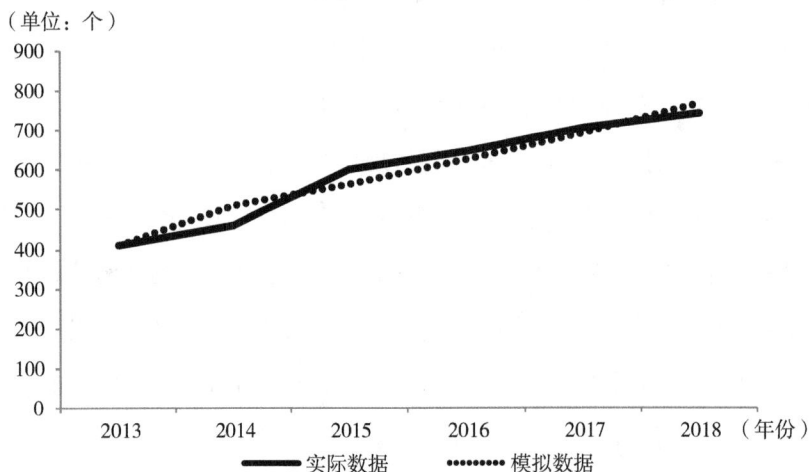

图 3-2　2013—2018 年滑雪场数量实际数据与模拟数据对比趋势图

到未来 5 年我国滑雪场数量分别为 848 个、940 个、1042 个、1154 个、1280 个。可见，未来 5 年我国滑雪场的数量将呈现较好的增长趋势。在不受外界因素和经济发展的阻碍条件下，预计到 2021 年我国滑雪场数量将突破 1000 个，并且 2023 年我国滑雪场数量将达到 1280 个。未来一段时期内我国滑雪场数量呈现出一定的增长趋势。基于当地天然的冰雪资源优势，与各项体育资源进行资源互补与互利，打造冰雪体育旅游特色小镇、开展丰富多彩的冰雪运动，加大对冰雪体育产品、设施和服务的供给数量和质量，满足消费者多元化的冰雪消费需求，这在一定程度上为滑雪场数量和规模的逐年扩大提供了保障。当今社会大众消费水平的日益提高也可能是我国滑雪场数量供给调整的重要影响因素之一，冰雪运动不但丰富了人们的娱乐生活，提高了人们的生活质量，也极大地推动了滑雪场数量的增加和冰雪服务产业的发展。因此了解和迎合市场需求，创造条件让更多普通冰雪爱好者能够参与到冰雪消费运动之中，进而促进冰雪体育产业的稳定和可持续发展。

表 3-4　我国冰雪竞技类赛事数量实际数据与模拟数据对比表

年份	实际数据（场）	模拟数据（场）	残差（场）	相对模拟误差（%）
2015	48	48	0	0
2016	55	60.689	-5.689	10.343
2017	71	66.512	4.488	6.321
2018	79	72.895	6.105	7.728
2019	75	79.890	-4.890	6.520

资料来源：中国产业信息网。

　　由表 3-4 可知，我国冰雪竞技类赛事数量模拟数据的平均误差值是
7.73%，发现前期的相对模拟误差较大。相关研究指出，GM(1,N)在模型构
建中，为了实现后期模型的理想化和预测精度，进而在前期数据中误差一般较
大。由此，可以证明 GM(1,1)模型预测我国冰雪竞技类赛事数量的相关预测
数据具有较高的可靠性和有效性。

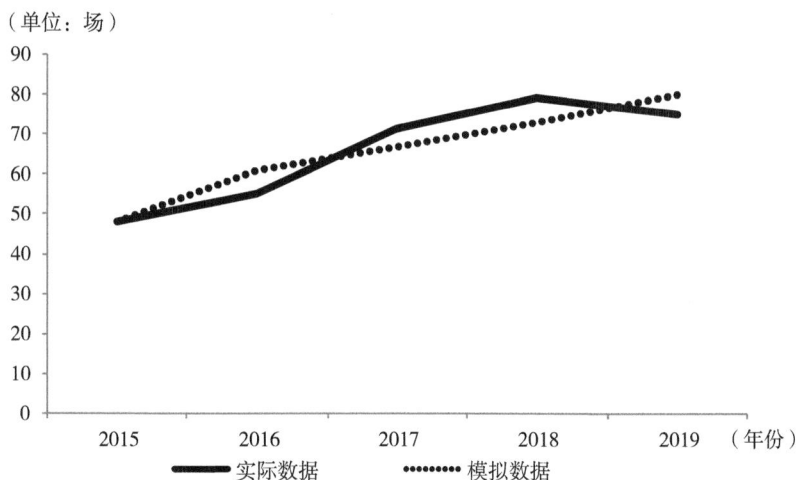

图 3-3　2015—2019 年我国冰雪竞技类赛事数量实际数据与模拟数据对比趋势图

　　由图 3-3 可知，GM 模型模拟我国冰雪竞技类赛事数量的曲线走势较为
贴合，说明我国冰雪竞技类赛事数量预测的结果较为准确、有效。通过灰色预

测分析可以得到未来 5 年我国冰雪竞技类赛事数量分别为 88 场、96 场、105 场、115 场、126 场。未来 5 年我国冰雪竞技类赛事数量将呈现出较好的增长趋势。在不受外界因素和经济发展的阻碍条件下,预计 2020 年我国冰雪竞拔类赛事数量可以达到 88 场,并且在 2024 年将达到 126 场,我国冰雪竞技类赛事数量受多方面因素的影响,如社会大众的消费意识、冰雪场地设施和服务质量、赛事水平、参与赛事的便利程度等因素都会制约着人们参与冰雪竞技类赛事,而赛事数量的大幅度增长可以从一定程度反映出,当前的制约因素将在社会经济发展、消费者意识的提高、冰雪竞技类赛事发展水平和质量的提高中逐渐被优化。冰雪体育产业是一种多样化的产业,其涉及旅游、运动、建筑、化工、交通、餐饮娱乐等多个领域,一个大型的滑雪场的运营、一场冰雪赛事的开展都势必会带动其周边产业的发展,形成一个独立自主的冰雪体育产业链推进经济的发展。因此,充分发挥冰雪产业的巨大经济优势,促进其可持续发展,将会为体育产业、为社会经济提供更多发展机会。

产业需求篇

第四章　我国冰雪体育旅游消费决策研究[①]

第一节　研究背景与问题提出

冰雪体育旅游是冰雪体育产业的重要组成部分,推动冰雪体育旅游产业的发展对促进冰雪体育产业高质量发展具有重要作用。而冰雪体育旅游消费是冰雪体育旅游产业中的热点研究问题,本章节以我国冰雪体育旅游消费决策为案例展开论述,从而对我国冰雪产业的发展形态进行有效反馈。

近年来,我国体育产业改革不断深入,从国家层面颁布了一系列推动政策,强调抓好潜力产业,以冰雪运动等特色项目为突破口,促进健身休闲项目的普及和提高。制定冰雪运动规划,引导社会力量积极参与建设一批冰雪运动场地,以促进冰雪运动繁荣发展,形成新的体育消费热点。2015 年 7 月,中国北京获得 2022 年第 24 届冬季奥林匹克运动会举办权,为冰雪体育产业发展带来了前所未有的机遇。2016 年 11 月,国家体育总局联合多部门印发《冰雪运动发展规划(2016—2025 年)》《全国冰雪场地设施建设规划(2016—2022 年)》《群众冬季运动推广普及计划(2016—2020 年)》,明确提出到 2025

[①]　参见张瑞林、李凌、车雯:《冰雪体育旅游消费决策影响因素的质性研究》,《体育学刊》2017 年第 6 期。

年冰雪产业总规模达到 10000 万亿元,直接参加冰雪运动的人数超过 5000 万人,并"带动 3 亿人参与冰雪运动"。这对我国冰雪体育产业发展提供了新的契机与挑战。如何提高冰雪体育旅游产值、优化产业结构、促进冰雪体育产业发展已成为政界、学界与业界关注的焦点。

冰雪体育产业发展稳定,冰雪消费者逐步增加,冰雪体育产业的发展有利于经济增长,增加就业,推动体育产业结构升级,带动全民健身事业发展以及促进国际体育文化合作。但冰雪体育产业发展目前面临诸多干扰因素与制约条件,其中冰雪体育产业尚未形成完整的产业链条、消费结构失衡、冰雪资源开发混乱、市场开发力度薄弱等问题突出。据收集与整理的资料显示,相关学者认为应以增加冰上或雪上运动俱乐部和运动协会为突破口,发展消费娱乐及休闲运动项目。但本书认为强化俱乐部机制和娱乐性项目只针对运营途径等局部问题,不能从根本上解决冰雪体育产业消费面临的整体困境。本书认为,扩大冰雪体育消费不是盲目扩张项目内容,关键要从消费需求着手,明确消费者的消费行为和特征,通过了解消费者的消费决策特征及价值动机,才能设计出符合消费需求的产品内容,从而刺激消费行为的发生。

回顾相关文献梳理可知,消费购买决策是冰雪体育旅游消费的关键环节。派蒂和卡乔鲍(Petty 和 Cacioppo,1983)提出详尽可能性模型(Elaboration Likelihood Model,ELM),认为消费者在处理消费信息时通常会依照其动机与能力来选择信息处理路径。恩格尔、科特拉和布莱克威尔(1978)提出 EKB 模型,认为消费信息处理包括信息输入、信息处理、决策过程、决策过程变量及外界影响 5 个阶段,决策过程是此模型最重要的部分。科特勒(Kotler,1998)也认为,在购买行为模型中消费者行为是一个研究消费者"黑箱"的过程,消费者可接受外在的营销活动与环境层面两项因素刺激,并且经由消费行为"黑箱"处理,产生购买决策,而消费者"黑箱"作业可从消费者的背景特征与决策过程中去探讨,其影响消费者因素的消费者特征可分为文化、社会、个人与心理 4 项因素,挖掘产品的消费者行为研究能够让研究者更加了解消费者在消费行为决策过程中的影响因素,进一步贴近消费者的实际需求,进而为消费者提供更多的信息与服务。上述学者的消费者购买决策模型是完整的决策过程,但针对冰雪体育旅游消费者购买动机而言,通过挖掘消费者对产品或服务的看法和需求略显不足。从国外研究视角来看,方法目的链模型常用于协助制定产品与广告等营销策略,是发现消费者对产品服务与消费者需求的主要研究工具(Olson 和 Reynolds,1983;Walker 和 Olson,1991;Claeys 等,1995;Reynolds 和 Whitlark,1995)。国内运用方法目的链方法主要涉及通信服务业(张瑞金等,2008)、城市旅游业(曲颖等,2013),而体育学科的应用仅限于体育彩票领域,以方法目的链为研究工具探讨竞猜型体育彩票消费者关注的主要路径(李凌、王俊人,2015;张瑞林,2016)。上述对消费者购买动机的研究已较为深入,而对冰雪体育消费购买行为的研究仍尚显缺失,顾久贤(2016)探讨了2022年冬奥会赛事的举办对区域消费者冰雪体育旅游的消费态度、行为及决策的影响,没有涉及消费者的价值观与其消费行为的联系。王立燕(2017)通过构建冰雪体育旅游的产品属性、消费结果、消费者价值三者间的关联矩阵,绘制了冰雪体育旅游消费者的层级价值图,探讨了冰雪体育旅游消费者最关注的方法目的链路径。鉴于冰上项目与雪上项目虽然同属运动产品,但是运动的特征与属性并不完全一致,本书分别对冰上项目与雪上项目具体讨论,并探讨冰上项目与雪上项目消费影响路径的差异。研究认为,冰雪体育旅游产品属于第三产业的服务类一般产品,它具备消费者购买的特征及消费者购买的行为,冰上项目与雪上项目产品的本质是如何构建满足消费者购买的意愿与需求,从而通过冰雪项目的产品属性,研究冰雪旅游消费者的购买内在动机及影响购买行为的决策因素为本书研究的主要目的。鉴于此,本书运用方法目的链模型探讨冰雪体育旅游消费决策因素,为冰雪体育消费的发展决策提供参考。

方法目的链由古特曼(Gutman,1982)提出,探讨消费过程的行为及其阶梯技术,主要研究消费者对于产品特征或属性的感知,并通过消费产品后获得某种消费价值与生活形态的期望,最后形成从自属性到结果、价值的阶梯联结。方法目的链是一种基于消费者看待产品或服务的阶梯研究结构,符合市场和实际情况导向,其内涵是消费者在购买产品过程及决策过程中,考虑到产品本质特征与其完成的功能性、心理性结果,以此发现消费者所要实现的价值。本书在采用方法目的链方法的基础上,创新价值体现在通过研究结果发现影响冰雪体育旅游的消费决策因素,以此构建消费者价值的联结途径,绘制冰雪体育旅游消费者层级价值图,从而有利于优化我国冰雪体育旅游产品的营销策略,同时为促进冰雪体育旅游市场转型提供新的发展思路。

第二节　研究工具与研究流程

一、研究工具:方法目的链

方法目的链以期望—价值理论(Expectancy-value Theory)为基础,以消费者对产品属性—结果—价值层级联结的结果为研究主线,进而确定各变量的内容和相互关系。因此,了解冰雪体育旅游消费者的购买决策过程,就需清晰了解冰雪体育旅游消费者的消费结果以及消费价值,以"属性—结果—价值"层级关系构建模型,从而为冰雪体育旅游消费者行为影响因素提供理论支撑。

(一)属性

雷诺兹(Reynolds,1995)等认为,属性是产品或服务被消费者所感知到的特征,且将属性分为两类,一是具体属性,指产品表面的功能性特征;二是抽象属性,指间接存在于消费者内心的主观描述。沃克(Walker,1991)等对属性解释为产品的属性大多具有有形和无形的特征,且往往能被消费者所感知。斯坦顿(Stanton,1991)提出,产品属性涵盖产品的品牌、包装、价格、品质、色彩以及销售者的服务等。综合上述学者的观点,本书认为产品属性是消费者对产品所感知到的所有特征,以冰雪体育旅游产品为例,其属性包括冰雪项目种类、区域、设施装备等。

(二)结果

奥尔森和雷诺兹(Olson 和 Reynolds,1983)将结果分为三种,即功能性结果、心理性结果和社会性结果,后两种可合并称为社会心理性结果。第一,功能性结果是指消费者使用产品或接受服务后,可以立即感受到产品或服务属性带来的直接和有形的结果。第二,心理性结果是指消费者使用产品或接受服务后产生隐性和间接的结果。第三,社会性结果是指通过产品或服务反映消费者本身在他人心中的社会地位以及社会形象,属于间接、无形的结果。

(三)价值

罗克奇(Rokeach,1973)指出,价值是对特定行为或存在终极状态的一种持续信念,此种信念使个人或社会偏好某种特定的行为方式或生存目标的状态。常用的个人价值衡量工具有以下两种:一是由米歇尔于 1983 年提出的价值与生活形态系统(Values and Lifestyle System,VALS)工具,将消费者划分为四种类型:需求趋势类、外部控制类、内部控制类、内外部控制类,细分为幸存者、支撑者、归属者、竞赛者、成就者、自我者、体验者、有社会意识者、整合者;二是由卡勒(Kahle ,1984)提出的价值列表(List of Value,LOV)工具,将价值分为自尊、安全、与他人温暖的关系、成就感、自我实现、被他人尊重、归属感、生活中的乐趣与享受、刺激。相关学者比较两者差异发现,在结合人口统计特征时,由于价值列表是用于测量一般性的价值观,因此 LOV 比 VALS 更能直观地预测出消费者的行为,因此本书以价值列表作为层级基础。

综上所述,本书确定了冰雪体育旅游消费的方法目的链模型,由"属性—结果—价值"三个层级构成,属性层由雷诺兹提出的具体属性和抽象属性组成;结果层由奥尔森(1983)形成的功能性结果和心理性结果构成;价值层按照价值列表(见图4-1)。

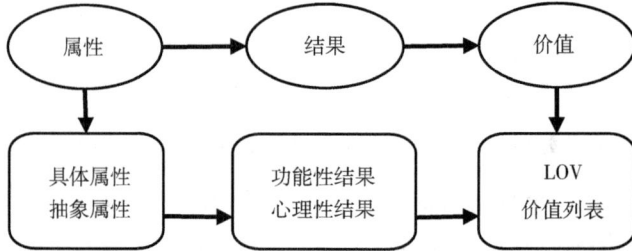

图4-1 冰雪体育旅游消费者方法目的链模型

二、研究流程

第一,确定研究工具的变量、资料内容及分析条目等问题。采取专家访谈的方式,运用电脑辅助亲身访谈法,研究组2位成员分别对3位具有相关背景的专家学者一对一地深入访谈,访谈时间共计90分钟,访谈过程加以录音及电脑记录,分析得出冰雪体育运动的产品属性、结果及其价值条目。所形成的研究条目再通过与3位冰雪场馆高层管理者访谈,明晰研究条目的可行性和研究层级的设置。

第二,构建冰雪体育消费者方法目的链模型。以此呈现冰上消费者层级价值图和雪上消费者层级价值图。依据威廷克、威尔森和布尔享内(Wittink、Vriens和Burhenne,1994)学者的建议,构建方法目的链模型需要应用软式阶梯访谈法,针对受访者进行一对一深入访谈,访谈过程由受访者自由回答,不得在操作过程中进行引导,确保受访者访谈内容的真实性。总结国内外相关研究成果,建议整个过程采用非结构性问卷,访谈内容主要包括"您为什么选择去滑雪或滑冰""为什么这个因素重要""这个因素可以给您带来些什么""您希望在这里实现什么价值"等。

第三,选取研究样本。根据相关专家学者和冰雪场馆运营高层管理者建议,将冰雪体育运动旅游消费者按运动区隔进行划分。按照"运动能力高低"

与"冰雪运动投入"两项指标分为四个消费者区隔,并以受访者自评的形式确定消费者的区隔特征。以"运动能力高低"指标,分为运动能力高者与运动能力低者;以"冰雪运动投入"指标,将每周参与冰雪运动3次及以上者划分为冰雪运动投入高者,每周参与冰雪运动3次以下者为冰雪运动投入低者。依据上述分隔要求,确定了三类区隔调查人群,一是运动能力高与冰雪投入高者共计10人,其中冰上项目5人、雪上项目5人;二是运动能力低与冰雪投入高者共计12人,其中冰上项目5人、雪上项目7人;三是运动能力高与冰雪投入低者共计12人,其中冰上项目6人、雪上项目6人。综合研究经验,将排除运动能力低与冰雪投入低的市场区隔调查(见表4-1)。

表4-1　冰雪体育旅游消费者涉入程度的区隔结构

		运动能力	
		能力高	能力低
冰雪运动投入	投入高	10人	12人
	投入低	12人	0人

在构建方法目的链知觉价值阶梯图的过程中,操作步骤的关键是对区隔的消费者进行访谈和调查。本书采用滚雪球的抽样方式,对上述冰雪体育旅游消费者的区隔结构进行调查,每位受访者访谈为10—29分钟,并对访谈过程进行录音记录。古特曼(1982)和泽瑟摩尔(Zeithaml,1988)等学者认为,深度访谈中选取人数应在30人以上,但雷诺兹和古特曼(1988)提到方法—目的链分析的目的是找出"属性—结果—价值"之间的联结模式,联结模式不再出新则认为联结路径可以截止计算。本书最终确定调查人数34人,将访谈记录整理成约25千字文稿,并对其进行分析。冰上项目分析过程中,以主要联

结路径明显且分析结果不再出新为调查原则,共计分析16位受访者的受访内容。同理,雪上项目共计分析18位受访者的受访内容。

对34位受访者(冰上项目16人,雪上项目18人)的访谈结果进行整理、分类、归纳,得到的结果归于三个层级之中,再请相关专家学者对归类的内容结合原语境重现。经上述步骤,冰上项目共确定属性类目6个,结果类目11个,价值类目6个;雪上项目共确定属性类目6个,结果类目10个,价值类目7个,具体见表4-2。

表4-2 冰雪体育运动消费的方法目的链条目与定义汇总表

阶层	编码	要素	描述
属性	A1	冰雪项目种类	冰上、雪上项目丰富独特,如滑冰、冰球、滑雪、雪地摩托等
	A2	区位交通	冰场、雪场所处的区域,可达性及便利性
	A3	布局	冰场或雪场的冰道及雪道设计,广告指示标牌、服务咨询台等布局
	A4	氛围	运动氛围、交友氛围、环境氛围、场地营造的硬件氛围
	A5	气温	冰场或雪场的气候、温度等环境因素
	A6	设施装备	冰面、雪道平整宽敞,装备齐全有保障且装备设施先进
	A7	教练水平	教练的技术水平、指导能力强,服务质量较高
	A8	价格投入	价格合理,符合预算,性价比
	A9	赛事吸引	举办冰雪赛事的能力及赛事组织、安排
结果	C1	加强社交关系	加强与他人的互动交流,认识更多的朋友,增进同伴的关系
	C2	满足好奇	对于冰雪体育产生兴趣,投入心力去了解
	C3	休闲娱乐	自由从事自己所喜欢的冰雪项目
	C4	增进身体健康	增强身体素质,拥有健康的体魄
	C5	增长运动技能	学到专业的冰雪项目知识和技能
	C6	性价比	时间和金钱的成本较低,在自己经济范围内,物超所值

续表

阶层	编码	要素	描述
结果	C7	乐趣	感受到欢乐、愉悦的心情
	C8	参与	个体自觉参与及投入到某项事物的程度
	C9	再购意愿	主观意愿再次增加消费次数和频率
	C10	改善生活状态	提升个人生活方式的质量
	C11	决策自主	依照自己的自由意志去作决定
	C12	克服挑战	参与过程中完成一个又一个的挑战,向更高的目标前进
价值	V1	刺激	生活中的刺激或新奇的挑战
	V2	自由	没有拘束,没有限制
	V3	生活中的乐趣与享受	舒适和谐的心理状态,较无感觉到压力,愉快地享受生活
	V4	与他人幸福温暖	与他人的互动增加并维持良好情谊
	V5	被他人认可	获得他人的尊敬与重视
	V6	成就感	追求成就表现,以自我表现为荣
	V7	自我实现	达成自己的梦想与希望
	V8	自尊	对自我价值的整体评价,维持自我尊严
	V9	归属感	个人拥有归属于某个团体的感觉

根据古特曼(1982)、泽瑟摩尔(1988)与雷诺兹等(2001)提出的分析法,将访谈内容中的联结关系转化为层级价值图。采用试误的方式绘制层级价值图,最后选取 cutoff 值 3 为层级价值图的绘制标准,低于 3 的层级因素将不列入层级价值图中。

第三节　研究结果与分析

一、冰上体育旅游方法目的链模型分析

(一)冰上体育旅游的属性层

冰上体育旅游消费者所关注的产品及服务属性主要有 6 项,分别为冰上

项目种类(占属性提及数的 25.6%),价格投入(占属性提及数的 20.5%),教练水平(占属性提及数的 18.0%),氛围(占属性提及数的 12.8%),区位交通(占属性提及数的 12.8%),设施装备(占属性提及数的 10.3%)。

(二)冰上体育旅游的结果层

冰上体育旅游消费者所关注的结果主要有 11 项,分别为增长运动技能(占结果提及数的 16.3%),加强社交关系(占结果提及数的 9.1%),再购意愿(占结果提及数的 14.4%),乐趣(占结果提及数的 10.9%),增进身体健康(占结果提及数的 9.1%),克服挑战(占结果提及数的 9.1%),休闲娱乐(占结果提及数的 7.3%),性价比(占结果提及数的 7.3%),满足好奇(占结果提及数的 5.5%),参与(占结果提及数的 5.5%),决策自主(占结果提及数的 5.5%)。

(三)冰上体育旅游的价值层

冰上体育旅游消费者所注重的价值主要有 6 项,分别为生活中的乐趣与享受(占价值提及数的 22.2%),成就感(占价值提及数的 20.0%),刺激(占价值提及数的 20.0%),与他人幸福温暖(占价值提及数的 15.6%),被他人认可(占价值提及数的 11.1%),自我实现(占价值提及数的 11.1%)。

如图 4-2 所示,发现冰上体育旅游消费决策层级价值图由以下主要路径组成:冰上项目种类—增长运动技能—生活中的乐趣与享受;冰上项目种类—增长运动技能—成就感;冰上项目种类—加强社交关系—与他人幸福温暖;价格投入—再购意愿—刺激;教练水平—增长运动技能—生活中的乐趣与享受;教练水平—增长运动技能—成就感;教练水平—克服挑战—成就感;等等。

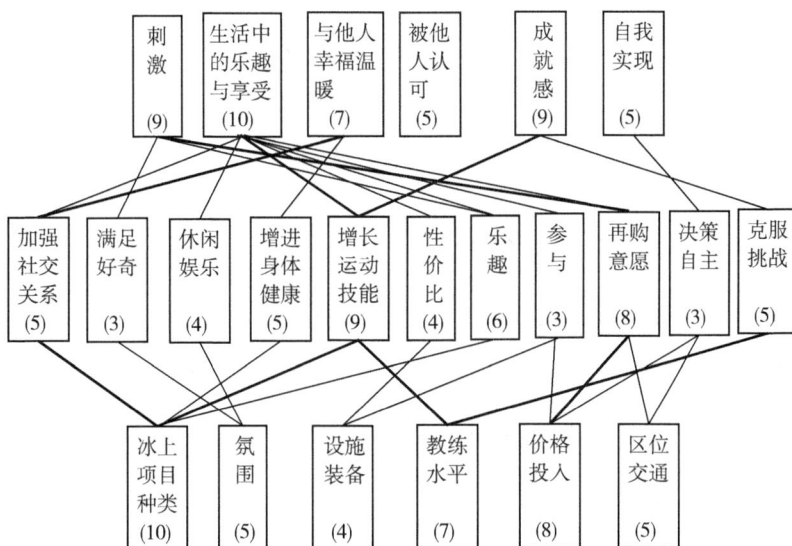

图4-2　冰上体育旅游消费决策层级价值图

注:(1)图中括号内数字为受访者提及的次数;(2)图中连线的粗细与层级间联结次数有关,线条越粗表示层级间联结次数越多;(3)部分因素由于联结次数未达到 Cutoff 值,Cutoff 值设定最小值为3,小于3的路径未绘入 HVM 层级价值。

二、雪上体育旅游方法目的链模型分析

(一)雪上体育旅游的属性层

雪上体育旅游消费者所感知的属性主要有 6 项,分别为雪上项目种类(占属性提及数的 28.6%),价格投入(占属性提及数的 24.5%),氛围(占属性提及数的 18.4%),布局(占属性提及数的 10.2%),区位交通(占属性提及数的 10.2%),设施装备(占属性提及数的 8.1%)。

(二)雪上体育旅游的结果层

雪上体育旅游消费者所关注的结果主要有 10 项,分别为增进身体健康(占结果提及数的 15.4%),乐趣(占结果提及数的 14.1%),增长运动技能

（占结果提及数的 12.8%），性价比（占结果提及数的 12.8%），加强社交关系（占结果提及数的 9.0%），克服挑战（占结果提及数的 9.0%），满足好奇（占结果提及数的 7.7%），休闲娱乐（占结果提及数的 6.4%），参与（占结果提及数的 6.4%），决策自主（占结果提及数的 6.4%）。

（三）雪上体育旅游的价值层

雪上体育旅游消费者所知觉的价值主要有 7 项，分别为生活中的乐趣与享受（占价值提及数的 20.0%），刺激（占价值提及数的 16.7%），自由（占价值提及数的 16.7%），成就感（占价值提及数的 13.3%），被他人认可（占价值提及数的 13.3%），与他人幸福温暖（占价值提及数的 10.0%），自我实现（占价值提及数的 10.0%）。

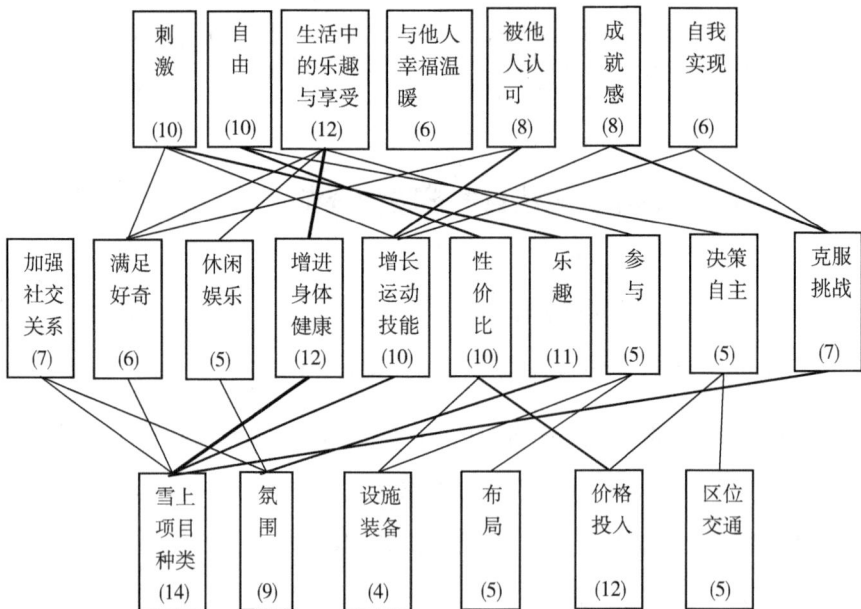

图 4-3　雪上体育旅游消费决策层级价值图

注：(1)图中括号内数字为受访者提及的次数；(2)图中连线的粗细与层级间联结次数有关，线条越粗表示层级间联结次数越多；(3)部分因素由于联结次数未达到 Cutoff 值，Cutoff 值设定最小值为 3，小于 3 的路径未绘入层级价值图。

如图 4-3 所示,雪上体育旅游消费决策层级价值图由以下路径组成:雪上项目种类—增进身体健康—生活中的乐趣与享受;雪上项目种类—增长运动技能—被他人认可;雪上项目种类—克服挑战—成就感;价格投入—性价比—自由;氛围—乐趣—刺激;等等。

小　结

一、结论

(一)属性层级与结果的联结

由 HVM 图显示,冰上项目提及最高频率的属性是"冰上项目的种类",消费者对冰上项目种类关注的重点是为技能和社交提供帮助,其次是获得健康和乐趣。参与冰上项目时,消费者主要是为了学习冰上项目技能,实现自身技能的提高。冰上项目从项目设施、环境、季节等方面较其他项目具有独特性,项目体验中可以增加社交机会、锻炼身体、获得乐趣;在"价格投入"属性维度,"价格投入"直接影响消费者的参与与再购行为,符合或超出期望将促进消费者的参与和再购欲望,低于期望则会降低消费者参与与再购的积极性;"教练员水平"是冰上项目的另一项主要属性,教练员水平高低对消费者感知技能、克服困难有直接影响。

雪上项目层级属性的分析结果可知,雪上项目提及频率最高的属性是"雪上项目的种类",消费者通过不同项目种类可得到提升学习技能、保持身体健康和享受生活的结果。雪上项目种类设置的多样性具有至关重要的作用,要分类分层地满足消费者期望的结果和价值。雪上项目提及频率较高的属性是"价格投入",雪上项目不菲的装备价格以及高昂的雪场消费是阻碍部分消费者购买的主要因素,消费者在决策时更加重视性价比和决策自由。雪上项目提及频率一般的属性是"氛围",雪上项目大多在室外进行,雪场的自然环境、人文环境、氛围环境等因素影响运动整体感知,融洽的氛围可以为消费者带来乐趣,休闲与社交功能会刺激消费者进行购买服务或产品。

(二)结果与价值层级的联结

冰上项目的结果与价值联结最突出的是"增长技能→享受生活乐趣",消费者进行冰上运动,最终是为了寻求乐趣,这种乐趣主要由技能增长的价值体现;其次是"增长技能→成就感",消费者在冰上获得技能增长主要是为了实现内心价值的成就感,成就感的形成是参与冰上项目的重要因素;最后是"加强社交关系→与他人幸福温暖",通过选择冰上项目与他人社交可以获得"与他人幸福温暖"的价值,家庭支持与伙伴关系将是影响参与冰上运动或消费的重要因素。

雪上项目的结果与价值联结最主要的是"增进身体健康→生活中的乐趣与享受",雪上运动多在室外进行,消费者通过与大自然亲密接触来促进身体健康,进而带来生活享受的价值;其次是"增长技能→被他人认可",雪上运动技能的增加可得到认同感,消费者为了获得群体赞扬或认同而参与雪上项目是另一重要原因;最后是"乐趣→刺激",雪上运动中的项目特点离不开刺激价值因素,刺激价值因素是促使消费者参与或购买的影响因素,并且此路径结果也符合体验经济模型的特征。

二、建议

第一,从冰雪项目属性、结果及价值联结的主要路径来看,拓宽消费市场和丰富营销模式应是未来冰雪运动发展的重点。建议根据消费者特征以及冰雪项目的特殊性,打造特色冰雪旅游项目,塑造冰雪旅游胜地形象,吸引国内外游客参与消费;引进国内外优秀的业界人士加强冰雪运动项目的规划与管理,加大冰雪人才的培养力度,联合高校、俱乐部等社会力量,挖掘与培养冰雪专业人才;抓好冰雪运动项目培训工作,以新媒体为平台,加大宣传力度,规范培训过程,提供上岗机会。

第二,从冰上项目层级价值图中较突出的三条路径结果看出,消费者参与冰上运动的最终价值是寻求成就感、享受生活与他人幸福温暖。因此,冰上项目的种类、运动技能增加、丰富社交圈等属性是促进冰雪消费的直接因素。建议冰雪体育旅游地扩充项目内容,设计新鲜玩法,增强冰雪运动项目内在竞争力;分层次、分群体、分主题设计花样多、娱乐性强、易学习、互动性强的冰上运动项目,实现运动、健康、娱乐、时尚、交友为一体的冰雪运动互动圈。

第三,冰上运动项目中"增长运动技能"是引导消费的最主要结果,而项目种类和教练水平对该属性有直接影响。建议冰上项目运营商运用传统媒体与微信、微博等现代新兴媒体相结合的宣传平台,扩大冰上运动项目的宣传范围,提升冰上项目的知名度;制定卓尔不群的营销策略,采用独具一格的运营模式,满足多样化的市场需求;借鉴国外先进的运营机制,因地制宜,中西合璧,加强教练员、管理人员的培训机制、激励机制、考核机制,公平公正,优胜劣汰,促进人力资源的合理配置;注重冰雪文化的注入与根植,提倡环保、健康、生态的生活理念。

第四,雪上项目中"雪上项目种类"关注度最高,消费者通过多样化的项目内容,促进身体健康、增长运动技能、勇于接受挑战,进而享受生活、获得他人认可、提升个人成就感。建议以群众冰雪赛事倒逼大众冰雪推广,举办主题冰雪节,推广大众雪上运动;举办有形产品展览会,刺激冰雪爱好者的消费欲望,传播雪上运动魅力;引进雪上项目表演赛,制作雪上运动的宣传纪录片,传播无形产品的价值,吸引消费者感受滑雪运动的不可抗拒性与刺激性。

第五章　我国冰雪体育赛事消费
行为与营销策略研究[①]

　　以竞技体育带动群众体育发展对于冰雪体育运动的推广具有重要的现实意义。冰雪体育赛事是冰雪体育产业的重要组成部分,冰雪体育赛事水平的提升能够有效带动群众参与冰雪体育运动,推动"3亿人参与冰雪体育运动"目标的实现,而滑雪是当前冰雪体育赛事中发展较为火热的项目。本章节以我国滑雪体育赛事消费行为与营销策略为案例展开论述,以期反映我国冰雪产业的发展状况。

　　体育产业在当前经济社会发展的助推下,已然驶入了新兴产业快速路。国家统计局与体育总局在2019年1月发布了《2017年全国体育产业总规模与增加值数据公告》,文件数据显示,2017年全国体育产业总规模实现了2.2万亿元,较2016年增长了15.7%。面对2022年北京冬奥会关键时期,实现滑雪产业的产值目标和运动普及已成为目前我国滑雪体育产业发展所面临的首要任务。2018年12月,国务院印发《关于加快发展体育竞赛表演产业的指导意见》,且部分调查数据显示,我国滑雪体育产业以体育竞赛表演业为主体,但仍存在其他产业链条畸形发展、消费需求与供给链条失衡的问题。面对奥

　　①　参见张瑞林、李凌、车雯:《基于社会阶层理论的滑雪体育赛事消费行为与营销策略研究》,《北京体育大学学报》2019年第11期。

运周期的产业环境,我国的滑雪体育产业更应该通过不断完善体育管理活动,激发体育竞赛表演产业的市场活力,加快滑雪联赛或赛事的职业化进程,来肩负起推进并实现新时代体育强国战略的重要使命。基于此,本书主要从滑雪体育赛事切入,着重探讨赛事产业的起点环节,发现不同社会阶层滑雪体育赛事消费者的消费特征、消费模式以及营销策略等方面的问题,并提出加快滑雪体育赛事发展的策略,以期进一步提高体育竞赛表演产业的升级和发展。

第一节　社会阶层与消费行为的理论基础

全球化趋势源自社会发展的动力,而收入分配是社会发展的关键环节。国家经济的快速发展,国民收入随之增加,面对新兴消费市场,消费需求成为市场发展的要素。消费需求的转变出现了传统意义中"穷人与富人"的观点,这是社会阶层理论的初步概念。穷人与富人之间差距明显,形成了表面的"社会分层",但随着经济和社会环境的转变,不同阶层的人群面对消费时也会在认知方面普遍存在差异。在体育领域中,相关研究主要集中于对运动项目的认知,且社会阶层理论划分是必要考虑的要素。基于此,本书提出,通过明晰"社会阶层"理论的划分原则,借助不同的社会阶层划分标准来探讨滑雪体育赛事消费者的消费形态,发现滑雪体育赛事消费者的消费模式和投入程度特征,并针对不同社会阶层的滑雪赛事消费群体提出相关营销策略,从而为我国滑雪体育赛事产业的发展提供可参考的意见。

梳理相关文献发现,社会阶层理论已被国内外诸多学者所关注和认可。如社会学家华纳(Warner,1949)强调,社会阶层并非纯属于财富的问题,因为金钱并不等于声望和权力;该学者认为,姓氏、种族、宗教、年龄、性别、教育、职业、生活形态等特征,甚至说话的方式与特点都会影响人的层级。此外,马克思(Marx,1972)认为,社会地位和职业声望是社会阶层理论划分的重要标准。随着研究的深入,所罗门(Solomon,2014)指出,职业与收入两个要素可以反映社会阶层,其中职业包含了社会对职业声望的考虑,是衡量消费者或社会人的价值标准;收入则反映了财富分配的关键,由于不可能对财富进行均匀的分配,故收入就成为反映社会阶层的重要指标。综合上述学者的观点,本书认为,社会阶层是指个人主观意愿以自我形态和社会地位来进行划分区别,即可以通过财富收入、身份地位、生活情况、教育程度、职业等指标对其进行划分;此外,部分学者也主张,社会价值观(或世界观)也是影响消费者消费差异的关键。由上述国内外学者观点,不难发现社会阶层的划分普遍存在差异,且不同的社会阶层所形成的价值标准与消费形态之间存在验证的必要性。

随着体验经济的来临,互动式的消费行为也出现在职业体育赛事中,即消费者(球迷)的消费行为逐渐趋于多元化,正如派恩和吉尔摩(Pine 和 Gil-more,1998)指出,经济价值的演进将由货物、商品、服务到体验,而体验营销的概念已广泛地应用于一般的商业活动中,并融入消费者的生活中。职业体育赛事不仅迎合了体验经济的内容,且在观赛体验的过程中,消费者也能通过追求感官、心理或身体上的刺激,形成美好的回忆并产生再次观赛的意愿或行为。滑雪体育赛事作为体育竞赛表演产业的重要组成部分,除具备一般职业体育赛事的观赏功能外,还具备体验与感知的特征,这也是滑雪体育赛事的独特之处。在我国滑雪体育赛事产业的演变脉络过程中,消费群体的人口特征正在发生着转变,原本的体验式人群已逐渐转变为浸入式人群。同时,消费群体的变化已经开始影响滑雪体育赛事的消费行为模式。梳理相关文献可知,消费结构和消费方式的转变会影响产业发展与产业变迁,同时体育消费结构变化对体育产业升级和市场化进程具有直接影响。

综上所述,社会阶层对于消费需求存在影响,可以较好地发现产业消费特征,对稳步产业提升、改善产业环境都具有实际的意义。本书通过前期文献梳理还发现,社会阶层理论已被应用到体育领域中,但多数研究仍局限于运动参与,缺少对赛事消费和产业消费等方面的研究。由此,本书利用硬式阶梯访谈法及电脑可视化计算,利用滑雪体育赛事消费者的抽样数据及相关社会阶层划分标准,不同社会阶层滑雪体育赛事消费者消费行为模式的网络化特征及社会阶层与投入程度之间的关系进行分析,并提出相关的营销策略,为我国体育竞赛表演产业赛事营销策略的制定提供了相应的参考。

第二节　研究设计

一、研究对象与研究方法

本书以滑雪体育赛事消费者的消费行为模式及其社会阶层与投入程度之间的关系为研究对象。研究首先采用文献资料法,获取了研究所需量表与相关文献,旨在为后续研究的开展奠定理论基础。其次,为了确保量表的可靠性,研究采用深度访谈法,对体育消费行为、体育赛事营销管理、体育社会学等研究领域的 6 名专家学者进行了深度访谈,并运用德尔菲问卷评估技术对量表内容进行深度评估,综合专家意见进一步修正问卷量表,最终问卷保留 22 题。再次,正式问卷主要包括人口统计学变量、社会阶层、消费模式、投入程度三部分内容,并采用李克特 7 点尺度量表对问卷进行设置。研究主要采取分层抽样的方式对来自北京、上海、深圳、广州、长春和济南 6 座城市的滑雪体育赛事消费者进行调查并获取研究数据。最后,研究采用社会网络分析法对不同社会阶层滑雪体育赛事消费者的消费模式进行网络化分析,以发现不同社会阶层中滑雪体育赛事消费者消费模式的网络化特征。在此基础上,研究进一步通过回归分析以发现滑雪体育赛事消费者的社会阶层与投入程度之间的关系,进而有针对性地提出相关营销策略。

二、问卷设计

(一)社会阶层

社会阶层是指由具有相同或类似社会地位的社会成员组成的相对持久的

群体,是一种普遍存在的社会现象。社会阶层一般包括两层含义:一是同一阶级中由于社会经济地位不同而划分的层次;二是具有某种共同特征的社会群体。本书中的社会阶层是指,由于社会经济地位不同而划分的层次。此外,社会经济地位又包含社会地位与经济地位这两个部分,其不仅指个体的社会名誉地位以及社会交际网络,还包括个体的经济收入状况,即社会经济地位的高低直接影响个体可利用资源的数量。科勒曼(Coleman,1988)认为,社会经济地位是由金融资本、人力资本以及社会资本三个部分组成,这三个部分涵盖了社会经济地位的所有方面并得到社会学家及发展心理学家的认可。以上三个维度之间普遍存在高度的相关性,表明社会经济地位的某一个指标可能同时对社会经济地位的两个或三个方面起到相关作用,例如教育水平是表征智力资本的一个重要指标,同时它也影响社会资本和金融资本的获得。在心理学和社会学研究中普遍采用受教育程度、职业类型以及收入水平三个指标分别表征人力资本、社会资本以及金融资本。基于此,本书采用受教育程度、职业类型、收入水平三个指标对个体的社会经济地位进行划分,以社会经济指标(SEI)、国际标准职业社会经济地位指数(ISEI)、社会综合地位评价量表(SES)等成熟量表,以及赵胜国(2019)、任春荣(2017)和田虹(2014)等的研究成果为基础,将受教育程度分为小学及以下、博士研究生及以上等7个层级,将职业类型分为临时工、无业者—党政机关、企事业单位高级管理人员、高级技术人员或高级职称等7个层级,参考北京、上海、深圳、广州、长春和济南6个不同类型城市的平均工资水平将收入水平分为1500元以下、20000元以上等7个层级。以上受教育程度、职业类型和收入水平的7个层级分别对应1—7分。根据上述标准,研究对有效样本的受教育程度、职业类型、收入水平得分进行汇总求和,得到滑雪体育赛事消费者的社会分层总分,并按照1—7分、8—17分、18—21分的分值区间将有效样本划分为社会A层、社会B层以及社会C层。

（二）消费模式

消费模式在经济学上是指消费者以什么样的方式付款来获取他们想要的产品和服务。赖因施塔勒（Reinstaller,2005）认为,消费模式在一定程度上受到社会规范和阶级结构的约束。商品购买和商品的体验可以维系人们的消费规划,是消费模式的一个重要特征,消费模式经历了变革,逐渐发展成为更加科学理性的模式。不同的阶段与时期,消费模式是不同的,存在着传统与现代的消费区别。在互联网高速发展的时代,消费模式形成了完全不同于传统消费模式的新常态,现代的消费模式更倾向于流行时尚的新鲜事物。综合诸多学者对消费模式的分析研究,本书将消费模式分为传统型和现代型两种类别,并基于此视角分别设置题项以探析我国滑雪体育赛事消费者热衷的消费模式。此外,作为一种营销活动,体育赛事通过一系列的生产销售环节同消费者交易产品和价值,在满足消费者需求的同时其所需的赛事营销。如侯晋龙（2006）提出直接向消费者销售体育产品,如门票销售、纪念品销售,是把传统的营销原理和过程应用到体育赛事产品中的赛事营销。体育赛事的转播权为体育赛事持有者带来门票销售权、衍生品销售权等商业价值,新媒体利用便捷性、随意性和多选择性的优势,满足了消费者的不同观看需求,可以随时随地观看比赛。综上所述,传统型和现代型两种消费模式涵盖了观看方式、门票以及衍生产品3项指标。传统型和现代型的消费模式反映了人们的消费价值观和行为向导,难以直接从外部观察来了解消费者的消费模式。因此,综合相关研究成果,本书选取观看方式、购票方式以及衍生产品购买方式3个方面来探析滑雪体育赛事消费者的消费模式。

（三）投入程度

投入程度是消费者行为学研究中的一个重要概念,在体育赛事活动中是指消费者在搜索、处理赛事相关信息时所花费的时间,以及消费者有意识地处理赛事相关信息和广告所花费的精力,它决定了消费者对赛事信息类别的遴选和作出购买决策的过程。国内外许多专家学者都意识到了投入程度在消费者行为中的重要作用,相关研究表明,在决策时消费者的投入程度是影响消费者信息加工方式和决策偏好的重要因素,能够在很大程度上影响消费者的决策行为。拉维恩(Laverie,2000)和麦克唐纳(Mcdonall 等,2010)认为,消费者在体育赛事上的投入程度越高,对于购买与体育赛事相关的外围产品或服务的意愿也就越高。李凌等(2017)使用"观赛热情"一词来衡量竞彩消费者观赏赛事的投入程度,研究基于二元热情模型,发现体育赛事观赏与竞彩行为网络密度为紧密的网络结构,且进一步证实"观赛热情"对竞彩行为具有显著影响。此外,刘圣文等(2018)再次证明了以上两者之间的影响关系,发现"观赛热情"能够直接影响竞彩型体育彩票消费者的购买忠诚度。综上所述,消费者在体育赛事方面的投入程度会对其相关消费行为具有重要影响。另外,随着北京 2022 年冬奥会的日益临近,深入了解不同社会阶层对于滑雪体育赛事的投入程度,有利于赛事组织者更具针对性地开展赛事营销活动,这对促进滑雪体育赛事产业发展、提高体育赛事在整个体育产业中的引领地位起到积极的推动作用。因此,本书在借鉴瓦勒朗(Vallerand,2010)、李凌(2015)以及吕兴洋等(2018)研究成果的基础上,通过时间成本、费用成本、花费精力三个维度来设计题项以衡量消费者对滑雪体育赛事的投入程度。

三、量表设计与发放

此次设计的调查问卷分为三个部分:第一部分为人口统计学变量,且包括社会阶层量表的相关题项内容,第二部分为消费模式量表,第三部分为投入程度量表。其中社会阶层量表主要参考任春荣(2017)和李强等(2010)的研究成果,共设置了 3 个题项。消费模式量表主要借鉴了徐琳(2009)、蔡麒麟等(2013)的研究结果,设置了 3 个维度 7 个题项,例如,"我更愿意通过网络平台观看比赛""我更愿意去现场购买门票"等。投入程度量表主要借鉴了瓦勒朗(2010)等学者关于消费者投入程度的研究题项,经修正后设计了3个维度共计15个题项,例如,"我购买了大量赛事相关的周边产品,如吉祥物""我愿意将观赛的相关资讯反复查看并评论转达给好友"等。整体量表共设置题项22个,且均采用李克特7点量表进行打分,由"1"至"7"分别代表"非常不同意"到"非常同意"。特别注意的是,问卷填答综合考虑到学生群体还未参加工作,因此对于学生群体填答时要求其填写父母中收入、学历较高一方的学历、收入水平及职业等。

在初步完成问卷设计后,采用专家访谈法邀请6名专家对问卷内容、结构、语意等进行审定,专家包括体育消费行为学领域的2名教授、体育赛事营销管理领域的2名业务主管、体育社会学领域2名学者。为了进一步确保调查问卷的可读性和易理解性,问卷经三轮发放与回收。其中,第一轮共发放50份问卷,回收有效问卷为45份,回收率达90%,经整理题项后删除第2题与第22题;第二轮共发放75份问卷,回收有效问卷为68份,回收率达91%,经检验后删除消费者模糊填答题项的第9题与第30题;第三轮共发放100份问卷,回收有效问卷为93份,回收率达93%,且经分析后发现所有题项的因子载荷量均大于0.45,说明该量表中所有题项均可以保留。经整理后形成完整的调查问卷,且于2018年11月—2019年1月,在吉林的北大壶滑雪场、莲花山滑雪场、庙香山滑雪场以及在黑龙江的亚布力滑雪场、吉华滑雪场、卧佛山滑雪场等地的游客休息区进行实地问卷发放,且在问卷的发放过程中,全部采用面对面填答的方式,并设置了"您是否观看过相关滑雪体育赛事"作为甄别项进行样本筛选。此外,又设计了"是否乐于借助网络或电视平台观看滑雪体育赛事""购买门票或相关衍生产品"等题项,并按照李克特式量表对滑雪体育赛事消费者的消费模式进行了测量。本次问卷发放过程共计发放问卷835份,回收问卷786份,问卷回收率为94%。问卷回收后发现,样本的地区来源主要包括长春、哈尔滨、北京、上海、广州、深圳、济南、青岛、郑州、呼和浩特、齐齐哈尔等地。但考虑到我国滑雪消费者的消费能力、人群分布、涉入程度以及市场区隔等特征,最终选取来自北京、上海、深圳、广州、长春、济南6个城市的滑雪消费者问卷共计600份,剔除填答不一致和同一选择的问卷,得到有效问卷为498份,有效率为83%。其中,北京地区的有效样本数量为93份、上海为88份、深圳为76份、广州为89份、长春为68份、济南为84份。经 G-POWER效果量检定,依据研究主线和分析验证,本次获取的样本数据量符合效果量要求和研究样本所需。对调查对象进行分析,从性别上看,认为男性为305人,占总人数的61.2%,女性为193人,占总人数的38.8%;从年龄结构上看,消费者中18岁以下为25人,占5%;19—30岁为246人,占49.4%;31—50岁为125人,占25.1%;51—60岁为58人,占11.7%;60岁以上为44人,占8.8%。综合人口统计特征发现,滑雪体育赛事消费者呈现男性中青年的特征。

本书的项目分析采取同质性检验法和极端组检验法进行检验。首先,将受试者问卷的总分进行排序,并按照前27%的高分组和后27%的低分组进行分析,以内部一致性系数、校正题项与总分相关、因子载荷量等指标评估量表的可靠程度。项目分析结果显示,投入程度量表中第11、14题和消费模式量表中第27题的因子载荷量小于0.45,且删除题项后量表内部一致性α系数增大,故删除以上3个题项。

根据恺撒(Kaiser,1974)的观点,研究首先对 KMO 值进行检验,发现KMO=0.817>0.7,Bartlett球体检验值为1882.528,且 P=0.000,说明适合进行因子分析。基于此,本书采用主成分分析法进行探索性因子分析,并采取最大方差正交旋转法萃取公因子,保留特征值大于1的因素、因子载荷大于0.45的项目,故将题项第10、24、25题删除。经分析后发现,研究共得到6个公因子,且6个公因子总共解释了75.813%的总方差,题项的累计贡献率大于70%,说明量表具有较高的建构效度。基于此,本书将以上6个公因子分别命名为时间成本、费用成本、花费精力、观赛方式、购票方式、衍生产品购买方式。

本书信度检验主要通过 Cronbach's α 信度系数与组合信度(CR)进行检

验。在信度检验过程中,研究首先对消费模式量表和投入程度量表进行了内部一致性检验(见表 5-1),结果显示,上述两部分量表的 Cronbach's α 系数均大于 0.7,表明两部分量表均具有较好的内部一致性信度;此外,研究通过组合信度检验发现,上述两部分量表的 CR、AVE 值均符合 CR>0.7、AVE>0.5 的标准,表明两部分量表均具有较好的组合信度。

表 5-1　信效度检验结果汇总

量表	维度	Cronbach's α 值	CR	AVE
投入程度	时间成本	0.742	0.7742	0.5388
	费用成本	0.732	0.8311	0.6276
	花费精力	0.749	0.8633	0.6812
消费模式	观赛方式	0.843	0.8449	0.6455
	购票方式	0.861	0.7687	0.5406
	衍生产品购买方式	0.771	0.8658	0.6868

效度检验一般包括内容效度检验及结构效度检验两个部分。首先,本书对内容效度进行检验,主要采取专家评估的方式进行,通过邀请 6 位专家对量表内容、结构、反向题的适切性进行评估审定,具体检验结果为:将投入程度量表中第 4 题与消费模式量表中的第 17 题删除,最终余下 28 题(含人口统计学变量问题)。结构效度分为收敛效度与区分效度,本书通过验证性因子分析对量表的结构效度进行审定。经检验发现,所有题项标准化后的因子载荷量均大于 0.5,所有潜在变量的 AVE 均大于 0.5,且因子模型的 NFI=0.983,NNFI=0.967,GFI=0.984,CFI=0.993,均符合大于 0.9 的标准,RMSEA=0.078<0.08,由此说明整体量表具有较好的收敛效度。此外,由表 5-2 可知,各潜在变量的 AVE 平方根均高于所在行与列的相关系数,说明整体量表均具有较好的区分效度。

表 5-2　平均数、标准差、相关系数矩阵以及效度检验结果汇总

	平均数	标准差	1	2	3	4	5	6
1. 时间成本	3.64	0.877	**0.734**					
2. 费用成本	3.06	0.975	0.528**	**0.792**				
3. 花费精力	3.52	0.922	0.546**	0.548**	**0.825**			
4. 观赛方式	2.71	0.988	0.264**	0.471**	0.256*	**0.803**		
5. 购票方式	3.65	0.866	0.555**	0.507**	0.500**	0.410**	**0.735**	
6. 衍生产品购买方式	3.45	0.791	0.469**	0.491**	0.587**	0.216*	0.427**	**0.828**

注：* 表示 P<0.05，** 表示 P<0.01，对角线粗体字为 AVE 平方根。

第三节　结果与分析

一、滑雪体育赛事消费者消费模式的网络化特征

体育赛事消费者的消费行为模式决定着整个"赛事链"的根本变化和发展趋势，对推动体育赛事产业进程、实现赛事经济利益的最大化具有重要影响。已有研究表明，在职业体育"赛事链"构成前，需要进一步探讨不同类型体育赛事消费者的行为动机与行为模式，以解决职业体育赛事的消费决策问题，确定直接影响消费者的行为模式，从而刺激职业体育赛事的消费能力。基于此，本书引入网络化分析逻辑，采用社会网络分析法探析处于不同社会阶层的滑雪体育赛事消费者与其消费模式之间的关联性，即透过滑雪体育赛事消费者与其消费模式的网络节点，发现不同社会阶层滑雪体育赛事消费者消费模式的网络结构和网络化特征，从而确定目前我国滑雪体育赛事消费者热衷的观赛方式和购买渠道。

根据相关社会网络研究的观点，认为一个社会网络是由多个点（社会行动者）和各点之间的连线（行动者之间的关系）组成的集合，且行动者可以是

任何社会单位或社会实体。本书以滑雪体育赛事消费者为行动者,以消费模式为行动者的关系特征,按照社会网络分析软件(Ucinet)处理数据的样本量规则(<255),采用立意抽样的方法从498份有效问卷中选取120份有效数据,即3个阶层各40份,形成社会网络隶属矩阵,并将矩阵数据导入Ucinet软件,将多值关系数据转换为二值关系数据。在此基础上,对矩阵数据的网络密度进行了分析。其中,网络密度是指网络结构中各个节点之间联系的紧密程度,用来测量行动者之间联结的紧密程度。利用社会网络分析软件计算矩阵数据,发现滑雪体育赛事消费者与其消费模式的网络密度为0.5725,标准值为0—1。其中密度值越接近1,密度越大,表示彼此关系越紧密;在一个密度为1的网络中,每个节点都与其他所有节点发生联系;相反,在一个密度为0的网络中,不存在节点间的联系。由此可以认为,该网络是一个联系比较紧密的网络。此外,为了更加清晰且直观地发现我国滑雪体育赛事消费者热衷的观赛方式和购买渠道,本书利用社会网络分析软件加载的Net-draw程序将隶属关系矩阵生成了2-模网络可视化结构图,探讨各社会阶层的滑雪体育赛事消费者与其消费模式之间的关联性和中心性。

经分析发现,在观赛方式(现场观看、网络平台观看、电视观看)方面,社会C层的滑雪体育赛事消费者与现场观看之间的关联程度最紧密,社会B层的消费者与网络平台观看最紧密,社会A层的消费者与电视平台观看最紧密,说明社会C层消费者热衷的观赛方式主要是现场观看,社会B层消费者主要是网络平台观看,社会A层消费者主要是电视平台观看。此外,在衍生产品购买渠道(现场购买、网络平台购买)方面,社会C层的消费者与现场购买关联紧密,社会B层和A层的消费者均与网络平台购买关联紧密,说明社会C层消费者热衷的衍生产品购买渠道主要是现场购买,社会B层和A层的消费者主要是网络平台购买。本书认为,以上结果均可以归因于:社会C层消费者拥有较高的时间、经济资源为其到现场观看比赛提供了条件,该部分人群较注重赛事文化与消费氛围,对观赛、消费、互动等体验有着较高的要求。

而社会 B 层和 A 层的消费者因为时间、经济等资源限制,更加倾向于借助互联网技术或电视媒体等渠道进行观赛,尤其是借助互联网技术,消费者可以打破时间与空间的限制,根据自己的喜好进行选择性观赛。另外,在门票购买渠道(现场购票、网络平台购票)方面,社会 C 层和 B 层的消费者均与网络平台购票关联紧密,而社会 A 层的消费者却与现场购票最紧密,说明社会 C 层和 B 层消费者热衷的门票购买渠道主要是网络平台购票,社会 A 层消费者主要是现场购票。由于受教育水平的差异,因此导致不同社会阶层的人群对互联网技术的接受和使用程度均存在差异,且部分研究已证实受教育程度越高的人群其接受和使用互联网技术的程度也越高。

在观赛方式方面,中心性最高的是电视平台观看,说明滑雪体育赛事消费者在观赛方式方面呈现出的整体特征为电视平台观看。这是由于关注度、粉丝数量,以及参与程度等方面的差异,滑雪体育赛事的播放数量和频率普遍少于其他职业体育赛事(篮球、足球、网球等);此外,由于社会性质、政策引导、冬奥会举办等方面的影响,部分电视媒体(CCTV-5)购买了大量的滑雪体育赛事版权,而以网络平台为依托的部分企业不愿意再去购买相关赛事的版权,导致消费者观看滑雪体育赛事的方式仍然以电视平台为主。在门票购买渠道方面,中心性最高的是网络平台购票,说明滑雪体育赛事消费者在门票购买渠道方面呈现的整体特征为网络平台购买。这是因为移动支付、互联网技术的应用与普及,加速了我国居民支付或购买方式的变革,不仅为消费者参与职业体育赛事提供了便利,同时也满足了不同消费人群的多种需求。在衍生产品购买渠道方面,中心性最高的是网络平台购买,说明滑雪体育赛事消费者在衍生产品购买渠道方面呈现的整体特征为网络平台购买。消费者可以通过网络平台更为便捷地关注自己所喜爱赛事的动态,并与赛事的其他参与者产生互动,提升衍生产品的文化、意义以及代表等方面的属性。综合上述分析结果,本书认为,我国滑雪体育赛事消费者的消费模式主要呈现出电视平台观看、网络平台购物的整体特征。但在实际的调研过程中,本书也发现仍有部分滑雪体育赛事消费者的消费模式呈现现场观看、网络平台购票、现场购买等特征,这是因为,本书所关注的焦点主要在于我国滑雪体育赛事消费者消费模式的整体特征,并未细致区分每个市场区隔内滑雪体育赛事消费者的消费模式特征,从而导致部分滑雪体育赛事消费者的消费模式特征与研究结果存在偏差。

二、社会阶层和投入程度的回归分析

本书通过对社会阶层与投入程度进行回归分析,发现回归模型的共线性诊断结果良好,3个模型的方差膨胀因子(VIF 值)均小于 10,说明回归方程不存在多重共线性(见表 5-3)。此外,回归模型结果显示:3 个模型的判定系数 R^2 分别为 0.699、0.615、0.789,说明回归模型的解释力较好,模型拟合优度较佳。此外,本书 3 个回归模型的 Durbin-Watson 值均接近 2,表明残差独立,回归结果有效。另外,3 个回归模型中 F 检验均达到 $P<0.05$ 的显著性水平,说明模型的自变量可以有效预测因变量,且呈线性相关关系。从 3 个回归模型的回归结果来看,模型 1 的回归系数分别为:C 层($\beta=0.449$,$P<0.001$)、B 层($\beta=0.313$,$P<0.001$)、A 层($\beta=0.143$,$P<0.05$),因此,模型 1 回归方程为:时间成本 $=0.611+0.449×$C 层 $+0.313×$B 层 $+0.143×$A 层,可见,模型中社会阶层的 C 层对滑雪赛事的时间成本投入程度最大,B 层次之,A 层最少。模型 2 的回归系数分别为:C 层($\beta=0.506$,$P<0.001$)、B 层($\beta=0.246$,$P<0.01$)、A 层($\beta=0.187$,$P<0.01$),因此,模型 2 回归方程为:费用成本 $=0.624+0.506×$C 层 $+0.246×$B 层 $+0.187×$A 层,说明社会阶层的 C 层对滑雪赛事费用成本的投入程度最大,B 层次之,A 层最少。模型 3 的回归系数分别为:C 层($\beta=0.380$,$P<0.001$)、B 层($\beta=0.511$,$P<0.001$)、A 层($\beta=0.156$,$P<0.01$),因此,模型 3 的回归方程为:花费精力 $=0.074+0.380×$C 层 $+0.511×$B 层 $+0.156×$A 层,说明社会阶层的 B 层对滑雪赛事花费精力的投入程度最大,C 层次之,A 层最少。显然,本书 3 个回归模型结果证实了社会阶层对滑雪赛事投入程度有显著的影响效果,总体而言,社会阶层的高低对滑雪赛事的时间成

本、费用成本、花费精力的投入程度存在一定的差异。

表 5-3　社会阶层与消费模式的回归分析结果

变量	投入程度		
	模型 1（时间成本）	模型 2（费用成本）	模型 3（花费精力）
社会阶层：C 层	0.449***	0.506***	0.380***
社会阶层：B 层	0.313***	0.246**	0.511***
社会阶层：A 层	0.143*	0.187**	0.156**
R^2	0.699	0.615	0.789
ΔR^2	0.690	0.603	0.783
Durbin-Watson	2.245	1.878	2.027
F 值	74.345	51.128	119.870

注：* 表示 $P<0.05$，** 表示 $P<0.01$，*** 表示 $P<0.001$。

　　本书认为，C 层对滑雪赛事的时间成本与费用成本投入最大，B 层对滑雪赛事的精力投入程度最大，A 层对时间成本、费用成本以及花费精力的投入均最少。因此，本书与宋晴（2015）研究结果具有一致之处，认为不同社会阶层在观赏型体育消费上存在差异，较高社会阶层的投入比例要明显高于较低阶层。肖焕禹（2006）从消费投入程度的角度认为高社会阶层对体育消费投入费用较大，中下层相对较少，该观点印证了本书的研究结果。此外，田虹（2014）从消费行为心理模式的角度认为社会阶层会影响消费者的认知与态度，进而对体育消费的时间与精力投入程度产生影响，但本书在此基础上深入探究了不同社会阶层对时间成本、费用成本、花费精力的投入程度的内在影响效果，发现 C 层对滑雪赛事时间成本、费用成本的投入程度最大，而 B 层对花费精力的投入程度最大。究其根源，认为社会阶层 B、C 层的经济收入、学历、职业等方面皆偏高，会驱动消费认知与行为的内化，进而促动费用成本的投入。总体而言，目前社会阶层的 B 层占绝大部分，具有较好的经济基础、大量的闲暇时间与精力参与滑雪赛事消费。并且，社会阶层的 A 层的文化程度和工资水平普遍较低,因而承受的经济压力、家庭负担较重,无法满足休闲与享乐需求,因而,对滑雪赛事消费的时间成本、费用成本、花费精力的投入程度均最低。基于此,为促进滑雪赛事消费的可持续增长,政府应加强宏观调控,针对消费群体的阶层化特点进行有效的市场规划并制定合理完善的滑雪赛事消费政策,完善消费群体的阶层结构,以拉动滑雪赛事消费的增长与进一步促进体育赛事消费持续健康发展。

第四节　滑雪体育赛事营销策略

随着体验经济的到来,人们的生活方式、消费方式以及体育价值观正在不断地发生着转变,观赏型消费的趋势逐渐明显。而我国滑雪体育赛事的发展现状以及消费者类型的多样性和复杂性给赛事营销带来了不小的挑战,随着精准化营销时代的来临,过去传统且单一的营销思维已不足以适应新时期国内滑雪体育赛事的迅猛发展。因此,除了积极借助于品牌企业赞助、电视转播以及其他大众媒体广告宣传的力量来展开和强化体育营销外,还应该具体针对不同阶层滑雪消费者的多样化、个性化需求实行差异化营销与管理。为此,根据前文分析结果,本书提出"个性化(Personalized)—情感联结(Emotional Bonding)—消费情景(Consumption Scenario),PEC"的组合营销策略,以便于赛事运营方依据消费者的社会阶层选取正确的营销策略。

一、个性化策略：优化赛事服务内容

相较于社会B、A层的滑雪赛事消费者而言,社会C层的消费者在时间和经济上都实现了较大的自由,其时间与金钱的投入程度相对较高,且对滑雪赛事观赏的诉求日趋强烈。具体而言,社会C层的消费者倾向于现场观赛、现场购买衍生产品和网络购票,以及重视赛事观赏的体验效果与附加服务内容,对于滑雪赛事消费的需求趋于个性化。事实上,在滑雪赛事运营的过程中,其提供的赛事产品与服务内容主要针对大部分的消费者,赛事中消费者私人定制服务模式尚未成型,无法满足 C 层滑雪赛事消费者日益凸显的个性化需求。差异化理论认为,针对不同社会阶层的人群应实施差异化服务战略,在服务内容的供给上以实现多元化、个性化需求满足为主。滑雪体育赛事产品与服务紧密联系,服务内容的个性化与 C 层消费者的需求相关。滑雪体育赛事运营方通过为消费者提供个性化的服务内容,以及为消费者打造私人定制服务,例如,在赛事观赏环节中,提供一系列优质的配套设施与服务内容,营造优质和舒适的观赛体验效果;开展运动员见面会,增加与球员互动的机会;印制私人定制的运动员参赛服装,以增强消费者的认同感、归属感。通过对社会 C 层消费者采取以上的营销策略不仅能满足其个性化需求,还能使其获得一定的成就感。实质上,目前我国滑雪赛事中,运动员与观众的互动程度明显不足,在一定程度上不利于观众深入了解滑雪运动项目与赛事。对于社会 C 层的消费者而言,乐意花费大量的时间和金钱投入滑雪观赛中,且与球员互动的心理诉求较强。因此,赛事运营方适当安排运动员与消费者互动,能够激发 C 层消费者的热情,更有利于消费者对滑雪运动项目、运动员以及赛事的了解,以提升其成就感、满足感,不断提升其对滑雪赛事消费的忠诚度。

二、情感联结策略:提高赛事服务质量

社会 B 层滑雪赛事消费者的消费模式主要呈现网络平台观赛和网络平台购物的整体特征,这启示赛事运营方应整合赛事资源并借助新媒体平台拓宽赛事的传播渠道,以便于提升赛事的品牌影响力,增强消费者对赛事品牌的感知,强化其对赛事的识别、确认与记忆能力。此外,在投入程度方面,该阶层滑雪赛事消费者的花费精力要高于社会 C 层和 A 层的消费者,说明社会 B 层滑雪赛事消费者关注赛事的热情或力度要强于其他两个阶层,即证实该阶层的滑雪赛事消费者与赛事之间已经建立了相对较高的情感联结。同时,部分研究也证实,良好的赛事服务质量可以促进消费者忠诚度的提升,而体育消费

者与赛事之间的情感联结或心理联系程度恰好能反映消费者的忠诚度。由此可以认为,针对社会 B 层的滑雪赛事消费者,赛事运营方应注重提高赛事的服务质量,以实现稳固且提升消费者与赛事间情感联结的目的。具体而言,赛事运营方首先应提高赛事的精彩程度,增加比赛结果的不确定性,以便于提升赛事的吸引力,再次强化消费者的关注力度;其次,应全方位提升消费者的体验质量,完善配套设施或周边条件,以增强消费者的价值体验,提升其满意度和再次消费意愿;最后,应加强服务人员的队伍建设,提升其专业素质和能力,以便于强化消费者的态度,稳固并提升消费者与赛事间的情感联结。

三、消费情景策略：激发消费热情和活力

由于职业、家庭负担因素的影响,社会 A 层的消费者在消费模式上主要呈现电视平台观赛、网络平台购买衍生产品以及现场购票的整体特征,且在滑雪赛事消费上花费的时间、费用和精力成本相比社会 B、C 层较少。事实上,对于社会 A 层的消费者而言,在滑雪赛事消费过程中,消费情景因素(如门票价格、促销活动等)是其首要考虑的要素,因此针对这类消费群体应在赛事门票上实施针对性的定价策略,一方面,可通过降低门票价格以吸引 A 层消费者参与滑雪体育赛事消费;另一方面,也可提供免费参与观赛的机会,让 A 层的消费者感受滑雪赛事的氛围。此外,由于社会 A 层的消费者的受教育程度较低,在一定程度上体育意识与消费观念不足,对于滑雪体育赛事消费严重不足。诚然,在滑雪赛事消费环节中,体育观念和意识是赛事消费意愿产生的前提,会引导消费者参与冰雪赛事消费。因此,转变 A 层消费者的消费观念与强化消费意识是提升赛事消费的重点。对此,赛事运营方可通过制定合理的门票定价策略以刺激其参与滑雪体育赛事消费,同时,赛事运营方可为社会 A 层消费者开展滑雪体育活动,以增强其对滑雪运动体验感与认知。赛事运营方通过实施以上的营销策略可为社会 A 层的消费者营造良好的消费情景,从而有效激发其热情。

小　　结

一、结论

本书基于社会阶层理论,着重探讨了滑雪体育赛事消费者消费模式的网络化特征及社会阶层与投入程度之间的关系,研究发现:(1)我国滑雪体育赛事消费者的消费模式主要呈现出电视平台观看、网络平台购物的整体特征;(2)随着社会阶层的提升,滑雪体育赛事消费者在时间成本和费用成本的投入上不断增加,但在花费精力方面,社会 B 层的消费者要高于社会 C 层和社会 A 层的消费者;(3)基于不同社会阶层消费者的消费行为特征提出了"个性化—情感联结—消费情景"的组合营销策略,以便于赛事运营方针对不同社会阶层的消费者选取正确的营销策略。

二、建议

为打造优质的滑雪品牌赛事并促进滑雪赛事消费的提升,本书在上述滑雪赛事组合营销策略的基础上提出以下建议。针对个性化策略,滑雪赛事运营方可依托市场与赞助商等多方力量在交通、住宿、饮食、观赛等方面提供一系列定制式服务,并适当安排运动员见面会与球员签名活动,以增加 C 层消费者与运动员互动的机会,让消费者获得幸福感与成就感;针对情感联结策略,赛事运营方除了可以借助新媒体平台进行赛事宣传之外,还可以通过统一裁判执法尺度和完善相关规则体系的方式提高赛事的质量,通过优化赛事品牌识别系统、增加赛事的社交属性以及增强赛事的仪式感和归属感来提升消费者的体验质量,通过增强服务人员的培训力度和构建完善的服务补救体系来提升服务管理绩效,不断完善赛事的品牌化建设;针对消费情景策略,赛事运营方应建立科学的门票定价评估机制,并成立有效的门票价格监督管理体系,为 A 层消费者提供合理的门票价格。此外,赛事运营方不仅可以借助媒体力量宣传滑雪赛事的良好形象,不断吸引 A 层消费者参与滑雪赛事消费,还可以通过吸纳大量的社会组织参与到滑雪活动的组织中来,为 A 层的消费者提供丰富的活动,以为其营造良好的消费氛围。

产业供给篇

第六章　我国部分地区冰雪体育产业供给转型研究

　　本章节基于案例分析的维度,以吉林省、黑龙江省和京津冀地区冰雪体育产业的供给为案例研究对象,在查阅大量文献资料的基础上,深入探索这三个地区冰雪体育产业发展的历程中产业供给转型的关键措施与核心因素,总结归纳出冰雪体育产业供给转型的方法与经验,以期为我国其他地区冰雪体育产业供给转型提供方向。案例研究要求案例通过理论抽样的方式进行选择,案例要具有典型性。吉林省和黑龙江省是传统的冰雪体育产业盛地,依托优越的冰雪自然条件,建立起了相对完善全面的冰雪体育产业链,形成了较为充足的冰雪体育产业供给体系,吸引了大量消费者参与冰雪体育运动,为冰雪体育产业提升奠定了良好的基础。京津冀地区冰雪体育产业正处于快速提升阶段,以成功申办 2022 年北京冬奥会为契机,京津冀地区冰雪体育产业的宣传力度前所未有、赛事活动丰富多样、群众参与热情空前高涨,人们对于冰雪体育产业的需求不断扩大,吸引了各路资本进军,刺激冰雪体育产业不断增加供给,同时在供给不断增加的过程中,京津冀地区吸引了更多消费者参与冰雪体育运动,并形成了良性循环。对吉林省、黑龙江省和京津冀地区为代表的冰雪体育产业进行调研与分析,能够为冰雪体育产业供给转型的研究提供实证支持。

第一节 吉林省冰雪体育产业
供给转型研究

吉林省所处的地理位置被称为"冰雪黄金纬度带",是"世界三大粉雪基地"之一,拥有发展冰雪体育产业得天独厚的气候条件和极其丰富的冰雪资源。2016年,为了积极响应"3亿人参与冰雪运动"的号召,助力2022年北京冬奥会,吉林省委、省政府发布了《关于做大做强冰雪产业的实施意见》,明确提出,将基于冰雪全产业链融合发展的大格局,构建了以"冰雪旅游、冰雪体育、冰雪文化"为核心的"3+X"冰雪产业发展体系,持续深化冰雪运动和冰雪产业等各方面全方位的合作,充分发挥冰雪体育的基础作用,促进冰雪体育产业经济高质量发展,使冰雪产业成为吉林省经济发展新的战略增长极。近年来,吉林省冰雪体育产业实现了快速发展,在产业供给转型方面取得了一定的成效,选择吉林省作为典型案例进行冰雪体育产业供给转型层面的探讨和分析,有利于给国内其他地区冰雪体育产业的发展提供参考借鉴。

一、吉林省冰雪体育产业现状

作为我国传统冰雪大区,吉林省目前有滑雪场37个,雪道150条,在全国数量排名第五,质量排第一。另外吉林省的雪场数量占全国4.5%,索道数量占全国14.8%,雪道总面积占全国18.1%,其中万达长白山、北大壶、万科松花湖和长白山天池雪场等滑雪场都属于国内顶级滑雪场,雪场综合品质领先全国。长春、吉林、长白山、通化、延边等地区的冰雪体育产业已经形成了一定的规模,在开发冰雪体育旅游、举办各类竞技体育赛事、冰雪民俗文化活动等方面都积累了不少的经验。近年来,吉林省冬季冰雪旅游接待人数和收入也实现了高速增长,根据《2018—2019年雪季吉林省冰雪旅游调查报告》的数据显示,2018年11月1日—2019年3月31日,吉林省全省共接待游客8431.84

万人次,同比增长 16.08%;实现旅游收入 1698.08 亿元,同比增长 19.43%。
值得一提的是,在 2018—2019 年冰雪季,北大湖度假区接待滑雪人次 46.7 万
人,增长 55.7%,增速全国第一;万科松花湖度假区接待滑雪人次 55.2 万人,
同比增长 45%,接待人数在全国雪场排名第一。在冰雪竞技体育方面,冰雪
项目是吉林省的重点项目,而吉林省也是我国冰雪运动的重点省份,冰雪竞技
运动在全国有着举足轻重的地位。在 2016 年举办的第十三届全国冬运会上,
吉林省共有 8 个市(州)、220 名运动员参加 4 个大项、10 个分项、84 个小项的
比赛,其中长春市以奖牌总数 34 枚名列第三。在国内大型赛事中取得了亮眼
成绩的同时,还为国家培养和输送了大批优秀的后备力量,培养了叶乔波、陈
露、武大靖、韩天宇等众多世界冠军和奥运冠军,多年来在国际国内的冰雪竞
技舞台人才辈出。而这一系列优异比赛成绩的背后离不开政府一直以来对冰
雪体育的重视与支持。另外,在冰雪赛事和文化活动上,自 2003 年瓦萨国际
滑雪节落户长春后,经过多年的发展,长春瓦萨已经成为国内重要的冰雪盛
会,净月潭瓦萨国际滑雪节于 2014 年正式加入世界罗佩特运动组织跻身于世
界顶级长距离越野滑雪赛事之列。通过一系列国际性滑雪赛事的举办,长春
净月潭也逐步发展成为我国乃至亚洲滑雪运动的中心。

二、吉林省冰雪体育产业供给转型措施

(一)加大政府支持力度,满足产业全面发展需要

2019 年,吉林省出台《关于以 2022 年北京冬奥会为契机大力发展冰雪运
动和冰雪经济的实施意见》,分别从投融资、财税、价格、开发合作、人才等多
个方面强化政策措施的保障力度。还将采取政府补贴和购买服务方式,鼓励
更多的社会力量参与到冰雪场馆的建设运营中去,并加大体育彩票公益金支
持群众冰雪场馆建设力度。另外,在针对冰雪体育产业相关的投融资方面,充
分发挥省产业投资引导基金作用,吸引带动社会资本的投入;财税方面,将符

合条件的群众冬季运动场地设施,纳入公共体育场馆免费低收费开放补助范围内,并按相关规定享受房产税、城镇土地使用税优惠政策;价格方面,确保冰雪运动和冰雪旅游场所用水、用电、用气、用热价格不高于一般工业标准;人才方面,完善运动员、教练员及相关人员奖励政策、退役安置政策等。

(二)丰富冰雪体育业态,满足消费升级需求

近年来,吉林省依托独特的气候条件、冰雪特色资源以及相关产业基础,打造出一系列具有地方民俗特色和冬季季节特点的休闲旅游文化产品;不断增加冰雪新产品、新业态的供给,实现冰雪资源创新化、业态提升化和产品多元化,大力拓展冰雪消费领域引导消费需求,扩大冰雪消费总量。在消费升级的背景下,加快新建了一批集滑雪、旅游、度假等多个业态为一体的冰雪小镇、滑雪度假综合体等重大项目,大力加强冰雪运动设施供给的同时,还不断推进全省范围内的冰雪景区开发建设和提档升级。为更好地促进消费者与冰雪景区的高效衔接,疏通旅游景点交通,采取景区直通车运营等措施,在冰雪景区的公共服务设施和配套服务上不断丰富完善。以市场需求为导向,加大有效供给。吉林省还预计在2030年建成含有冬季项目的A级旅游区(点)300个。以滑雪运动、温泉养生、雾凇观光、冬捕渔猎、地域特色文化这五大主题为核心,进一步丰富和完善吉林省冰雪文化旅游的产品体系,并进一步加大对外的宣传推广力度,增强品牌效应,提高吉林省冰雪文化、赛事、旅游等方面品牌的知名度。

(三)培育冰雪装备产业,全面完善产业体系

尽管冰雪旅游产业取得了快速的发展,但吉林省仍然面临着冰雪产业发展不平衡、不充分的问题。相较于快速增长的消费需求以及蓬勃发展的冰雪运动,吉林省冰雪装备产业较为落后,在冰雪体育装备制造业方面一直尚未形成规模和产业集群,缺少自主知识产权品牌和核心技术竞争力。这也是制约

吉林省冰雪经济全产业链平衡发展的重要因素。基于此,吉林省近年来深入推进冰雪产业供给侧结构改革,制定冰雪装备制造业发展规划,开始大力培育冰雪装备产业体系,并实施培育冰雪装备器材产业发展三年行动计划,将新技术作为培育产业发展的重要内生动力,着力补足短板,积极规划布局冰雪装备市场,加快建设吉林冰雪装备产业园、长春新能源冰雪旅游装备产业基地、辽源金刚冰雪运动小镇产业园等园区。并以信息化、互联网和智能服务赋能冰雪装备,不断增强冰雪装备的市场竞争力。明确指出要加速引进国内外知名冰雪装备生产企业、冰雪产业研发、制造与战略投资商,重点发展压雪车、造雪机、滑雪板、冰刀、冰鞋雪靴等冰雪装备器材和服饰等产业,支持企业提高冰雪体育设备器材的设计与研发能力,并鼓励优秀冰雪运动员和冬季奥运会冠军等自主创办冰雪器材品牌,鼓励企业成为冰雪赛事和专业运动队器材供应商。

（四）提升冰雪科研能力,加大创新营销力度

吉林省近年来还在不断推动"冰雪+科技"的融合,提升冰雪产业的科技研发能力,将科技作为冰雪产业提升的重要支撑。依托社会力量成立冰雪技术研究所,建立了产学研用全方位结合的冰雪产业技术创新体系。组建了冰雪产业实验室、工程技术中心、科技企业孵化器等相关研发平台和科研团队进行技术攻关和研发制造。除此之外,在冰雪体育产业创新发展方面,吉林选择积极主动地"走出去",通过宣传冰雪品牌和冰雪产品不断开辟深耕客源地。自2016年以来,吉林省先后在长三角、珠三角、东南沿海、陕西、山西等地积极展开冰雪营销,通过"温暖相约,冬季到吉林来玩雪""吉林很美我在等你""吉人有约全民做'冬'""在北京下了一场吉林的雪"等一则则创意文旅宣传语,将吉林省冰雪资源积极向外推介。在线下积极策划创新活动形式,在线上有关冰雪产业创意点频出,线上与线下的有效结合打造了完整的营销环节,同时线上线下联动使更多人了解吉林省举办的各类冰雪体育文化活动。

通过梳理吉林省在冰雪体育产业供给转型过程中所采取的种种举措,可以发现,在冰雪体育产业供给转型的过程中,吉林省不断加大相关政策法规对冰雪体育产业的支持力度,在消费需求升级的背景下,丰富冰雪体育的业态,大力发展冰雪装备产业,并借助科技的力量,促进冰雪体育产业的创新升级。冰雪体育产业链从单一到复合,产业发展从粗放到精致,产业结构不断进行跨界融合,全面拉动了吉林省的冰雪产业链条,促进冰雪体育产业链更加完善,走出了一条具有特色的冰雪全产业链发展道路,无论是理论还是实践,都为国内其他省份和地区冰雪产业发展提供了经验。

第二节　黑龙江省冰雪体育产业
供给转型研究

作为冰雪体育产业发展较早且发展较完善的地区之一,黑龙江省凭借其独特的地理环境优势与文化历史积淀,巧妙发挥资源优势,使冰雪体育产业成为当地的特色产业与经济支柱。黑龙江省自 1963 年便在哈尔滨创办了冰灯游园会,近 60 年间承办了大大小小几十次世界性和全国性的冰雪体育赛事与冰雪体育活动。这些国际性赛事的举办无形间扩大了黑龙江省冰雪体育的知名度,进而吸引着国内外众多消费者的到来,使黑龙江省当地冰雪体育产业的消费需求不断提升,为当地创造了丰厚的经济效益。且黑龙江省当地悠久的冰雪文化习俗培养了人们参与冰雪体育运动习惯,也促使当地居民将主要的体育锻炼精力投入冰雪体育中去,保障了黑龙江省当地冰雪运动需求量的稳定性。这些都为黑龙江省冰雪体育产业的提升提供了有力的保障。在翻阅大量文献资料的基础上,深入探索黑龙江省冰雪体育产业发展历程中产业供给转型的关键措施与核心因素,总结归纳出黑龙江省冰雪体育产业提升过程中的核心要素,从而详细剖析与验证供给系统和需求系统之间的关系,为其他地区冰雪体育产业的发展提供方向与借鉴。

一、黑龙江省冰雪体育产业发展现状

1985 年黑龙江省举办了以冰雪为主题的大型文化活动——哈尔滨国际冰雪节,自此开始了以冰雪活动为主的产业发展,随着冰雪产业的不断壮大,冰雪产业供给结构不断完善与增强,为黑龙江带来了巨大的经济效益。冰雪体育产业迎来迅速发展时期。在前期经验积累的基础上,黑龙江省开拓了市场,并形成了完善的产业运营结构。这使黑龙江省拥有足够的实力承办大型冰雪体育赛事:1996 年,举办了哈尔滨亚洲冬季运动会暨第三届亚洲冬季运动会;1998 年,冰雪大世界建成并举行了首届国际滑雪节等。同时在产业发展上:1995 年建成、1996 年正式对外营业的亚布力风车山庄滑雪场经过多年的发展,已经成为全国仅有的两家可以承办国际赛事的滑雪场之一;1999 年,举办了哈尔滨冰雪大世界;2001 年,冰雪节与黑龙江国际滑雪节合并,正式更名为"中国哈尔滨国际冰雪节",并成为世界四大冰雪节之一。大型赛事的接连举办,场馆设施的不断完善,都使黑龙江省的知名度提高,同时冰雪体育需求量也由原来的省内以及周边地区向纵横两个方向不断扩展,不断承接着东南亚、中国港澳台以及少量的俄罗斯、日本与韩国的消费者。充足的冰雪资源、日益完善的产业运营模式、不断成熟的冰雪场馆建设,这些都为黑龙江省冰雪体育产业的进一步发展提供了强有力的支持。

在政府政策的支持下,黑龙江省科学规划冰雪体育产业在地域空间和层次上的分布,在冰雪运动场地的规划上分为三级:一级为亚布力专业滑雪场;二级为分布在黑龙江省各地区的具有一定规模的中高级滑雪场,共有十几个,分布在玉龙等地;三级为黑龙江省内的初级滑雪场。这些都为满足不同消费者的消费需求提供了强有力的供给保障。在丰富冰雪运动形式上:加大器材的投入,引进先进的造雪设备、延长雪道长度,丰富雪道形式,提高单板雪具与双板雪具以及雪仗等器材的质量等。为接下来冰雪市场的拓展给予了物质供给与管理保障。在冰雪体育运动项目上:增设了跳台滑雪表演、造雪机造雪表演、滑雪比赛等多种滑雪表演,为不断满足消费者多样化消费需求提供了物质保障。这些措施使得黑龙江省的冰雪体育产业稳步发展,逐渐形成完整的冰雪体育产业供给链条。另一方面,黑龙江省冰雪体育产业也存在产业融资困难、设施陈旧、专业人才匮乏等问题,需要进一步完善和解决相关问题,促进产业的快速优化与可持续协调发展。

二、黑龙江省冰雪体育产业供给转型措施

(一)加强场地建设,满足冰雪体育场馆供给

在过去几十年的发展中,黑龙江省利用得天独厚的冰雪资源供给优势,开设了大大小小几十家冰场与雪场。据统计,目前全国封闭式的人工冷冻标准滑冰场馆有 37 个,其中黑龙江省接待国际大型赛事的滑冰馆有 8 个,占全国总数的 21.6%;全国滑雪场共 180 余个,其中黑龙江省拥有 60 多个,约占全国雪场总数的 1/3。并且黑龙江省冰雪体育场馆的场馆建设、质量标准、建设规模在全国范围内也占据着绝对的优势。其中黑龙江省拥有国家 4A 级景区亚布力滑雪旅游度假区,且哈尔滨冰上训练基地、哈尔滨国际会展中心滑冰场、齐齐哈尔波斯登运动中心等冰场多次承担了国际、国内众多重要赛事,得到了运动员、教练员及各项赛事组委会的一致好评。除专业性场馆外,黑龙江省普通冰雪场馆的建设也居全国首位。其中仅在哈尔滨一个城市,就拥有滑雪场 30 多个、雪道总长度超过 40 千米,公益性冰场 65 个、中小学校园冰场 462 个,基本实现了主城区"上冰雪"半径 2 千米的辐射圈。丰富而强有力的场馆供给体系为黑龙江省冰雪体育产业的发展提供了有力的保障。

(二)丰富冰雪设施,满足冰雪体育设备供给

冰雪体育设备丰富且多样,涵盖了冰雪运动者所使用器材装备和支撑冰

雪运动场地的各种设备。冰雪体育消费用品可分为三大类：一类是冰雪服装，主要有冰雪运动服、冰鞋、雪鞋等；二类是冰雪器械，包括冰刀、磨刀机、滑雪板、滑雪杖和大众滑冰器材及用品；三类是冰雪护具配件，包括滑雪手套、冰球护具、滑雪镜。冰雪运动场地设备主要包括：浇冰机、制雪机、压雪车、雪地摩托车及冰场维护机械及配套设施等。黑龙江省拥有国内最大的冰上综合器材生产企业——齐齐哈尔黑龙冰刀制造有限公司。目前该企业已完成滑雪装备（雪服、雪板、保护器具等）阶段性研发，且累计生产冰鞋 17 万双，冰雪服、护具 5000 套，产值达到 3000 多万元，比 2015 年增长 200%。同时黑龙江省冰雪体育设备在基础设施供给充足的情况下，其发展方向开始围绕由要素驱动向创新驱动转变、由生产型制造向服务型制造转变和由低端制造向高端制造转变。在"十三五"期间该企业投资建立年产能达百万双冰刀的机器人自动化生产线和年产 10 万双滑雪板的数控自动化生产线，保障了全民能够参与冰雪活动。

（三）加强人才培养，增加冰雪体育人才供给

黑龙江省冰雪体育产业的发展离不开专业人才的参与与管理。围绕黑龙江省冰雪运动后备人才培养，黑龙江省进行了一系列的改革措施：第一，在政策导向上，当地政府部门在大量深入调研的基础上，在黑龙江省政协十二届一次会议上提出了《关于推动我省冰雪运动后备人才培养的建议》的集体提案，该建议对学校冰雪体育类专业人才的培养进行了重点阐释，提出推行"一校一品"建设；并在全省中学试行将冰雪体育项目列为中考体育考试科目；加大对传统学校的资金和政策扶持力度；2018 年 3 月开展"竞技体育后备人才选拔培养工程"；进行机构改革，增加教练员与运动员编制。第二，在人才培养上，充分发挥黑龙江省已经形成的冰雪项目体教结合一条龙的优势，培养各个年龄段，各个项目需求的人才。第三，在人才招收上，充分发挥黑龙江省体育局与教育局合作成立的哈尔滨冰雪运动学校的作用，面向有志于发展冰雪运

动的省份,培养一些他们所需要的人才。这些措施的实行不但使黑龙江省冰雪体育产业专业人才供给匮乏的问题得到了解决,更使黑龙江省冰雪体育产业专业人才的数量和质量得到了大幅度的提升,弥补了以往只重视经济效益而忽视专业人才供给匮乏的缺陷,人才供给体系的不断完善进一步促进了冰雪体育产业的结构优化与升级。

(四)完善管理措施,满足冰雪体育产业全面发展需要

黑龙江省重视冰雪体育产业的发展,尤其是北京成功申办冬奥会后,为抓住这一重要发展机遇,不断优化内部管理机制,政府和企业都不同程度地加强了对冰雪体育的管理措施。尤其是政府部门不断地提出要把冰雪体育产业放在优先发展的战略位置,从政策导向出发,加强对冰雪体育产业的政策鼓励。2017年黑龙江省旅游发展委员会发布了《黑龙江省冰雪产业发展规划(征求意见稿)》,对冰雪体育产业的发展目标作出了详细的规定:推进"厕所革命",强化市场监管,加强旅游线路沿线、交通集散点、旅游景区、旅游餐馆、娱乐场所、休闲步行街区、公路、加油站厕所的建设与管理等。在企业内部管理上,增强企业内部管理人员与服务人员的专业技能与综合素质,实行淘汰制,制定合理的晋升制度,完善企业运行制度与管理规则,借鉴国外成熟的管理机制,促进冰雪体育产业集群的结构优化。这些措施的实行为黑龙江省冰雪体育产业的发展提供了强有力的制度保障。

黑龙江省从丰富的冰雪资源供给,成熟的产业发展与运营机制出发,从完善企业运营机制、加强专业人才培养、完善管理措施、增强场馆建设、扩展场地建设等方面出发,探索出了一条适合黑龙江省冰雪体育产业发展的道路。黑龙江省凭借得天独厚的冰雪优势、悠久的冰雪发展历史与丰富的冰雪发展经验,在不断增强冰雪体育产业供给系统,以满足人们日益增长的冰雪体育消费需求,并在北京成功申办冬奥会的背景下,抓住机遇,取得飞跃性的发展,从而进一步促进了黑龙江省冰雪体育产业的提升。

第三节　京津冀地区冰雪体育产业
供给转型研究

我国冰雪体育产业经过了数十年的积累,目前正处于较快发展时期,京津冀地区是我国冰雪体育产业快速发展过程中最具代表性的区域之一。京津冀地区涵括北京、天津两座直辖市和河北省,是我国北方经济规模最大、最具活力的地区,其经济总量约占全国 1/10,常住人口达 1.1 亿人,拥有巨大的冰雪消费潜力。2008 年北京奥运会成功举办后,群众参与体育锻炼的兴趣得到了提高,健身房的人流量开始有了显著增加。近年来,在北京、张家口成功联合申办 2022 年冬季奥林匹克运动会的背景下,京津冀地区冰雪运动的热度持续上升,为冰雪体育产业的发展带来新的契机。京津冀地区是目前我国冰雪体育旅游接待游客数量最多的区域。仅以河北省为例,2016—2017 年冰雪季,河北省参与冰雪体育活动人数共计 657.51 万人。2017—2018 年冰雪季,河北省参与冰雪运动达 856.78 万人次,比上一冰雪季增长 30.31%。我国政府在申办 2022 年冬奥会时就曾向国际奥委会作出了"3 亿人上冰雪"的庄严承诺。明确提出这一目标,其意义就在于向世界传达这样一个信息:中国申办冬奥会不仅是竞技层面的争金夺银,更重要的是让更多群众通过参与冰雪运动项目受益,尤其是让青少年群体,通过冰雪运动,身心能够得到更全面的发展。随着 2022 年北京—张家口冬奥会的日益临近,人们对于冰雪体育运动的需求不断增加,刺激了社会各界增加冰雪体育产业的供给,而京津冀地区凭借独特的地缘优势,吸引了大量社会资本涌入其中,从而使京津冀地区冰雪体育产业得到了较快提升。梳理京津冀地区的冰雪体育产业提升过程并分析其影响效果,有利于总结经验规律,进一步促进我国冰雪体育产业的供给转型。

一、京津冀地区冰雪体育产业现状

从京津冀地区冰雪体育产业总体提升状况来看,冰雪体育运动参与人数呈逐年快速增长的趋势,人们对冰雪体育消费需求不断增长,体育产业供给规模稳步扩大,区域特色渐趋显现,各项子产业错位发展、具有明显的互补性。北京市作为京津冀地区核心城市,经济发展水平较好,中高收入群体规模庞大,居民消费观念超前,人们对冰雪体育产业的需求以中高端为主。北京市冰雪体育产业供给以冰雪竞赛表演业、冰雪体育场馆服务业和冰雪体育培训业等冰雪体育服务业为核心,形成首都特色产业优势。天津市形成了大众户外运动和休闲体育的产业特色,并且在冰雪体育用品制造业有较好的发展基础。河北省在冰雪体育旅游方面优势明显,依托丰富的冰雪体育健身休闲资源,在成功申办冬奥会后的首个雪季,冬奥会承办地张家口市仅春节期间就接待超过 185 万人次游客,浓郁的冰雪体育文化吸引了大量中外游客,使冰雪旅游成为冰雪体育产业新的增长点。张家口市优质的冰雪资源、承德地区冰雪休闲旅游以及秦皇岛市体育培训基地等在大量需求的推动下,得到较好开发,带动了区域冰雪休闲体育产业的发展。此外,由于大量冰雪体育运动者的聚集,带动了冰雪体育用品制造业的快速发展,河北省形成了以石家庄、廊坊、沧州和保定为中心的体育用品产业集群。国家战略层面提出京津冀地区协同发展规划已有五年,三地协同合作发展的步伐越来越一致,区域融合发展得到社会普遍认同。在冰雪体育产业发展过程中,京津冀地区为了满足更多冰雪体育人口的需求,其发展道路各有侧重、资源互补,已经形成了区域的产业特色。在产业提升的过程中,京津冀地区区域协同,优势互补,充分发挥各方优势,在政策支持、场馆设施、装备制造、人才资源、冰雪休闲度假等方面走在前列。

二、京津冀地区冰雪体育产业供给转型举措

（一）加强政策保障,满足冰雪体育产业全面发展需要

随着人们对冰雪体育产业的需求日益扩大,越来越多的资本进入冰雪体育产业领域,冰雪体育产业日益成为国民经济新的增长点。京津冀地区政府部门开始立足于本地区实际,以京津冀地区一体化战略为指引,迅速抓住2022年北京冬奥会的契机,出台一系列政策措施,积极谋划发展冰雪体育产业。2016年,北京市在全国首次以地方政府名义出台冰雪体育运动发展规划《北京市人民政府关于加快冰雪运动发展的意见》,明确了发展冰雪工作的核心任务,规划至2022年,冰雪体育人口达到800万人,实现400亿元人民币产业收入。天津市、河北省人民政府也分别出台了关于加快冰雪体育产业发展的相关政策文件,为冰雪体育产业发展提供方向。

（二）完善场地建设,满足人们冰雪运动场地需求

相较于冰雪体育产业发展较早且较为成熟的东北三省,京津冀地区冰雪体育产业的发展时间较短。为了更好地满足人民群众对于冰雪体育运动的需要,完善场地建设,助力冰雪体育规模升级成为未来京津冀地区冰雪体育产业发展的重点方向。习近平总书记在考察冬奥会筹办工作时指出,"场馆和基础设施建设是筹办工作的重中之重"。而同步推进群众冰雪运动场馆设施建设,对于履行国际承诺、办好高水平冬奥会和开展全民健身运动都具有重要意义。全国第六次体育场地普查结果显示,目前京津冀地区拥有超过10万个体育场馆、场地,包括滑雪场地60块,室内冰场17个,冰雪体育场地建设运营共计投入资金537918万元,成为我国冰雪体育场地投资最为集中的区域。在北京冬奥会举办前夕,京津冀地区还将建设一批国际顶尖水平的冰雪体育场馆。在场馆利用方面,京津冀地区本着绿色、共享、节俭、科技的原则,重视场馆的

可持续性,将国家游泳中心、国家体育馆、首都体育馆等夏季项目场馆进行改造,在满足冬奥会需求的基础上,提前规划赛后利用,减少赛后改造费用,不但满足冬季冰上运动需要,也保留了夏季运动功能,使之成为既能举办夏季项目又能适应冰雪项目的多用途场地。

(三)健全冰雪装备制造业,满足人们冰雪运动装备需求

随着京津冀地区冰雪体育人口的聚集,冰雪体育场地数量不断增加,对于冰雪装备的需求也日益增多。健全冰雪装备制造业,促进冰雪装备制造业发展是京津冀地区推动冰雪体育产业升级的重要举措。天津市、河北省等地近年来吸引了意大利、奥地利等地知名造雪机、索道运送系统外资企业落户。天冰造雪设备(三河)有限公司 2016 年销售收入约 4000 万元,单销往崇礼万龙滑雪场的造雪机就有 123 台。三河多贝玛亚运送系统有限公司 2016 年的滑雪场索道运送系统营业额达 5000 万元。张家口高新区冰雪运动装备产业园自去年启动建设以来,按照"一年起步、两年初具规模、三年成型、五年壮大"的设想,着眼于打造国内一流园区,引进更多有潜力有实力的冰雪运动装备企业入驻。目前,已有美国卡沃斯公司、法国安美地集团、瑞典万众之星运动联盟等越来越多的世界顶级冰雪装备生产厂商选择到京津冀地区投资兴业。京津冀地区一些本土企业也已经挺进冰雪装备市场,如河钢集团宣工公司自主研发出了 SR400 压雪机,也开始在崇礼银河滑雪场应用;张家口市宣化宏达冶金机械有限公司研发出造雪机旋转支架,大大提高了造雪效率。河北省将重点发展冰雪装备制造业,积极引入高端冰雪装备制造项目,推进传统装备制造企业改造升级,并将重点谋划张家口装备制造基地、廊坊装备制造基地、雄安技术研发基地和石家庄综合服务基地。

(四)打造精品赛事和旅游路线,满足人们冰雪体育休闲需求

据《中国冰雪旅游发展报告(2017)》显示,2016—2017 年冰雪季,我国冰

雪旅游产业规模达到 1.7 亿人次,冰雪旅游收入约 2700 亿元。可见,冰雪旅游已经成为大众休闲度假的重要方式。冰雪体育旅游作为冰雪旅游的重要组成部分,近年来受到人们的广泛关注。京津冀地区是我国冰雪体育旅游的三大目的地之一,冰雪体育旅游热度逐年增长。为了满足人们对于冰雪体育休闲旅游的需求,京津冀地区将河北省张家口、廊坊、雄安新区等地与北京延庆、天津蓟州等地连接成带,打造京津张、承秦唐和太行山三条冰雪体育旅游带,建设一批冰雪场馆和冰雪运动休闲基地,发展冰雪运动休闲产业,促进冰雪体育旅游快速发展。在体育赛事方面,京津冀地区将打造以河北张家口和北京延庆为主的高端雪上项目赛事中心;重点举办崇礼国际滑雪节、2021 自由式滑雪及单板滑雪世界锦标赛;联合申办举办世锦赛、世界杯、巡回赛、冠军赛、表演赛等冰雪项目国际高端赛事;创办一批自主品牌冰雪体育赛事、表演活动和青少年联赛,继续办好京津冀冰球联赛、京津冀业余冰球比赛和华北高校高山滑雪比赛等赛事,建立起较为完善的京津冀冰雪体育赛事体系,更好地满足人民群众冰雪体育休闲需要。

(五)注重人力资源开发,满足对冰雪体育产业人才的需求

发展冰雪体育产业需有大量专业人员参与其中,庞大的人才资源是京津冀地区开展冰雪体育产业的强大动力。京津冀地区是我国高水平大学最为集中的区域。京津冀地区利用高校集聚优势,充分发挥高校育人作用,为冰雪体育产业发展储备大量人才。北京大学、清华大学等京津冀地区 10 所院校(单位)成为北京冬奥会、冬残奥会首批培训基地。首都体育学院在运动人体科学、体育产业管理、运动训练、体育教育等 9 个领域与冰雪体育深度融合,为冰雪体育产业培养全方位人才。张家口学院在人才培养上与冰雪体育产业企业深度融合,培养适应社会需求的高素质冰雪体育产业人才。人才是冰雪体育产业发展的动力,京津冀在冰雪体育产业发展过程中高度重视人才培养,强大的人才储备为京津冀地区发展冰雪体育产业奠定了良好的基础。

　　京津冀地区在冰雪体育产业供给转型的过程中,从满足人们对于冰雪体育的需求出发,加强政策支持、完善场馆建设、健全装备制造、注重人才开发、大力发展冰雪旅游和赛事产业,重视产业协作、协同创新,探索出一条适合京津冀地区的冰雪体育产业发展道路。虽然相比较于东北三省,京津冀地区冰雪体育产业发展时间较短,但是借助2022年北京冬奥会的契机,聚焦京津冀地区冬季项目,在冰雪体育运动需求不断增长的现状下,京津冀地区冰雪体育产业获得了前所未有的发展。为了满足人们不断增长的冰雪体育需求,增加冰雪体育产业供给的数量与质量,从而促进冰雪体育产业提升是京津冀地区冰雪体育产业快速发展的关键要素。京津冀地区在冰雪体育产业供给增加的过程中,冰雪体育产业的知名度和关注度不断增加,吸引了更多人参与到冰雪体育中,扩大了冰雪体育产业需求,形成良性循环,进一步促进冰雪体育产业提升。

第七章 我国冰雪体育场地供给研究

第一节 研究工具:地理信息系统

一、GIS 的概念

地理信息系统(Geographic Information System,GIS)起源于北美,最初由加拿大学者罗杰·汤姆林森(Roger Tomlinson)提出,指在计算机软件和硬件的支持下,以地理空间数据库为基础,对空间和非空间数据进行采集、存储、管理、处理、分析、模拟和显示,并以此地理数据建立模型,能解决地理数据中复杂的规划、管理和决策问题而建立起来的计算机技术系统,旨在提供多种空间和动态的实时地理信息。

二、GIS 的应用

GIS 在诞生之初主要是用于辅助制图,其地理分析功能非常简单。但 GIS 的发展十分迅速,到 20 世纪 80 年代其技术逐渐成熟,由功能单一、简单的分散系统发展为多功能、多用户、智能化的综合性信息系统。我国于 20 世纪 70 年代末开始对 GIS 展开了研究与应用,发展至今,GIS 作为一个成熟的地理空间数据分析处理平台在我国各个研究领域得到了广泛应用,如城市规划、交通运输、环境监测、环境评估、国土管理、资源调查、水利电力等。如羊权荣等（2020）结合 GIS+BIM 技术提出了一套完整的施工监测信息化管理流程及数据组织方案，以解决城市轨道交通施工监测的数据孤立、形式单一、异常情况通报和处理不及时等问题。孙贤斌等（2020）借助于 GIS 技术和构建相关模型进行实证分析，探索安徽省大别山区跨流域主体功能区之间生态补偿。李涛等（2014）利用 GIS 技术对江苏省 439 个乡村旅游景点的类型划分、空间特征与发展等级进行了研究。不难发现，GIS 技术除了应用范围广泛，与一般系统相比最大的优势还在于对海量的空间数据进行检索查询与管理，进而实现空间分析，这样更有利于决策者获得有效的信息，进行科学决策以解决复杂的实际问题。在本书中，通过将相关地区的冰雪体育场地空间数据进行整理并录入 GIS 软件中，能够直观地展现出冰雪体育场地在区域内的具体布局位置，有助于对其布局位置进行空间分析。

第二节　冰雪体育场地的空间特征

要对我国冰雪体育场地进行空间分析，必然得先了解冰雪体育场地的空间特征。首先，冰雪体育场地设施作为体育实体产业之一，具有空间基础性，其运营需要一定的物理空间作为平台。体育产业作为第三产业重要组成部分，主要是为了满足人们对体育的需求。虽然生产没有物质形态、无法贮藏的服务产品是第三产业的重要特征，但是体育产业作为第三产业的一个独特产业部门，生产这些产品却是需要一定的物理空间作为平台的。例如在冰雪体育相关产业方面，为了满足冰雪体育赛事表演和群众冰雪体育运动的参与，需要一定的场地设施。其次，冰雪体育场地具有体育产业所拥有的共性——空间排他性。冰雪体育运动消费者在享受该项服务的时候，占有了冰雪体育服务的物理空间。在该项运动服务的消费时段，其他无关消费者是无法同时共享该体育产品的资源。这种空间上的排他性使得冰雪体育场地具有一定的密度成本。在空间不合理的状态下,冰雪体育场地会出现高度的"空间拥挤"成本,其使用效率大大降低。最后,冰雪体育场地具有空间融合性。作为冰雪体育产业链的上游产业,冰雪体育场地不仅仅能提供冰雪体育运动的相关服务,其服务范围还可以覆盖包括食品、服装、器械等其他各类冰雪体育相关产业,交叉性极高。在空间地缘上,冰雪体育场地可以与其他产业高度融合,形成集聚效应,如冰雪体育小镇。其空间利用率相对较高,不会危害生态环境,发挥了产业空间"融合剂"的作用。通过对冰雪体育场地的空间基础性、空间排他性和空间融合性等空间特征进行分析,将有助于后续冰雪体育场地空间分析工作的开展。

第三节　冰雪体育产业空间结构的基本要素

空间在社会经济活动中充当着载体场所的重要作用,人类的各项经济活动都是空间结构的组成部分,对于冰雪体育产业而言也是如此。在空间结构中,冰雪体育产业内部的各项社会经济活动主要通过节点、轴线和域面三种形式表现出来。因此,点、线、面是研究冰雪体育产业区域空间结构的 3 个基本要素。

通常来讲,在一定的区域范围内,冰雪体育产业由于受到经济活动的内聚力影响而产生的极化作用,使该地域形成了一个经济活动的集聚中心,这样的中心便被称为"节点"。而连接各个节点之间的线状经济景观则为"轴线",如交通线、通信线路等都是经济轴线的组成部分。在节点和轴线的基础之上,所划定的空间地理范围就是"域面",也就是通常所用的体育产业区域概念。

冰雪体育产业在空间上的发展不会绝对均等的展开,在一些区位条件优越的城市或交通干线两侧等会形成不同规模、等级的冰雪体育产业集聚点和集聚轴带,这些冰雪体育产业集聚点或轴带可以成为不同层次区域经济发展的重要依托和支撑,也是冰雪体育产业发展的核心区域。按照区域位置的经济发展程度不同,可以将冰雪体育产业区域空间划分为核心区域、过渡区域和外围区域三大类。核心区域是冰雪体育产业发展最快的地区,同时也往往是经济发展水平较高的区域。这些地区或是有着发达的交通和商业资源,或是有着丰富的自然资源。外围区域是冰雪体育产业发展较为落后的地区,这些地区的经济发展水平也相对较差,多依靠当地的自然资源进行发展。这类地区缺乏信息和交通技术的支持,开放程度较低。过渡区域是介于核心区域和外围区域之间的地区,它具有一定的经济基础,但仍需要通过核心区域的经济辐射来带动冰雪体育产业的发展。从理论上讲,与核心区域成熟稳定的产业结构不同,过渡区域在冰雪体育产业结构空间布局上可以通过一定的营销方式来形成新的产业经济节点,并与核心区域形成互补体系,利用经济轴线的桥接,达到资源共享的目的。而外围区域需要依靠政府的投资来疏通自身的经济轴线,向过渡区域演进,逐步找到自身区位经济优势,为向经济节点跨越奠定基础。

第四节　全国冰雪场地空间分布概况

从全国冰雪场地的空间分布概况来看,2017 年国内已建成 26 个特色冰雪小镇,冰雪小镇生态圈正在加速形成。《全国冰雪场地设施建设规划(2016—2022 年)》指出,到 2022 年我国室内冰场数量将由 2015 年 200 余个增加至 650 个,滑雪场数量也将实现从 500 个到 800 个的增长。《中国滑雪产业白皮书(2019 年度报告)》指出,2019 年国内滑雪场新增 28 个,包括 5 个室内滑雪场,总数达到 770 个。770 个滑雪场分布于全国 28 个省(自治区、直辖市)。其中,滑雪场数量排名前 5 的省份及自治区为黑龙江、山东、新疆、河北以及山西。2019 年,湖北和新疆新增雪场数量最多。其次从分布位置上来看,由于北方占据超过 72% 的雪场资源,所以冰雪小镇主要分布在黑龙江、吉林和京津冀地区,同时,南方室内滑雪场数量也呈现出逐年递增的趋势。2016

年已筹建完成的滑雪场中 72.76% 位于北方城市,27.24% 位于南方城市,北方雪场难度更高、专业性更强、垂直落差更大、雪道面积在 10 公顷以上的雪场普遍位于北方。2017 年南方仍在建造的雪场超过 17 个,广泛分布在华东、华中、华南和西南地区。因此,纵观近几年全国冰雪体育场地的发展趋势不难发现,凭借着天然的环境和资源优势,目前大部分冰雪体育场地仍集中在北方地区。随着政策的有效落实和室内技术的逐渐完善,南方冰雪体育场地的发展态势也是如火如荼,如湖北省 2019 年新增雪场 5 个,增长数量领先于全国其他省份,但总体数量仍然较少,分布结构仍需进一步完善。

第五节　京津冀与东北地区案例选取说明

本章节采取案例分析的方式,通过从等级规模,分布的均衡性、关联性、可达性和空间格局驱动机制等方面对区域内冰场和雪场进行深入的空间分析,拟得出有效的空间结构优化方案。考虑到案例选取需具备典型性,因此选取京津冀地区和东北地区为案例进行分析。

一、京津冀地区

京津冀地区作为中国的"首都经济圈",是中国政治、文化中心,它包括北京、天津两个直辖市和河北省,其经济总量约占全国的 1/10,是我国北方经济规模最大、最具活力的重要核心区。京津冀地区的冰雪体育产业发展有着得天独厚的优势。在经济方面,以北京为首的京津冀地区整体的经济发展水平在全国范围内处于领先地位,雄厚的经济基础是冰雪体育产业发展的前提。在政策方面,国家正在大力推进京津冀一体化进程,京津冀区域内的体育产业合作也得到了国家和省市政府的不断支持。2010 年 9 月,《京津冀体育产业合作协议》的签约仪式在天津举行,标志着我国第一个区域体育产业的兴起。将体育产业培养成为京津冀区域经济发展新的经济增长点,也凸显出冰雪产业在该地区的发展有着良好的政策优势。在时代背景方面,京津冀地区冰雪体育产业正处于快速提升阶段,2008 年北京奥运会成功举办后,群众参与体育锻炼的兴趣得到了提高,健身意识显著增强。随着北京 2022 年冬季奥林匹克运动会的成功申办,京津冀地区冰雪运动的热度持续上升,为冰雪体育产业的发展带来新的契机。京津冀地区当前关于冰雪运动宣传力度高、赛事活动丰富多样、群众参与热情空前高涨,人们对于冰雪场地的需求不断扩大也刺激了冰雪场地设施的不断增加。同时,场地设施的丰富也为京津冀地区吸引了更多消费者,形成了参与冰雪体育运动的良性循环。分析京津冀地区冰雪体育场地空间布局,有利于梳理存在的问题,总结经验教训,通过优化方案改善结构并为其他地区的冰雪场地设施空间布局提供借鉴。

二、东北地区

在北京冬奥会的时代背景下,我国冰雪体育相关产业正处于飞速发展时期,东北地区作为冰雪运动发展最早的地区,在漫长的发展进程中依托优越的冰雪自然条件,建立了相对完善的冰雪体育产业链,形成了较为完善的冰雪体育产业供给体系,有着相对充裕的冰雪体育场地设施,诚然,东北地区是研究区域冰雪体育场地设施空间布局最具代表性的地区之一。东北地区作为我国高纬度地区,每年都有着极为漫长的寒冷冬季,其中黑龙江省的冰雪期更是长达 5 个月之久。寒冷的天气和优质的雪质为东北地区冰雪体育运动的发展提供了得天独厚的自然资源,凭借着独特的地理环境优势以及历史文化积淀,冰雪体育相关产业也成为了东北地区的特色产业之一。在人文资源方面,东北地区也有着独特的优势。作为东三省之一的黑龙江省早在 1963 年便创办了冰灯游园会。东北地区悠久的冰雪文化习俗以及独特的自然环境使人们养成了在冬季参与户外冰雪运动的习惯,而随着诸多大型赛事在该地区举办,人们对冰雪运动的热衷程度也较其他地区更为深厚。这些因素都推动了东北地区冰雪运动的发展,也促使该地区建成了相对丰富的冰雪场地设施。在政策方面,随着 2022 年北京冬奥会的成功举办,国家对冰雪体育相关产业的重视程度逐渐加强,相关政策逐一出台。《关于做大做强冰雪产业的实施意见》《关于以 2022 年北京冬奥会为契机大力发展冰雪运动和冰雪经济的实施意见》《黑龙江省冰雪产业发展规划(征求意见稿)》等相关政策的发布都预示着在未来很长的一段时期内,冰雪体育相关产业的发展仍然是东北地区的发展重心之一。因此,深入分析该地区冰雪体育场地设施空间布局规律和存在的问题具有突出意义,总结优化冰雪场地空间结构的方案,能为其他地区冰雪场地设施的空间布局提供参考。

第六节 京津冀与东北地区冰场空间分析

随着我国高铁、公路、航空等交通运输方式的逐渐增多,使居民有着多种便捷的交通出行方式去冰场参与冰上运动。对于京津冀地区和东北地区的冰场可达性而言,京津冀地区的冰场分布主要为城郊地区,通过公路和城际地铁以及区间铁路就能实现出行,方便快捷,居民参与冰上运动的可达性较好;东北三省地区中整体而言可达性较差,究其原因在于冰场的分布主要依据当地的气候及自然资源,出行选择的方式多为铁路,来回路程中花费的时间较长,可达性较差。其次,在东北区域中冰场分布较为广泛,多数为单个冰场进行独立经营,区域竞争不明显。换言之,冰场为单一场地,自然会导致大众对于冰场的服务和项目进行综合考量,并且在可达性较差的情况下如何维持冰场的更好发展是当前冰上管理项目的当务之急。最后,对于散客消费者而言,时间成本是其关注的重要内容之一。当前市场中,冰场可以大致分为事业型冰场和商业型冰场两种,而商业型冰场又是冰场市场的主要经营模式。随着冰雪运动氛围的不断提升和政府政策的大力支持,我国冰场数量也不断攀升,考虑到消费者参与冰雪运动所耗费的时间损失,冰场选址时应以商业性经营为主,依托大型购物中心建设新型冰场。

一、京津冀地区冰场空间分析

(一)等级规模空间分析

2022年北京—张家口冬奥会的成功申办推动了冰雪运动的迅猛发展,越来越多的人参与到冰雪运动中。在北京—张家口冬奥会中,综合考虑地理环境和气候的因素,北京主要承办冰上项目,在成功申办冬奥会的契机下,在冬季北京会举办许多冰雪节和冰雪赛事吸引消费者参与冰上运动,同时北京许多冰场也会设置不同的冰上娱乐项目吸引不同层次的消费者。为了让冰雪运动消费者有更优质的消费体验,北京在冬季结冰期会开放许多自然冰场和人工冰场以及许多室内冰场供消费者选择。

室外天然滑冰场是北京普通冰雪消费者的主要冰雪运动场地。在冬季结冰期,北京各个公园湖泊结冰达到一定厚度时,公园管理人员会租赁相应的滑冰设备,例如冰鞋租借等以供消费者使用。例如,北京的什刹海滑冰场、北海公园滑冰场、朝阳公园滑冰场等。北京的室外滑冰场大多依托公园而建,消费群体多为周边居民以及游客,在一定程度上保证了客流量。室外人工滑冰场是在空旷平整的区域运用专业的制冰设备铺设的冰场,例如首体大众冰雪季室外滑冰场、望京国际商务中心滑冰场、五棵松体育公园室外冰场。室外人工滑冰场一般都建设在室外广场以及大型的商业广场等地段,该地段一般人流密集,交通便利,且多开展冰雪节,能集中吸引周边消费者。室内人工滑冰场分为独立型室内滑冰场以及依附型室内滑冰场。独立型室内滑冰场是指专门进行冰上运动的室内冰场,而依附型室内冰场是指依附于大型建筑,例如商业中心的室内滑雪场。独立型室内滑冰场一般具有较为完整的配套设施,一般用于运动员训练;依附型室内滑冰场一般依附于大型商业中心,具有较大的人流量。例如,北京的国贸商城的 Le Cool 滑冰场、崇文门新世界中心的冠军滑冰场、首都滑冰馆的世纪星滑冰场等。

　　从京津冀地区冰场的分布密集度分析,主要以北京、河北的分布较为密集,这与我国在 2022 年举办北京—张家口冬奥会有着一定的对称性,从另一个方面也可以看出大型赛事的举办权主要是以具有一定的竞赛场地标准和人文环境为基础。而滑冰是一项室内运动,不同等级的冰场规模决定了能够进行何种层次的体育竞赛。从各种类型的冰场规模标准来看,我国大多数冰场属于一般性冰场,能够进行比赛的标准场地较为缺乏。尤其是伴随着北京—张家口冬奥会的成功申办,多数比赛专用冰场新建起来,高等级的冰场呈现集中分布的趋势。总体而言,高质量和高标准等级的冰场空间分布集中在省会城市以及即将举办冬奥会的北京和河北。

　　(二)空间分布均衡性与关联性分析

　　京津冀地区的冰场空间分布的均衡性的特点主要在于簇状分布,尤其是以北京市的簇状布局最为突出,这种分布格局与人口的聚集数量和经济的集中发展有着密切的联系。冰场的分布位置与交通的便利程度呈现正相关的关系。京津冀地区的冰场空间关联性主要从人口、经济、区间、交通、旅游等方面进行综合分析。区域间的北京—河北协调发展的效应显著,北京和河北省地区为"热点区"。

　　从人口学因素上分析,冰场的分布符合人口聚集和参与运动的便利性因素,冰场布局在北京市和河北省的人口密集处,既方便了居民积极参与冰上运动,也对当前的冰上运动和文化起到了宣传和促进作用。从经济关联性进行分析,冰上运动主要是中等收入人群参与的运动,处于低层次收入的人群较少有时间和精力去参与,由此可以看出经济的发展情况与冰场的空间布局状态呈现正相关的关系。从交通和旅游层面上分析,北京市和河北省的人文景观和自然景观较为丰富,这与我国悠久的历史文化和人文情怀具有巨大的关联性,冰场布局在此地能够培养自身的冰上文化,进而能够更好地发展参与滑冰运动的群体。

（三）可达性分析

京津冀地区的冰场分布主要为城郊地区,通过公路和城际地铁以及区间铁路就能实现出行,方便快捷,居民参与冰上运动的可达性较好。对于京津冀地区冰场可达性较好的地区而言,应加强区域冰场之间的管控,控制好冰场的收费价格和安全性检验,防止出现行业间的"价格战"和恶意破坏市场秩序的价格竞争,要督促冰场企业加强行业间的沟通和交流,通过不断提高冰上项目的产品机制和服务质量体系,以此来形成冰上品牌效应,从而为大众持续参与冰上运动形成和谐的冰上文化打下基础。

可达性是冰场选址时需要考虑的重要因素。对于散客消费者而言,时间成本是其关注的重要内容之一。为减少消费者参与冰雪运动所耗费的时间损失,冰场选址时应以商业性经营为主,依托大型购物中心建设新型冰场。例如首体大众冰雪季室外滑冰场、望京国际商务中心滑冰场、五棵松体育公园室外冰场都建设在室外广场以及大型的商业广场等地段,该地段一般人流密集,交通便利。

二、东北地区冰场空间分析

（一）等级规模空间分析

东北地区是我国冰场的等级规模空间分布主要地区。究其原因在于以下几个方面:第一,北方的纬度较高,气候较为寒冷,有着自带的"冷冻成冰"的天气效果;第二,滑冰运动具有一定的危险性和极限性,北方人群天生有着剽悍、不畏艰险的英勇品质和突破精神,参与滑冰的人群较为广泛;第三,北方地区的地形多为平原地形,地势较为平缓,有利于进行滑冰运动。从这三个方面可以集中展现出北方地区开展冰上运动的核心因素。但北方地域较为广阔,不同城市等级对于冰场的分布也存在等级差异。东北冰场的集中分布点以省级城市中心和经济发展较好的地域分布较多;冰场的分布主要是在学校、运动队附近,主要为学生和运动员提供便利;而冰场的等级规模主要以运动队专业训练为最高等级,远离城郊的冰场为大型的业余滑冰场,主要为业余爱好者提供冰上服务。

另外,从东北三省地区冰场的分布密集度分析,主要黑龙江、吉林两个地区的分布较为密集,由此可以看出大型赛事的举办权主要是以具有一定的竞赛场地标准和人文环境为基础。而滑冰是一项室内运动,不同等级的冰场规模决定了能够进行何种层次的体育竞赛。根据相关研究表明,标准的短道速度滑冰比赛主要采用椭圆形的跑道,周长主要为 111.12 米,直道长 28.85 米、宽为不少于 7 米,弯道的半径为 8 米,弯道与边界间的弧度墙距离要高于 4米;标准冰球场的规格长度为 61 米,宽度达到了 30 米,国际上采用的冰球场地规格长度为 61 米,宽度为 30 米,边角圆弧的半径为 8.5 米;花样滑冰的比赛标准场地规模为长度 60 米,宽度 30 米。

从各种类型的冰场规模标准来看,我国大多数冰场属于一般性冰场,能够进行比赛的标准场地较为缺乏。尤其是随着北京—张家口冬奥会的成功申办,多数比赛专用冰场新建起来,高等级的冰场呈现出集中分布的趋势。总体而言,高质量和高标准等级的冰场的空间分布集中在省会城市,其余地区发展较为不平衡,尤其是以辽宁、吉林地区发展最为显著。

（二）空间分布均衡性与关联性分析

东北地区的冰场空间分布的均衡性特点主要以点状分布为主,尤其是以黑龙江的点状布局最为突出,这种分布格局与山川与冰雪自然资源的分布有着密切的联系。冰场的分布位置与交通的便利程度呈现正相关的关系,从黑龙江省的冰场分布情况来看,北部高寒地区和交通不便的地区冰场只有 1 个,多数布局在南部地区。这就集中地显示了处于东北三省地区的冰上资源较为丰富的地区没有得到应有的开发,导致冰上资源的不充分利用,以至于呈现这种处于"温室地区"发展冰场的"病态"。基于此,集中展现了当前冰场的空间布局呈现显著的不均衡性状态,这均可能会导致冰上运动的后继发展潜力不足,进而不能形成冰上运动文化,最终影响地域的经济发展。

东北地区的冰场空间关联性主要从资源、经济、区间、交通、旅游等方面进行综合分析。区域间的东北三省冰场的协调效应不明显,导致冰场的关联性出现"冷热点"效应,局部间的冰场聚集效应导致了局部地区的冰上运动的发展节奏更加快速,拉大了与东北地区冰场发展的差距。

从经济关联性进行分析,冰上运动主要是中等收入人群参与的运动,室内冰场主要集中在经济发达的省会城市(哈尔滨、沈阳、长春),且选址主要靠近大综购物中心,由此可以体现出冰场分布与经济发展的正相关性。从交通和旅游层面上分析,东北地区室外冰场主要依附于公园等场所,毗邻居民区及商业中心,如长春市南湖冰场,且日常运营冰场的费用和资源较低,能够吸引广大群众积极参与冰上运动,培养积极的冰雪运动参与氛围,利用天然可持续的自然环境发展冰上运动。

(三)可达性分析

与京津冀地区相比,东北三省地区整体而言可达性相对较差,究其原因在于冰场的分布主要依据当地的气候和丰富的自然冰资源进行建立,出行选择的方式多为铁路,来回路程中花费的时间较长,可达性较差。在东北区域中冰场分布较为广泛,多数为单个冰场进行独立经营,区域竞争不明显。换言之,冰场为单一场地,自然会导致大众对于冰场的服务和项目进行综合考量,并且在可达性较差的情况下如何维持冰场的更好发展是当前冰上管理项目的当务之急。

东北地区真冰冰场分布主要可以分为室内冰场和室外冰场两大类。在冰场不断建设,冰雪运动覆盖规模不断扩大的背景下,我国冰场建设迎来了发展的黄金时期。然而我国冰场的经营效果却并不理想,运营资金短缺、盈利模式单一、依赖政府和社会投资是当前我国冰场经营过程中存在的主要问题。而运动队训练收费和散客消费者参与以及政府投资是冰场经营的主要收入来源。为摆脱冰场对政府和社会投资的依赖性,如何提升参与冰雪运动的散客消费者的数量成为冰场经营者应考虑的首要问题。因此,冰场的选址及合理布局对于其盈利和发展尤为重要。

室内冰场多建立在繁华的商业中心内部,依托大型购物中心建设冰场可有效解决消费者参与冰雪运动的可达性问题,冰场可为商场带来更为优质的客源,为饮食等商户增加客源,提升商场的知名度和档次。同时,冰上运动是一项集参与性、互动性、体验性和观赏性为一身的运动,冰场的集客能力强,消费者忠诚度高。大型商业中心和购物中心的客流量可为冰雪市场培养大量的潜在消费者,直接提升参与冰雪运动的消费者数量,从而解决冰场盈利的关键问题。例如,大连的百年港湾冠军冰场,建立在繁华的百年港湾奥特莱斯商业中心之中,1500平方米的冰面面积可供散客及专业训练队进行花样滑冰、冰球、短道速滑等多种冰上项目的开展,是国内屈指可数的商业真冰滑冰场之一,是大连市目前唯一的冰上运动休闲场所。馆内设施采用最为先进、环保的制冷系统及清冰设备,可以制造出最为完美的冰面,并提供完善的配套设施及教练服务,为消费者获得良好的滑冰体验提供了重要保障,同时,冠军冰场地处繁华的商业中心,毗邻宜家家居大连商场店,且交通便捷,快轨3号线穿过,为人们参与冰上运动提供了便利的交通条件。此外,大连冠军冰场采用规范的教学标准,并为不同年龄、不同阶段的滑冰爱好者提供各类差异化教学与服务,消费方式也包括单期培训、长期培训、门票、会员卡等多种方式,能够满足不同消费群体的需求。

室外冰场则主要依托自然资源和得天独厚的气候条件,冰场的经营成本方面,造冰成本以及维护费用之高与散客流量较少形成了鲜明的对比,因日常经营成本太高,许多冰场入不敷出,导致其营业额较低甚至亏损,许多冰场面临即将倒闭甚至已经倒闭的处境。对于事业型冰场而言,冰场的客源主要以运动队训练为主,冰场经营方式也与事业型经营模式相匹配,在此情况下,如何降低日常的运营和维护成本则是冰场选址时应该考虑的关键因素。选址时应依托丰富的自然资源和气候条件,选择纬度较高,气候较为寒冷,成冰效果好的地区建设冰场。例如,长春市南湖冰场,哈尔滨市群力体育公园冰场、太平公园冰场等室外真冰冰场,则依托得天独厚的自然资源,划地经营,且公园人流量大,保证了消费者的人流量。同时,经营成本较低,价格亲民。长春市南湖冰场,位于长春市中心城区,周围毗邻居民区、大学、大型商超、广场等,交通方便,可达性强,能够满足广大居民参与冰雪运动的基本需求。

三、冰场空间格局驱动机制分析

冰场的空间格局的驱动机制形成主要源于政府、自然资源、经济、产品、大众、交通、管理(服务)、文化和食品检测 9 大方面因素的综合驱动。可以从四个方面进行概括,一是冰场布局的决策方面(政府、管理);二是冰场的供给层面(自然资源、产品、交通);三是受众层面(大众、文化);四是宏观经济环境和检测方面。对于京津冀地区和东北地区的冰场空间格局的驱动机制而言,京津冀地区更多地来源于政府、经济、交通、管理、大众需求、食品检测等因素进行主要驱动,东北地区更多地源于政府、自然资源、产品因素进行驱动。另外,不可忽略的一大驱动因素源于国际冰上体育赛事的推动,通过举办大型赛事来实现对国际间旅游、文化、经济、管理和大众需求的了解和分析;从冰上项目运动训练方面同样可以了解和学习国外关于冰上先进技术和高新科技产品,通过对比分析不断优化国内的冰上项目水平。

从冰场布局驱动的决策层面分析,政府和冰场管理者的决策是影响冰场空间格局驱动的核心因素。政府的政策决策是决定冰场如何进行空间布局驱动的首要因素。另外,冰场在进行运营和如何制定优惠政策方面的同时也会极大程度地参考政府所制定的目标和发展方向。在冰场管理者层面是影响冰场实际发展的重要第一线决策因素。不同的冰场处于不同的地域,不同的管理者具有不同的管理思维,大方向遵循国家政策进行发展,顺应时代发展的潮流;但在市场经济时代的背景下,各冰场的管理者实行自我管理模式,冰场空间布局驱动因素最终的落脚点在于冰场企业管理者层面,是推动冰场如何发展的实际"阵地"。

从冰场布局驱动的供给层面分析,冰上项目自然资源、冰上运动的相关产品和到达冰场的交通设施和通行交通工具是保证供给方面的主要因素。天然形成的冰场自然资源是保证冰场可持续驱动的重要因素,尤其是对于东北三省的冰场布局来看具有契合性。另外,参与滑冰运动的基础因素在于拥有具有一定安全性和科技含量的冰上运动产品,尤其是冰上运动具有一定的危险性,保证产品使用过程中的安全性供给,是刺激大众积极参与滑冰运动的重要保障因素。此外,从交通供给上进行输出有利于大众便捷地参与滑冰运动,这方面的供给驱动京津冀地区是目前全国的典范,其原因有两点:其一,京津冀地区地域面积相对较小,冰场布局具有紧密性;其二,京津冀地区的冰场资源较为丰富,且由于自然资源原因在一定区域内具有持续性的冷冻天气,具备形成天然的冰场条件。因此,冰场的供给驱动机制来源于天然的自然资源供给、专业性和安全性较高的滑冰产品保障,以及具有极大便捷性的交通运输方式的供给,这些是保证冰场空间布局驱动的重要板块,是持续发展冰场的关键因素之一。

从冰场布局驱动的受众层面分析,参与滑冰运动的人口基数以及形成特点的冰上运动的文化是促使冰场进行扩建和进一步发展的驱动因素。就京津冀和东北三省参与冰上运动的人口基数而言,京津冀地区的人口密度和流动人口基数普遍大于东北三省,这从现有冰场空间布局的模式中能够得到集中的体现。而如何保证冰场的空间格局形成可持续的驱动机制的落脚点和作用点,主要在于大众持续参与运动和消费进而形成一定的冰上运动文化和滑冰运动文化,从大众思维意识上对滑冰运动形成一定的认识和认同感。大众和文化因素是参与冰场文化和运动构建的重要一环,是影响冰场的空间驱动机制形成的需求供给点的重要因素。

从冰场布局驱动的宏观经济环境和检测方面进行分析来看,宏观经济环境的稳定供给以及对于冰上产品和食品服务质量等方面安全性的检测冰场空间布局稳定驱动的一大后勤保障因素。京津冀地区地处国家首都附近,其稳定的经济管控能力和调控能力明显要高于东北三省地区,且京津冀地区冰上运动的商业环境和资源之间的交换速率明显要高于东北三省,这对于冰场进行高速驱动具有促进作用。另外,对于冰上产品和食品服务质量等方面安全性的检测是保证大众在冰场的日常消费和运动的过程中没有后顾之忧,良好的后勤保障服务促使大众对于冰场本身服务质量的信任,在此基础上才能形成一定的口碑和良好的归属感。因此,加强宏观经济稳定环境和检测力度的供给是促使冰场形成空间格局驱动的一大保障因素,是驱动冰场进行优化发展,完善滑冰产业的重要后勤服务因素。

四、冰场空间结构总体优化方案

对于目前的京津冀地区和东北地区的冰场空间结构总体优化方案的制定本书主要从三个方面进行优化。

第一,要将丰富的自然资源积极转化为经济和社会资源。目前,我国东北地区地处高纬度地区,其天然丰富的冰上资源是能够开发成为旅游景点和大型国际赛事举办地的重要基地。在较为寒冷的地带开发出冰上特色项目来激发世界冰上爱好者的热情,以此形成一定的经济增长点。另外,对于京津冀地区而言,丰富和紧密的冰场集聚效应情况下可以通过开发冰上运动小镇的方式来实现冰上项目综合体的打造,利用冰上项目的空窗期开展相应的冰上特色旅游活动,实现冰上自然资源和经济资源、社会资源转化发展。

第二,政府和冰场管理者应积极出谋划策扩大受众群体,形成一定冰上文化,促使大众能够对冰上运动形成"冰上运动成瘾",以此来保证需求方面的持续输出。大众是重要的消费群体,是促进冰上产业发展的核心推动力。而冰上文化的形成需要常年累月地积累,并且在形成文化的过程中政府的政策供给和冰场管理者对于冰场日常的用品以及服务方面应进行严格的检测和筛查,保证在形成冰场特色文化的同时具有一定的正向性和规范性。因此,在即将举办的 2022 年北京—张家口冬奥会的契机下,京津冀地区的冰场应尤其注重冰上文化模式的构建,打造良好的国际品牌形象,吸引外资来共同助力我国冰上事业的发展。东北地区应努力借鉴京津冀地区的冰场管理模式和文化构建经验,根据自身的自然环境条件和资源开发特色文化,加强行业间的沟通,减少行业间的贸易壁垒,为共同打造良好的"滑冰大世界"贡献一份力量。

第三,政府层面应加强冰场等级和服务质量控制,减少低端劣质冰场供给。从国家积极推动供给侧结构性改革方面能够集中地展现出冰场的劣质供给将影响整个冰上事业的发展。目前京津冀地区和东北地区劣质冰场的淘汰,将有助于冰场建设标准和服务质量标准的提高,整个冰上事业的行业发展标准门槛具有一定的准入凭证作用,对于形成一定的冰场建设准入制度具有重要意义。从参与冰上运动的民众层面分析来看,民众对于冰场有了一定的门槛认识和标准后,对于自身在进行冰上运动的同时会更加注重自身的文化素养,对于民众的自我素养提高也同样具有一定的助力作用。

总而言之,京津冀地区和东北地区的冰场总体优化在于要将丰富的自然资源积极转化为经济和社会资源;积极扩大受众群体,形成一定冰上文化;加强冰场等级和服务质量控制,减少低端劣质冰场供给三个方面的优化方案协调配合以此来实现冰上事业的整体发展。在 2022 年北京—张家口冬奥会即将来临之际,打造好京津冀地区和东北地区的冰上事业事关整个中华民族的荣辱与兴衰,对于整个民族的体育事业发展而言具有无与伦比的历史意义和时代意义。

第七节　京津冀与东北地区雪场空间分析

一、京津冀地区雪场空间分析

（一）等级规模空间分析

近年来,冰雪产业的快速发展使国内的滑雪场数量增长如雨后春笋般迅猛,据《中国滑雪产业白皮书(2019年度报告)》(以下简称《报告》)指出,至2019年,国内滑雪场馆的数量达到770个,2019年的增幅达到3.77%。在消费需求的推动下,滑雪场馆建设也在逐步走向更高的层次。京津冀位于中高纬度区域,借着冬奥会的机遇,使滑雪产业在京津冀深层次发展,且较多的以室内滑雪居多。滑雪场的数量虽多,但是其等级规模却参差不齐,一般而言,规模大的优良级滑雪场拥有较长的滑雪期,较高的垂直落差,较大的雪道面积,具有高级雪道和索道,并且具备良好的竞技功能和硬件设施;而其他的滑雪场则为一般等级的雪场。具体来说,滑雪季大于三个月,海拔高于400米,雪道面积大于5万平方米,雪道数量大于6条,缆车数量超过3条的为优良级。滑雪场的建设随着消费者的消费需求升级从而在多方面为满足滑雪爱好者的需要进而转型升级。在一些中小型滑雪场馆中,主要是通过其体验性的初级雪场吸引不同层次的滑雪消费者。

由于冬奥会的筹办,京津冀地区滑雪产业迅速发展,拥有承办国际赛事的规格,致使新兴雪场的规模和数量不断扩大。并且各雪场推出不同的特色以此来吸引大众积极参与滑雪运动。例如,在河北省石家庄市的西部长青滑雪场打造"昼夜滑雪"特色,是一个可以进行四季滑雪、昼夜滑雪的超大型的冰雪运动基地,其中室外的滑雪场雪道总长度达到了2000多米,在高长度的雪道基础上设计了4种等级的雪道(练习、初级、中级、高级)和各种障碍设施,以此让大众体验不同刺激程度下的滑雪感受;河北省张家口市的崇礼县长城岭滑雪场以其天然的"雪量充足"而闻名世界,也是2022年冬奥会所运用的主要比赛雪场之一,长城岭滑雪场是整个华北地区自然滑雪资源最好的地方之一,其自然的滑雪资源(雪量、雪期、雪质)与黑龙江省的亚布力雪场相媲美,在风速和气温层面尤其适合进行户外滑雪运动,且不易冻伤,是国内的滑雪胜地;北京的八达岭滑雪场以长城的名言"不到长城非好汉"为推广特色,当前主要建有两条800米长的初级道、一条600米的中级道、一条长800米落差160米的高级道以及一条可以承载着摩托车越野的2300米的超级越野滑雪道,参与者在此体验滑雪运动既能深切感受传统文化又能享受到滑雪专属的极限刺激;天津市蓟州区的蓟州国际滑雪场,是津门规模最大的滑雪中心,其滑雪场地的建设规模、雪道设计和滑雪设备最为先进,是举办世界级滑雪赛事的重要场地。此外,滑雪场内部还设计有面向大众的高级、中级、初级和适合老年人和儿童的专业戏雪区,来满足不同人群的滑雪需求,在此基础上进一步研究和改进了"S"形的高山滑雪道,成为天津市滑雪项目的亮点之一。

(二)空间分布均衡性与关联性分析

我国的雪场建设呈现明显的集聚现象,制约了滑雪产业的发展。为突破场地限制,国家体育总局提出"北冰南展西扩东进"的发展战略,并且在《全国冰雪场地设施建设规划(2016—2022年)》中提到"到2022年,滑雪场的数量达到800个,雪道面积达到10000万平方米、雪道长度达到3500千米"。但是这些滑雪场的建设应该呈现怎样的空间布局,据《中国滑雪产业白皮书(2019年度报告)》中指出,截至2019年年底,国内开业的室内滑雪馆已经达到31家。虽然滑雪场数量增幅明显,但是其分布区域集聚现象较为明显,从地理上的分布区域特征上可以看出我国东北地区、新疆地区滑雪场的空间联动特征较为明显,其分布主要与地势地貌、经济发展状况以及气候等因素有着较大的关联。

（三）可达性分析

我国滑雪场的空间格局具有明显的集聚现象，以点向外扩散分布。但是滑雪产业的发展需要依靠滑雪产业升级需求的推动，在目前消费需求升级的背景下，滑雪场的建设受到多种因素的影响，其中因滑雪场空间分布的影响，优良雪场集聚在北方地区，而南方的滑雪消费者需要依靠中国的便利交通，并且滑雪场主要分布在城市近郊区，这同样是需要借助发达的交通路线。此外，当前滑雪场主要布局在市区和人群聚集地，以京津冀地区为例，雪场整体分布在南部和中部地区，而这些地区多为省会城市以及经济发展较快的城市，其陆空交通设施建设较好。另外，随着当前全国高速铁路的普及，最大限度地缩短了到达雪场的时间，减少了时间成本。

本书主要采用了 GIS 空间阻隔的计算方法来计算了大众到达滑雪场的路程中经历所有障碍点的所有时间，通过计算空间阻隔的总和或者均值来呈现到达雪场的综合时间。空间可达性的计算公式如下所示：

$$A_j = \sum_{\substack{j=1 \\ j \neq 1}}^{n} C_{ij} \text{ ，或者 } A_j = \frac{1}{n} \sum_{\substack{j=1 \\ j \neq 1}}^{n} C_{ij}$$

在计算空间可达性的公式中，C_{ij} 代表着在区域内的空间中大众以家为起点出发到达滑雪场的中路程中相应空间阻隔；A_i 代表着在 i 区域内的综合可达性。在计算滑雪场的空间可达性的同时本书利用了两点间的空间直线距离、交通网络距离、出行时耗、货币成本以及综合成本等因素。经过计算，随着当前海陆空各种交通运输方式的便捷化和高速化，尤其是航空和高铁大大增加了大众参加滑雪运动的可能性和交通便捷性。

因此，参考京津冀地区的万龙滑雪场距张家口机场仅有 69 千米，距市区也仅有 70 千米。总体而言，利用 GIS 中可达性分析来看，当前从京津冀地区三省会城市出发，一般在 1.5 小时内能够到达其附近滑雪场，并且当前京津冀地区滑雪场的分布较为集中，以京津冀为例其滑雪场的间隔范围来看 80% 小于200千米,只有小部分地区远离市区在具有丰富雪资源的地区进行分布,但总体的距离不超过400千米,这从我国当前高铁每小时350千米/小时的速度来看,1.5小时到达指定位置绰绰有余。由此可知,当前京津冀地区的滑雪场空间可达性较佳。

二、东北地区雪场空间分析

(一)等级规模空间分析

东三省处于高纬度地域,有着天然的冰雪资源优势且滑雪场馆规模较大,以室外为主。在国内众多滑雪场中,较好的雪场分布于低纬度区域的雪场少之甚少,除去分布于青藏高原东缘的2个滑雪场外,其余优良级的雪场均位于高纬度地区(东北地区、新疆维吾尔自治区天山北部地区),以及冬奥会的主战场北京市和张家口市,例如哈尔滨市、吉林市、张家口市等6个地区所拥有的优良级滑雪场数量占全国优良级滑雪场数量的一半,这在一定程度上表明我国优良级滑雪场的空间集聚明显,发展极不均衡。

尽管我国优质的雪资源均分布在北方,如黑龙江省的亚布力滑雪场、吉林省的北大湖滑雪场,无一例外都隶属于高纬度地区,但是这并不影响滑雪爱好者对于滑雪运动的热情,每到滑雪季,就会有大量南方的滑雪爱好者前来参与滑雪运动。根据《中国滑雪产业白皮书(2019年度报告)》中的数据,2019年广东省参与滑雪的人次相比2018年增加了712.5%。

随着大众滑雪的广泛普及,我国冰雪消费市场的需求不断增加,小型滑雪场、小规模滑雪场的数量急剧增加,但大多数雪场的经营者缺乏相应的管理经验与技能,缺乏对滑雪场后续发展的规划,导致了冰雪消费市场发展极不稳定。我国滑雪场数量虽然全球领先,但是雪场分布极不均衡、雪场基础设施不完善、滑雪器械简陋、服务水平较低等问题影响了国内滑雪产业的发展,并且难以获得预期的经济效益。要想破解这些问题就必须让滑雪产业进行转型升级。据不完全统计,2016年年底,我国室外滑雪场数量高达648个(简易的滑雪场并未统计入内),但是参与滑雪的人群多数集中于东北三省等地。虽然我国东北地区的滑雪场数量极多,但是滑雪市场的辐射面、影响力较小,与欧美地区、日本、韩国等滑雪大国仍相去甚远,国内滑雪市场一方面要打破地域限制,另一方面仍需充分整合冰雪资源扩大地区滑雪场的影响力。我国雪场数量虽然逐年增多,但是我国滑雪产业仍处于初步发展阶段,这一方面是因为这些雪场并未创造出等量的经济效益和影响力,另一方面是我国滑雪产业从初级迈入高级这一阶段需要不断地积累和沉淀。

因此,在了解我国国情的基础上,以满足国内日益增长的冰雪消费"新需求"的目标为指引,在进行产业"新变革"的同时,还应积极促进区域之间的滑雪资源优势形成互补,通过资源互补学习以满足大众的滑雪需求。王世金(2017)指出,现阶段国内对滑雪场选址、规划方法仍未设立相应的标准,且缺乏相应的理论指导和技术支持,尤其是滑雪场前期的勘察和论证,再到建设和运营阶段,均存在感性决策现象,导致部分滑雪场的修建和布局均存在一定的风险因素。基于此,本书借助GIS软件对现有雪场的可达性进行计算,分析出当前国内滑雪场的空间分布是否合理,进而根据现有雪场的地域特点来合理化分布滑雪场的等级,在空间位置的基础上实现滑雪场区位的最佳分布。

(二)空间分布均衡性与关联性分析

根据第三次全国体育场馆普查数据,1983年我国滑雪场的建设数量有14个,分布于黑龙江省和吉林省;据第四次全国体育场馆数据普查结果分析,滑雪场数量为11个,分布在黑龙江省和吉林省;据第五次全国体育场馆普查,滑雪场的数量上升为100个,并且其分布范围扩至京津冀地区、新疆地区、四川地区,其东三省的滑雪场数量占全国的59%;2013年的第六次全国体育场馆普查中,滑雪场的总量升至306个,最南部的室内滑雪场馆位于广东省深圳市,并且滑雪场的分布在全局上呈现集聚状态,在空间分布上呈现"东三省"

以及"京津冀"的双核心带;2019年《中国滑雪产业白皮书》中指出,截至2019年滑雪场的数量已经达到770个。

目前,黑龙江省与吉林省的滑雪场聚集分布比较明显,以哈尔滨市和长春市为中心点,而辽宁及京津冀提取分布相对分散,较为均衡,其主要原因是2022年冬奥会的成功申办,京津冀地区作为冬奥会的重要比赛地区,促使该地区以及相邻地区的冰雪产业急速发展。

（三）可达性分析

在东北三省,滑雪场分布的位置主要是在沈阳、大连、长春、哈尔滨等城市,其便利的交通运输条件是发展滑雪场的关键所在,也是吸纳大量外国滑雪爱好者的重要因素之一。参考东三省的滑雪场邻近机场的距离来看,东三省中黑龙江省的哈尔滨亚布力滑雪场,距离太平国际机场仅260千米,距离哈尔滨站229千米;从我国东北三省滑雪场的发展背景和分布情况来看,当前我国滑雪场的空间分布可以满足东北三省居民的基本需求,但是从我国南方城市的滑雪场分布来看,呈现出极不均衡的发展趋势,从空间可达性的角度来看,远不能满足滑雪运动者的消费需求,东北地区滑雪场的辐射范围并不能只局限于东北地区,滑雪对于南方游客仍是新鲜、新奇的事物,若是在滑雪场开通多个铁路直达、航班直达可大大吸引南方游客前来,且我国滑雪产业正处于高速发展期,滑雪场应根据自身的定位以及消费者的需求打造独特的滑雪场品牌风格和形象。除滑雪场的空间可达性外,从滑雪产业内部分析,我国滑雪产业的开发水平仍然较低,在开发过程中会对周边的生态环境造成一定程度的破坏,相关部门缺乏监管,久而久之就影响了滑雪产业的可持续发展。除此之外,雪场经营项目、盈利模式单一,也是影响雪场发展的重要因素。因此,在解决滑雪产业外部因素的同时,还需重视滑雪产业内部的协调发展,在大力建设铁路站和机场等交通设施的同时,还需提升滑雪产业的发展水平,规范滑雪产业市场,鼓励滑雪场做大做好做强,打造我国特有的滑雪品牌文化。

三、雪场空间格局驱动机制分析

我国滑雪产业发展归根结底是供需结构的转变,滑雪场的供给系统、消费者的需求以及滑雪产业的内需,这些因素是推动滑雪产业发展的动力机制。据相关研究表明,我国滑雪产业处于初级发展阶段,当前供给侧的结构性改革仍不能满足需求,使其发展趋势无法达到供需平衡;并且滑雪场形成供给主体,对其产业的协调可持续发展极为重要。基于此,本书根据当前滑雪运动需求的增加,市场基于此种形式上通过扩大建设滑雪场地设施的举措来满足大众的滑雪需求,并且通过 GIS(地理信息系统)的最优化选址和定位来发展滑雪产业。因此,本书基于当前雪场的发展背景和基础因素构建了滑雪产业可持续发展驱动模式,主要利用:在需求—供给的基本市场发展模式基础上,加入赛事推动和资源因素以形成滑雪产业可持续发展的驱动模式(见图7-1)。

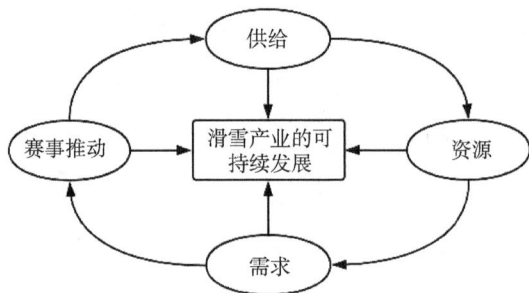

图 7-1 我国滑雪产业可持续发展驱动模式图

滑雪场的供给主要在雪场资源、硬件设施、服务质量以及赛事推动等几个方面,中国地域辽阔,冰雪资源分布不均,产业的开发与发展尚处于初级阶段,难以达到区域协同发展;滑雪场的硬件设施是吸引消费者,推动产业发展的重要动力机制,现在滑雪场的数量虽然发展很快,但是除去少有的几个大型雪场,其余的主要是体验性的中小企业类型的滑雪场,其硬件设施较为简陋,且略显粗犷,多数滑雪消费者是体验型消费,较为注重滑雪所带来的体验,滑雪场的架空索道、魔毯、垂直落差、雪道面积等方面因素的欠缺使许多初体验者失去再次消费的意愿;滑雪场本身就是服务性行业,服务质量的提升影响着产业的可持续发展,并且从服务入手可以为产业的发展提供源源不断的活力,如王飞(2018)基于体验诉求,验证了滑雪体验与滑雪服务的内在关系,得出通过提升滑雪服务增加竞争优势。

从滑雪消费者的需求层次来看,滑雪产业参与力度不足、需求结构有待升级、消费选择受限,虽然近几年我国滑雪场数量快速发展,但是并不能满足消费需求的升级,目前,应提升消费者对冰雪运动的认知水平,加强体育消费政策的顶层设计和统筹安排,促进消费水平和质量的提升。并且,在提升消费生活水平和质量的基础上,应利用 GIS 技术来优化利用雪场自然资源,提升雪场资源的重复利用效率;此外,通过打造国内外顶尖滑雪赛事来对滑雪场进行推广和宣传,吸引大众积极到雪场进行消费和体验,进而能够促进雪场的可持续发展。究其关键在于合理地利用 GIS 技术来布局和定位雪场,一方面能够减少雪场资源的浪费;另一方面能够减少其他产业的用地,以此能够合理保证其他产业的协调发展,从而实现区域协调发展模式。而体育赛事是确保雪场能够持续发展的关键,有了赛事的推动,就为大众提供了参与新型雪场消费和体验的契机,从而实现滑雪产业在大众的消费、体验以及评价过程中更新供给端,实现产业化升级。

因此,体育赛事消费者的消费行为对推动产业发展进程,实现产业效益最大化具有重大影响作用。以滑雪赛事为推动点,通过在不同阶层推进赛事的举办,来带动滑雪产业的发展。并且,通过不同阶层举办赛事的方式实现对不同的人群和群体的滑雪文化输入,通过赛事文化引导的模式促使大众积极参与到滑雪运动中来,从而形成固定群体的滑雪文化;此外,通过对不同文化背景的滑雪者进行滑雪指导和专属层级的滑雪用品和服务供给,打造定制化服务。以此来吸引大众形成固定的滑雪运动群体和协会,利用协会等形式逐步形成月赛事和年赛事,不断增加滑雪成员,从而实现滑雪者从基础端输入,保证政府和企业供给的产品和服务可以不断更新和升级。

四、雪场空间结构总体优化

本书通过分析京津冀地区和东北三省的滑雪产业现状和布局模式,研究利用 GIS 空间布局分布图,发现当前滑雪产业的空间分布呈现集聚状态,区域发展不协调且主要以省会城市和经济较发达的城市周边分布较为密集(如哈尔滨市和大连市),供需结构方面较少的以雪场资源密集的周边进行布局,且供给的滑雪用品和服务较为低端,促使多数滑雪体验者没有形成固定的运动习惯,这对于滑雪产业发展结构而言有待升级。因此,国内滑雪产业的发展需要以(冰雪、地势、科技等)资源、消费需求、品牌效应和赛事升级等为助推剂,从不同的阶层和地区均衡发展滑雪产业,以大型滑雪场(如黑龙江省的亚布力滑雪场、吉林省的北大壶滑雪场、长白山的万达滑雪场、河北省的太舞滑雪小镇、河北省张家口市的万龙滑雪场、北京的南山滑雪场)作为品牌引领,产生联动效应,实现京津冀地区和东北地区的协同发展。而当前滑雪场的空间布局存在诸多的问题,例如资源利用不均、未形成产业带、生态破坏等,致使滑雪场的经济效益和社会效益匮乏。基于此,本书主要从空间布局的角度提出以下三点优化对策。

第一,在区域内的滑雪场空间布局和选址应具有全区域的统筹发展思维,通过利用 GIS 技术的整体空间布局和设置来构建整体布局模型和位置,利用数据模型和空间地图模型对雪资源丰富的区域进行统筹规划,积极统筹城市雪场和乡村雪场的开发和建设,以此来缓解雪场因自然资源因素而扎堆的现象。在此基础上,政府还应统筹区域内的滑雪场发展规划、滑雪场基础设施安排、滑雪相关产业的布局位置、志愿者服务以及管理体制的建设。通过国家宏观调控,实现京津冀地区和东北三省的雪资源综合利用和开发,带动全区域滑雪产业的整体发展。总体而言,滑雪场的优质体验能够满足国民日益增长的冰雪运动需求,是发展滑雪产业的重要保障。未来在关于滑雪场建设方面,对于大型雪场的建设,政府应给予政策倾斜,并且在冰雪文化宣传方面应加大力度,以文化推动消费,如雪场定期举办小型赛事,抑或是举办符合当地民俗的活动,以此来提升消费者满意度,吸引消费,同时推动周边地区经济的发展。

第二,应以城市间滑雪产业的联动发展为导向,以区域内不同雪资源的分布趋势来形成综合发展的滑雪产业。以黑龙江省为例,南部地区雪资源整体较为丰富,因此北部地区可以形成科技型的滑雪用品研发基地、南部建设大型雪场、东部地区开发雪文化艺术节、西部地区建设以雪资源为主体的生态文化城市以及滑雪用品制造企业,根据空间资源和布局的联动发展情况,充分利用省内全部滑雪空间,实现滑雪产业的综合发展。此外,在品牌打造方面,应建立有影响力的滑雪区域品牌,利用品牌效应满足目前国内消费需求升级的情况,国外众多大型雪场以体育特色小镇的形式满足市场多样化的需求,实现产业融合发展,将滑雪产业与旅游产业或温泉酒店等娱乐场所相结合,增加区域多样性,既满足消费者多方位的体验需求,也有利于提升滑雪区域品牌的市场形象。例如,黑龙江省的亚布力滑雪场是国内老牌滑雪场也是世界知名滑雪场,且交通距离哈尔滨市区仅有 190 千米,是当前国内最大的滑雪场,也是我国目前最大的综合性雪上训练中心;另外在亚布力滑雪度假区内有 7 个滑雪场,其中最高水准的两个滑雪场为新体委滑雪场和新濠滑雪场。并且整个亚布力滑雪场是处于山体之中,森林茂盛雪堆积效应较佳,整个雪场的交通设施都有密集的索道进行连接,保证了滑雪者从山底能够快速回到滑雪出发点,能够在较短的时间内多次体验滑雪的刺激感;河北省张家口市是我国 2022 年冬奥会的举办地之一,其中万龙滑雪场以初、中、高级 22 条滑雪道而闻名,其庞大的人工造雪系统覆盖了每条雪道,再配以得天独厚的天然降雪,使万龙滑雪场成为中国开放最早、雪期最长、雪质最佳的滑雪场。因此,滑雪场根据自身地理位置和社会资源因素打造符合地方风俗文化的品牌是实现滑雪场独特优势的关键所在。

第三,利用当前区域内的地理位置和河流、山体等资源形成"轴带式"发展。以东北三省为例,东北三省依托大小兴安岭,有着天然优势的滑雪地势,在此区域内的雪场有着天然的地理落差和纵深,极其适合进行滑雪运动。因此,各省可在此进行滑雪场开发和建设,根据政府规划以及 GIS 的专业地理分析数据来形成"轴带产业"和"组团产业"共同发展,从而来开发新兴的雪场资源,进一步优化雪场空间聚集现象的同时带动了经济较为匮乏地区的发展,这对整个区域的滑雪产业发展和贫富差距的缩小有着现实意义。此外,利用地势建成的滑雪场应符合国家赛事标准,从而通过打造国际赛事 IP,走国际化路线,实行国际交流合作。另外,随着居民可支配收入的提高,极具观赏性的滑雪竞赛能够吸引国内外游客的眼球。因此,滑雪竞赛表演业在中国市场有着巨大的发展潜力,通过以"冰雪节"为铺垫,引入国际级别赛事,从视觉体验的角度,提升消费者对滑雪运动的兴趣,提高大众参与。总体而言,通过提升雪场供给和消费需求,弥补雪场空间分布不均衡,进而打破冰雪产业发展的屏障。

可持续发展篇

第八章　我国冰雪体育产业可持续发展的理论研究

在消费需求不断升级的背景下,我国冰雪体育产业呈现产业结构逐渐优化、产业规模逐渐扩张等良好发展态势,但消费动力不足、供需矛盾加剧等问题较为严重,在一定程度上滞碍了冰雪体育产业的发展。供需有效互动是冰雪体育产业可持续发展的目标与方向,是有效促进产业优化升级的前提,同时也是本章节问题来源。本章节在梳理相关文献的基础上,发现冰雪体育产业供需互动的相关研究较少,多数研究主要集中于从供给侧探究冰雪体育产业供给的相关问题,从需求侧切入的研究鲜有。基于上述背景和研究缺口,本章节在对冰雪体育产业发展现状研究的基础上进行了形态趋势分析,旨在发现冰雪体育产业发展的内在形态与趋势,经整理和分析后发现,供需互动不足是阻碍冰雪体育产业发展的重要原因,这为进一步探究冰雪体育产业供给转型思路提供了理论依据。为切实解决冰雪体育产业供需互动不足、无法满足冰雪体育产业可持续发展这一问题,本章节从冰雪体育产业的微观结构切入,运用扎根理论的质性研究方法,旨在探寻冰雪体育产业供需互动的影响因素,经三级编码过程和逻辑推演形成了探寻研究的主范畴与核心范畴,在实践中凝练出冰雪体育产业供给转型的新理论。此外,从现实角度出发,发现冰雪体育产业结构优化过程中存在体验性过强、供给内容不足、服务效率不高等问题。

本章节的结论旨在丰富冰雪体育产业供给侧结构性改革,为供需互动研究提供重要的理论支撑,同时在实践层面为促进冰雪体育产业供给转型和供需互动形成提供指导。

第一节　冰雪体育产业形态趋势分析

一、冰雪体育产业链结构优化

产业链是指将具备良好市场前景、较高的科技含量、产品关联度较强的优势企业和优势产品作为核心,以及将技术、经济、资源和社会作为基础,按照相应的逻辑关系、需求关系以及时空布局关系,客观形成的链网状产业组织系统。冰雪体育产业链的结构主要包括冰雪装备制造业的上游链,休闲娱乐服务业的中下游产业链两个部分,优化产业链结构是推进冰雪体育产业发展的重要途径。

(一)冰雪装备制造业逐渐由低向高转型

从实际情况看,我国的冰雪体育产业正处于上升初期,冰雪体育装备缺乏知名品牌以及核心技术,导致我国冰雪体育装备的品牌自主知识产权过少,以及核心竞争力不足。我国目前冰雪体育装备的产品市场主要是由滑雪服、滑雪手套、滑雪帽以及滑雪眼镜组成,它们占国内冰雪运动装备比例见表8-1。

表8-1　国内冰雪运动装备市场份额情况　　　　　　　(单位:%)

冰雪装备名称	市场份额
滑雪服	50
滑雪手套	75
滑雪帽	25
滑雪眼镜	75

从表8-1可以看出,冰雪运动装备市场占比较高的是滑雪服、滑雪手套以及滑雪眼镜,目前在国内市场生产和出售的这些产品较为低端,而核心的冰雪运动装备如滑雪鞋、滑雪手杖以及滑雪板等均由国外一些知名冰雪运动品牌所掌握。在消费需求不断升级的背景下,近年来,国内的冰雪装备制造业逐渐优化,并纷纷加速自身产品的科技升级。例如,2014年6月,曾经的冬奥会"三冠王"王蒙创立了体育文化产业有限公司,核心业务包括体育产品的加工生产、体育服装的贸易出口以及体育经纪等多项内容,该公司还要打造国内自主品牌,以此来改变国内冰上运动器材长期被国际品牌所垄断的局面。此外,黑龙冰刀制造有限公司在2015年6月恢复生产,这对于我国高端冰雪体育运动装备的发展具有良好的带头作用,使我国冰雪体育运动装备逐渐由低端走向高端。总体而言,我国冰雪制造业应坚持不断创新,促进产业结构优化升级,以满足冰雪体育消费者多样化的需求。

(二)冰雪体育休闲服务业日渐回暖

冰雪体育服务业主要由竞赛表演、运动技能培训和冰雪运动场地器材的租赁等部分组成。随着冰雪体育运动逐渐在我国兴起,我国的冰雪运动场地不断增多,冰雪体育消费需求不断扩大,冰雪体育产业的供需矛盾日益凸显。究其原因,资源配置不合理、区域发展不协调、市场竞争力不大等问题的严重性,在一定程度上滞碍了冰雪体育产业的发展。因此,近年来国家越来越重视冰雪体育产业的发展问题,政府通过加强对市场进行宏观调控和财税政策引导等方式实施供给侧结构性改革,并通过加强政府、研究机构与高校学术团队合作参与科技研发,即将冰雪体育产业管理、消费行为学等诸多领域进行融合,来探究冰雪体育产业结构优化的策略。在2022年北京冬奥会申办成功的契机下,冰雪体育产业的资金投入大幅度提高,冰雪体育产业的发展方向逐渐由"竞技化"转向"大众化",在一定程度上促进了冰雪体育休闲服务业的发展。有研究指出,在"三亿人上冰雪"的号召下,全民参与冰雪体育运动的热情逐渐提升,冰雪消费人口逐渐扩大,进而激发了冰雪体育休闲服务业发展的活力。在这一良好的发展态势下,冰雪体育休闲服务业仍存在产业融合不够、产业活力不强、产业供需互动不足等问题。因此,为促进冰雪体育产业持续健康发展,应从消费者需求侧出发,有效推进产业供给侧结构性改革,逐渐提升产业发展的质量,带动产业发展的活力。

二、冰雪体育产业的商业模式升级

冰雪体育产业商业模式主要分为社区模式、企业模式及混合模式三种。其中,社区模式指由政府严格把控和指导的冰雪体育产业发展模式,即由政府提供运行的核心资产,然后吸引社会资本进入冰雪体育产业开展经营性活动。随着 2022 年北京冬奥会的成功申办,带动了冰雪体育产业的快速发展,国家对于冰雪体育产业的发展也进行了部分限度放宽,让更多的资本流入冰雪体育产业中来,同时,加强对市场的控制力和约束力,有效地避免了冰雪体育产业市场失控或者失灵现象的发生,使冰雪体育产业市场更加稳定成长。在当前冰雪体育消费需求不断扩张的背景下,社区模式旨在通过提供优质的冰雪体育产业供给内容,以有效满足消费者多元化的需求。

冰雪体育产业市场发展的核心是企业模式,也是推动冰雪体育产业的支柱,企业模式主要是由产品设计、产品制造和产品销售三部分构成。一个企业的生存与发展,产品的研发设计是核心。目前我国自主研发设计的冰雪体育产品仍较少且低端化,但 2015 年我国"黑龙冰刀"自主研发诞生,证明了我国产品制造业的品牌优势。无论从国家大型赛事申办角度,还是群众健身娱乐需求角度,都应当加速冰雪体育场馆的建设与改建。近几年,我国的冰雪体育场地娱乐设施也在日益增多,场地设施和布局的合理性也在不断增强,冰雪体育运动装备销售量也随之持续增长,在一定程度上刺激了市场发展的活力,同时也为冰雪体育产业商业模式升级提供了多元化的发展空间。混合模式指将社区模式和企业模式相结合的商业模式,它既注重政府的宏观调控,也合理地发挥企业在市场的主导作用,这是基于我国特色社会主义现代化下的一种特色的企业经营模式,即政府控股、企业参股的经营模式。这种商业模式可以有效地发挥政府和市场的协调作用,创新了冰雪体育场馆的经营管理活动内容,例如租赁经营、承包经营、捆绑经营和冠名经营等多种经营方式,将冰雪体育商业经营模式提高到了一个新的层次。

综上所述,目前我国冰雪体育产业主要呈现产业链结构优化、产业经营商业模式化等良好发展趋势,但仍存在冰雪运动装备较为低端、核心竞争力不足、区域发展不协调等问题,因此,政府的宏观调控仍需进一步完善,商业模式仍有待进一步优化。特别是在 2022 年北京冬奥会的契机下,我国冰雪体育产业的发展迎来了春天,所以,未来几年更应该借助冬奥会的东风,全力推进冰雪体育产业的快速健康发展。

第二节　研究工具:扎根理论

扎根理论是 20 世纪 60 年代由美国学者格拉斯和斯特劳斯提出的一种通过系统地收集与分析资料,从经验资料中发现、发展和检验理论,最后产生新的理论来解释社会现象的质性研究方法。扎根理论通过对经验资料逐级编码来进行资料分析,即将经验资料概念化以形成类属和其性质与特点,主要包括开放式编码、主轴编码和选择性编码三个过程。从资料中产生的理论不仅具有极强的生命力,而且十分吻合本章节所开展的探索性工作。不同于量化研究,扎根理论注重发现逻辑而非验证逻辑,在研究开始之前一般没有理论假设,可以有效避免由于实证范式下经验性的观点或预先设定的理论模式对原始资料及所获结论范畴的"程序化"限制,是通过研究者在实际工作中遵循严格的科学逻辑原则,在各种文献资料中充分挖掘出概念和范畴,进而形成新理论,它是一种自下而上构建理论的方法。在资料分析过程中采用持续比较的分析思路,不断提炼和修正理论直至实现理论饱和。

本章节运用扎根理论的研究范式探索冰雪体育产业供需互动及可持续发展的影响因素,通过三级编码透析冰雪体育产业供需互动的理论。首先,将经验资料按其最原始的状态进行整理,从资料中发现概念类属;其次,分析资料发现和建立各个概念类属之间的关联,找出范畴后建立范畴之间的因果关系并形成故事线;最后,系统分析所有概念类属提取出核心范畴,通过核心范畴和故事线连接其他范畴形成理论。本章节在发现冰雪体育产业供需互动理论的基础上,进一步探究冰雪体育产业供给转型的思路与快速发展的路径。

第三节　扎根理论分析结果

一、资料收集

本章节采用的数据收集方式为深度访谈法。深度访谈又称非结构访谈或自由访谈,是一种有用的数据收集方法,一直为各种类型的质性研究所采用。在扎根理论研究中,通过研究者针对某一论题采取一对一方式的谈话,进而采集被调查者对某事物的看法。由于深度访谈是场景性的和协商性的,所以无论是研究对象要求在不被打断的情况下讲述他们所关注的问题,还是研究者要求研究对象讲述一些特别的信息,结果都是一种对现实的建构。因此,深度访谈不是采访者单方面进行的意义挖掘,而是双方共同进行的一种新意义产生的动态过程。

在本书中,主要采用目的性抽样。由于目的性抽样的逻辑和力量在于选择信息丰富的案例来进行深度研究,研究者可以从中获得很多对研究目的至关重要的事件。样本数的确定则按照理论饱和原则进行,即抽取样本直到新抽取的样本不再提供新的信息为止。由于理论饱和与研究的理论框架有直接关系,因此,饱和状态判断实际上有一定困难性。从理论上看,样本数越多,对理论饱和的作用越大。法辛格(Fassinger,2005)认为,扎根理论样本收集应该根据样本的饱和程度来确定最适宜的情况。

　　质性研究的抽样不能像量化实证研究那样选取能代表人口并推论到人口母群体的样本,而是要以能深度、广度和多层面反映研究现象的资料为样本。因此,通常采用目的性抽样选择信息丰富、在调查领域具有权威的案例来进行深度研究,进而获取对研究至关重要的信息。基于此,本章节在资料选择上尤其注重样本所提供的资料对理论的贡献性和信息的丰富性。在研究过程中,先通过文献资料收集,并以此作为访谈基础,再采用深度访谈确定资料内容和分析类目。首先,深度访谈 4 位在冰雪体育产业领域具有较强案例性的、导向性的专家,并分析整理访谈资料。其次,为提升资料的完善程度,再邀请 5 位体育消费行为学体育产业管理以及 6 位冰雪运动场馆运营、冰雪用品装备制造等方向的专家进行深度访谈,并整合访谈资料。

　　上述 15 位专家,在冰雪体育产业发展规划、冰雪运动发展方向的研究者负责我国冰雪体育产业的许多重大决策,并且在冰雪体育领域苦心钻研十几载,对我国的冰雪体育产业了解透彻;研究体育消费行为学、体育产业管理等方面的专家对国内外的冰雪体育运动、冰雪体育消费等方面做了很多比较研究,并且进行了实地考察,对冰雪体育产业发展的现状有很深的认识;冰雪运动场馆运营者、冰雪用品装备制造商已有 20 多年的工作经历,具有较高的业务水平和工作经验,对冰雪体育产业市场的大致发展方向有着自己深刻的见解。基于此,选择 15 位在冰雪领域具有代表性的人士作为访谈对象,所得出的结论具有一定的权威性和代表性。

　　首先,对收集的文献资料进行初步整理,制定访谈提纲。其次,通过滚雪球抽样方式对专家进行访谈,尽可能选择不同性别、年龄、学历的受访者并以开放式语句引导受访者回答,在征得被访者同意后做好录音和访谈备忘录,每人访谈时长为 50 分钟至 70 分钟。访谈内容是影响冰雪体育产业供需互动因素的相关问题,主要围绕:冰雪体育产业开发、冰雪体育产业市场发展前景、冰雪场馆、冰雪装备制造方向、冰雪文化、冰雪运动、冰雪体育消费群体、冰雪技术人才等方面展开。最后,为了更清楚地了解冰雪体育产业供需互动的影响因素,我们将音频资料转化成逐字稿,提取其中有效信息将其概念化,最终得到影响冰雪体育产业供需互动的六大主要因素,探索了冰雪体育产业供需互动的规律和趋势,也能找出冰雪体育产业发展中的现存问题与不足,并对其发展有较强的指导意义。

本章节采用 NVivo11.0 软件进行资料处理。该软件是由 RSQ 公司根据质性研究的特殊需求开发的,帮助研究者将资料以精简的形式展现,方便后续资料的检索与提取,迅速找到不同资料间的关联性,并能以可视化的绘图展现联结关系。该软件有树状节点和自由节点两种编码方式,树状节点是能被分类成具有主从结构并呈现树状结构的节点;自由节点是研究者从收集到的资料中萃取出无清楚逻辑结合的独立节点。本章节将访谈得来的录音首先转化成逐字稿,然后导入至 NVivo11.0 软件进行编码。

二、开放性编码

结合 NVivo11.0 软件对整理后的逐字稿进行逐句概念化,并对得出的概念进行分类,这一类概念将会被一个提炼出的范畴概括。通过开放性编码,共提炼出 148 个概念,包括缺乏创业、渴望合作、装备领先、性能优良、气候影响等概念,基于此,概括出了 54 个范畴,分别是发展战略、投资管理、产业结构、市场规律、商业逻辑、合作创业、产业关联、市场潜力、投资价值、冬奥会契机、关注度、消费升级、赛事效应、明星效应、吸引力、资源共享、选择性宣传、协同发展、品牌效应、营销渠道、忠诚再购、成本结构、产品质量、目标效价、产业素质、创新能力、产业竞争力、时空限制、产业特性、运营压力、发展阶段、媒体推广、经营理念、战略定位、推广机制、用户黏度、服务质量、感知价值、消费满意度、生产制造、技术趋势、科技含量、安全需求、培训体系、观念转化、个人需要、运动偏好、消费期望、设备成本、场馆收费、消费体验、产业政策、顾客知识、经营模式。

三、主轴编码

主轴编码是扎根理论分析的第二个过程,是资料分析由范畴到主范畴的过程,主要是为了识别和建立范畴间的联系,此阶段按照故事线的流程进行推论,并按照"因果条件—行动/互动策略—结果"的推论范式,探索范畴之间联系,并形成主范畴的具体内容。在进行主轴编码时,依据范畴类属之间的因果关系、情景关系、相似关系、类型关系和结构关系等,经过反复比较分析最终将54 个范畴归纳提炼出了 6 个主范畴:管理策略、组织策略、绩效策略、市场策略、服务策略、营销策略(见表 8-2)。

表 8-2 冰雪体育产业供需互动的主轴编码过程及其结果

因果条件	行动/互动策略	结果	主范畴
发展战略	投资管理	产业结构	管理策略
市场规律	商业逻辑	合作创业	
产业关联	市场潜力	投资价值	
冬奥会契机	关注度	消费升级	组织策略
赛事效应	明星效应	吸引力	
资源共享	选择性宣传	协同发展	
品牌效应	营销渠道	忠诚再购	绩效策略
成本结构	产品质量	目标效价	
产业素质	创新能力	产业竞争力	
时空限制	产业特性	运营压力	市场策略
发展阶段	媒体推广	经营理念	
战略定位	推广机制	用户黏度	
服务质量	感知价值	消费满意度	服务策略
生产制造	技术趋势	科技含量	
安全需求	培训体系	观念转化	

因果条件	行动/互动策略	结果	主范畴
个人需要	运动偏好	消费期望	
设备成本	场馆收费	消费体验	营销策略
产业政策	顾客知识	经营模式	

资料来源:笔者自行整理。

通过对 54 个范畴进行故事线的提炼循环,最终确定了 6 个主范畴本质内涵的诠释,从而揭示其提炼过程。

(一)管理策略

在"三亿人上冰雪"发展战略提出的背景下,资金管理问题的出现导致冰雪运动发展受到限制,产业结构不协调是造成资金运转不畅的关键所在。为此,产业供给转型成了冰雪运动发展的首要任务。在遵循市场规律和商业逻辑的前提下,冰雪体育产业的投资者开始合作创业,共同开发冰雪关联产品,不断扩大市场的潜力,这使冰雪运动市场更有前景,更具投资价值。

(二)组织策略

我国冰雪运动受 2022 年冬奥会的影响,关注度不断增加,带动了冰雪体育消费的优化升级。在此背景下,冰雪体育赛事的开展,邀请明星代言、宣传,对于提升冰雪运动的吸引力有明显正向作用。但随着赛事的举办,全国各地区场地受欢迎程度日益呈现不平衡的状态,政府加大宣传力度有助于促进协同发展。

(三)绩效策略

当前,我国冰雪体育运动品牌尚未形成良好的社会反响,要使消费者形成较好再购意愿必须要加强对冰雪运动品牌营销渠道的建设。冰雪运动的产品制造成本与产品质量都会影响消费者的目标效价。不仅产品需要革新,产业素质更是提升产业竞争力的根本因素之一,因此产业必须进行创新改革。

(四)市场策略

在北京冬奥会的良好契机下,消费者对于冰雪体育消费的投入持续增加,为冰雪体育产业的发展提供了重要动力。但从目前冰雪运动发展情况来看,冰雪运动的发展受到时空的限制,大部分雪场只能在冬季和北方开放,形成了南北非均衡发展局面。对此,提出优化市场策略,在"北冰南展西进东扩"战略的助推下,促进冰雪体育消费市场开拓和创新,不断优化供给质量和内容,精准定位,增强消费黏度,以促进冰雪体育消费提升。

(五)服务策略

随着生活质量的提升,消费者对于产品和服务的质量更加重视。消费者对商家所提供的产品、服务会产生主观的认知,消费者满意度随着感知价值的改变而改变。由于目前我国的冰雪运动装备器材科技含量仍不高,因此,必须引进先进的科学技术,提升整体科技含量。安全性能是科技含量中的重要组成部分,冰雪运动属于高危项目,很多初级体验者对安全需求较高,在经过专业指导下涉入度会逐渐偏高。

(六)营销策略

销售人员根据消费者个人需要、运动偏好等提供相应的产品或服务,可以更容易使消费者达到他们的心中期望。消费者体验的结果由多种因素组成,最基本和最关键的是设备成本,在设备成本较高的情况下,场馆会通过提高费用来解决盈利的问题,但是过高的收费会降低消费者的体验感。销售人员在了解消费者需求的情况下,制定科学合理的经营模式,有助于推动冰雪运动的普及。

四、选择性编码

选择性编码主要是为了推出核心范畴,以统领所有的范畴,从而建立起由消费需求系统以及供给系统共同概括的冰雪体育产业供需互动影响因素。按照选择性编码的要求与步骤,通过对主范畴及对应范畴进行深入挖掘,以故事线方式描绘现象与脉络架构。在选择性编码阶段,通过对开放性编码所抽象出来的 54 个范畴继续凝练,发现"供需互动效应"能涵盖全部资料(见图8-1)。

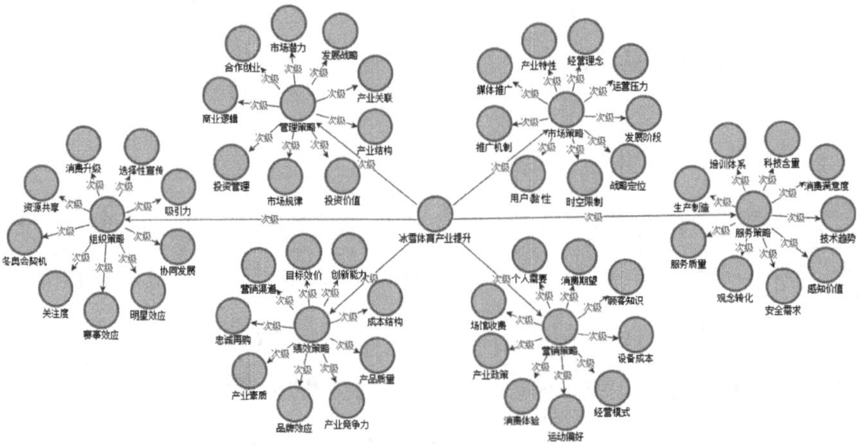

图 8-1　选择性编码过程

本章节提出的"供需互动效应"核心范畴,主要包括管理策略、组织策略、绩效策略、市场策略、营销策略、服务策略 6 个主范畴。目前,我国冰雪体育产业虽然处于发展初期,但是大量资金投入使冰雪体育场馆的数量呈"井喷"式增长。在冰雪场馆布局方面,东北、华北、西北、华东四个地区的冰雪场馆数量占 86.85%,而华中、华南、西南地区的场地数量仅占 13.15%,冰雪体育场馆和场地分布过度不平衡严重滞碍了我国冰雪体育产业的发展。在冰雪资源优势区域,不仅可以打造室内或室外冰雪体育场馆,还可以实现人工造雪造冰;在冰雪资源劣势区域,可以开展"旱地"滑冰、滑草等类似活动。在冰雪体育赛事方面,赛事影响力与过去比较有明显的上升,以往冬季项目一直被我国北方城市垄断,但是现在有些冬季项目也会在南方城市举办,比如2018年的冰壶世界杯就在江苏苏州举办,冰雪体育赛事产业的价值也在逐渐提升,吸引了赞助商的投资,最终促进了冰雪体育产业的发展。冰雪体育产业的供给转型归根结底是因为受到了需求侧的刺激,北京冬奥会的成功申办,使越来越多群众参与到冰雪运动中,参与人数的增加就会对冰雪场馆、冰雪人才、冰雪装备、冰雪政策等方面提出更高的要求。本章节认为,冰雪体育产业需求侧刺激了人们在冰雪体育产业的消费,在供给转型上一方面要合理调配资源,优化冰雪体育产业供给结构;另一方面要适应冰雪体育消费需求的不断变化,冰雪体育产业供需不平衡时,将会严重阻碍冰雪体育产业的发展。因此,本章节从扎根理论视角分析了冰雪体育产业供给转型的影响因素,以探寻如何推动冰雪体育产业朝着更高质量、更高效的方向持续健康发展。

五、理论模型构建

本章节通过对管理策略、组织策略、绩效策略、市场策略、服务策略、营销策略6个主范畴进一步分析,在厘清内部逻辑关系的基础上,构建了理论模型(见图8-2)。由图8-2可知市场策略、服务策略、营销策略属于需求侧,管理策略、组织策略、绩效策略属于供给侧,冰雪体育产业通过供需两侧的互动,进而促进整个冰雪体育产业的转型与发展。

(1)需求侧,冰雪体育产业市场需求的扩大,影响了装备制造、场馆运营商等营销策略,进而会改变冰雪体育服务行业的服务策略。(2)冰雪体育场馆的建设与冰雪赛事相互促进,场馆设备设施越齐全,赛事的举办水平就越高,赛事效应、明星效应,会给场馆带来极大的经济效益,进而促进了产值的增加。(3)冰雪体育赛事的举办,政府的政策导向、媒体的大肆宣传,促进了冰雪运动的普及与推广,资金的投入增加了场馆的数量,这也会相应地增加冰雪体育产业产值。(4)器材研发生产销售数量的增加,生产技术水平的创新提

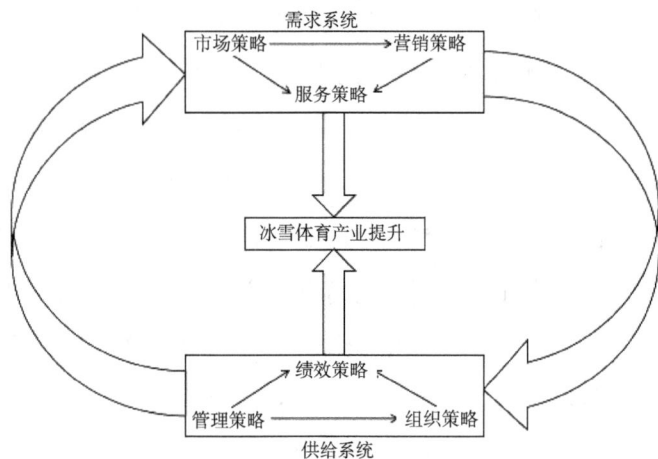

图 8-2　冰雪体育产业供给转型规律模型

高,销售渠道的优化,知名度越高,消费者对品牌选择的倾向性就越强,会影响冰雪装备制造产业产值。(5)冰雪体育产业产值的增加,直接影响冰雪场馆建设、器材装备研发的资金投入程度,影响场馆运营的质量和赛事举办的质量,对冰雪运动的普及率产生显著的影响。

(一)管理策略

北京 2022 年冬奥会的成功申办,极大地激发了公众参与冰雪运动的热情,为我国冰雪运动的普及和冰雪体育产业的发展注入了强劲动力,无论是冰雪项目还是冰雪体育旅游都开始逐渐进入人们的生活视野。在一系列政策出台的支持和引导下,我国冰雪体育产业的发展速度逐渐加快。国家体育总局发布了《群众冬季运动推广普及计划（2016—2020 年）》,河北、辽宁、黑龙江以及吉林等省份也相继出台了鼓励冰雪文化发展的政策和方针,此后围绕着"北冰南展西进东扩"的战略,南方冰雪体育旅游基础设施建设也呈现快速发展的态势。各个地区冰雪嘉年华、冰雪体育旅游节以及冰雪冬令营等活动相继展开,为冰雪体育产业的发展提供了充足的能源,在这些政策的刺激下,冰雪运动市场以及参与冰雪人数的总量得到了显著的提升。"北冰南展"发展战略进一步实施,让消费者逐渐意识到发展冰雪运动有助于增进人民身心健康、改善生活质量、体验冰雪运动乐趣。针对我国目前冰雪运动的普及与推广情况,专家学者们认为在冰雪运动普及与推广过程中,应注重新的发展理念,完善管理制度,积极地宣传冰雪文化,优化和开发冰雪资源,建立冬季传统体育资源开发平台,开展各式各类的冰雪嘉年华,使广大群众对冰雪运动文化形成真正的认识,以推动冰雪体育产业的蓬勃发展。据此,说明优化冰雪体育产业管理结构是促进冰雪体育产业供需互动与转型升级的前提。

(二)组织策略

体育赛事的发展首先离不开赛事的组织机构,它是赛事能否顺利进行的领头者;其次是赛事的参与者,其主要包括赛事工作人员、医疗团队等服务人员、志愿人员,以及运动员、观众等;最后是赛事资金、人力资源等投入,这是赛事正常运转的根本保障。我国冰雪体育赛事主要存在以下问题:(1)赛事组织机构的主办主体功能不清晰,承办主体基础较弱,协办主体相对不足。(2)冰雪体育赛事运营管理不善,缺乏行业标准与管理规范,经营模式较单一,配套设施不完善、专业技术人员与管理人员缺乏,没有形成系统的人才体系等问题。(3)冰雪体育赛事参与人群不足,受冰雪体育场馆安全以及医疗救助等从业人员数量明显不足的影响;志愿人员队伍素质有待提高,相应的冰雪知识及冰雪技能等需要加强;冰雪赛事观众无论是现场观众还是非现场观众人数较少;受地域资源等因素影响,我国冰雪人口基础薄弱,参与者大多属于初级体验者,赛事参与度不高。(4)体育赛事平台匮乏,竞赛性体育赛事较多,缺乏群众性冰雪体育赛事。因此,第一,我国要对区域冰雪资源和冰雪体育场馆建设进行科学布局和合理规划,逐渐提高场馆设施质量。第二,建立科学人才体系,优化人才培养措施,制定合理人才选拔制度以增强人才储备力量。第三,强化冰雪赛事运营管理,逐渐将冰雪文化融入到比赛中。除此之外,我国应该重点搭建官方冰雪赛事网络平台,充分利用"互联网+"传播冰雪体育赛事,逐渐促进冰雪运动平民化、大众化。第四,借鉴国际优质冰雪赛事品牌经验,创建和打造特色冰雪体育赛事品牌,以提高赛事影响力。基于上述分析,认为冰雪赛事发挥冰雪体育产业的组织策略,是促进冰雪体育产业发展的重要环节,亦是推进冰雪体育产业发展的关键。

(三)绩效策略

在绩效策略方面,冬奥会的临近吸引了大量国外体育用品企业涌入国内市场,依靠低水平竞争的冰雪用品制造业受到了巨大的挑战。如何在严酷的条件下发展,王莉(2008)指出,我国体育用品产业要优化产业资源配置效率、提高规模结构效率、增强产业技术进步,从而提高我国整个体育用品产业市场的绩效。在后续的实证研究中,段艳玲(2016)发现通过探索型资源整合,可以提高产业协同创新网络能力对企业的创新绩效产生显著的促进作用。在经营绩效方面,张莹(2016)发现提高总资产周转率和技术研发人员所占比例对我国体育产业上市公司经营绩效有显著的促进作用,今后我国体育产业要重视体育用品产业的创新能力以及自主研发能力以提高整个体育产业的核心竞争力,从而提高产业的创新绩效和经营绩效。本章节也认为,冰雪体育产业的"绩效策略"是影响冰雪体育产业供给转型的关键因素,今后的工作重点是优化企业的创新绩效和经营绩效,这是促进冰雪体育产业供需互动的关键,亦是决定我国冰雪体育产业转型与发展的重要保证。

(四)市场策略

在2022年冬奥会契机下,冰雪体育产业应在供需协同发展原则下,从消费者需求出发,加大冰雪体育产业的供给力度,为消费者提供高质量、高技术含量的产品和多元化、特色化的服务内容。在当前消费需求不断升级的背景下,引导冰雪体育消费市场不断开拓与创新是促进冰雪体育产业消费提升的关键一环。推进冰雪体育消费市场开拓与创新应以发挥市场的资源配置作用为前提,不断吸纳社会力量参与冰雪体育产业供给,通过有效整合冰雪体育产业资源,不断形成与相关产业融合发展的局面。通过将冰雪体育产业与相关产业融合发展,有利于扩大消费市场,以提升市场竞争力,有助于完善和丰富冰雪体育产品和服务供给。此外,在政策引导下,通过发挥区域自然、人文等资源优势,大力开发特色的冰雪旅游、冰雪文化产业市场,形成冰雪体育项目与传统体育项目融合创新发展模式,有助于激发冰雪体育产业市场活力。在科技力量的助推下,积极发挥互联网技术的作用,构建线上与线下互动的营销平台,以促进冰雪体育产业消费提升。优化冰雪体育产业的市场策略,是通过扩大市场规模,完善供需关系,在促进冰雪体育产业有效供给的基础上不断满足消费者需求。

(五)服务策略

目前,我国在体育器材研发方面还处于较为落后的局面,据有关部门资料显示,70%的国内企业生产的体育器材、设备达不到国际赛事的标准。我国体育用品企业生产的360多种体育器材和设备,只有29种被国际体育组织批准为正式比赛使用器材。我国目前体育器材存在以下问题:(1)体育器材以仿制为主,缺乏自主开发,仿制可以缩短研发制作周期,在迅速弥补器材空缺等方面有一定意义,但是过分依赖仿制,则会使我国体育器材研发始终处于没有自主知识产权,在技术上受制于人的局面。(2)当前我国冰雪体育器材科技含量较低、性能较差。(3)部分高端体育器材处于空白期。所以,第一,我国应设立体育器材装备研发的协调领导机构,充分利用机构人员的丰富专业知识和研发经验,担当起指挥、引导、调配体育器材装备研发工作的重担,在此基础上加大培养专业人才的力度。第二,成立专门的体育器材装备科研所,调动地方体育科研所参与研发的积极性,在加强专门研制部门职能的基础上,充分发挥地方体育科研所的积极性,挖掘本地区科研优势条件,开展相应运动器材研发。第三,推行运动员使用国产体育器材装备,从政策上增大对国产体育器材装备的技术创新的需求,对于国际认可的体育器材装备优先使用,这有助于激发各企业和科研单位对体育器材装备的创新研发的积极性。基于上述分析,发现优化冰雪体育产业服务策略,主要从提高服务质量、优化冰雪运动器材装备方面促进冰雪体育产业发展。

(六)营销策略

我国居民参与冰雪运动健身的需求愈加旺盛,参加冰雪运动的人口数量也不断攀升,管理者根据需求的变化来制定相应的营销策略,以达到满足需求的目的。

冰雪场馆是推动冰雪运动发展的重要物质保障,主要包括高水平、综合性国际冰雪赛事场馆和以群众娱乐体验休闲为主的大众化冰雪场地设施。加强我国冰雪场地规划和建设是满足人民群众不断增长的多层次、多元化体育需求的必然要求。赛事举办作为场馆运营的一个重要营销策略,是提高场馆利用率与营业额的基本方式。场馆作为冰雪体育赛事的承载体,其数量与质量影响着我国冰雪体育赛事的发展,滑冰、滑雪、冰壶等体育赛事的举办需要不同数量、不同类型的场馆的承接,会考虑场馆的质量与基础设施建设等因素。同时,冰雪场馆在选择与建设上有很高的质量要求,不仅需要硬件设施过硬,还需要优质的软件设施,也就是在科学布局、合理规划的基础上提高冰雪体育场馆设施质量。场馆质量的提高深层次影响着场馆的运营,并且场馆的规划建设在保障赛事组织运行的同时,也必须充分地考虑赛后利用问题,要结合城市发展战略和人口分布格局,实现赛后场馆的可持续利用。但是目前冰雪场地存在着经营数量少、规模小、服务水平不高,经营模式单一,利用率低的问题,无法满足消费者不断扩张的需求。因此,促进冰雪体育产业供需有效互动,实施营销策略可以促进冰雪体育产业供给转型。

冰雪体育产业的可持续发展既离不开需求侧的助力,也离不开供给侧的推进。本书认为,在冰雪体育产业发展中,需求侧与供给侧协同发力会有效推动产业转型升级。为进一步探究冰雪体育产业供需互动影响关系,通过对需求侧的市场策略、营销策略、服务策略与供给侧的管理策略、组织策略、绩效策略的关系进行分析,发现供需两侧的策略具有密切的内在联系。一方面,市场策略、营销策略、服务策略均是刺激消费者需求扩张的重要方式,优化三大策略会有效刺激消费者参与冰雪体育消费;管理策略、组织策略、绩效策略在冰雪体育产业供给中发挥重要作用,会引导、推进冰雪体育产业优化供给内容、供给方式、供给质量,不断提供优质的冰雪体育产品和服务。另一方面,当需求侧的策略与供给侧的策略均得到有效实施时,冰雪体育产业供给方会根据消费者的需求实施供给,即通过制定相关冰雪体育消费政策、完善冰雪体育产业供给体系、开展冰雪体育赛事与活动、宣传冰雪体育文化等,以满足消费者多元化、多层次、个性化的冰雪体育需求。此外,为促进冰雪体育产业供需有效互动,应促进冰雪体育产业供给侧结构性改革,以提高供给质量和效率为重点,以增强消费者满意度为目标。

本章节通过深度访谈方式发现和归纳了冰雪体育产业供需互动的影响因素,主要为需求侧和供给侧的两个方面的影响因素。其中,需求侧主要为市场策略、营销策略、服务策略,供给侧主要为管理策略、组织策略、绩效策略,通过梳理供给侧与需求侧之间的关系,进一步发现了冰雪体育产业供需互动的思路,并提炼出冰雪体育产业供需互动的核心范畴"供需互动效应"。基于此,进一步分析冰雪体育产业供需互动关系,发现供需互动关系的形成是冰雪体育产业转型的关键,供给与需求的相互作用在微观层面上影响了冰雪体育产业提升,进而影响整个产业的运行。从供需互动视角探讨冰雪体育产业提升是研究冰雪体育产业发展的出发点与落脚点,是从微观上升到宏观这个研究视角下的创新。此外,从冰雪体育产业供需互动视角出发探究冰雪体育产业供给转型是本书的主旨所在,也是促进冰雪体育产业加快发展的重要路径。

第九章　我国冰雪体育产业可持续发展的实证仿真研究

　　冰雪体育产业是体育产业的重要组成部分,健康有序的冰雪体育产业既可以优化体育产业结构、扩大体育消费规模,还可以推动体育产业发展、促进区域经济增长。随着 2022 年北京冬奥会的成功申办,我国的冰雪体育产业迎来了巨大的发展契机。为了快速迎合市场需求,国务院及有关部门发布了一系列促进冰雪体育产业发展的政策文件。如 2016 年国家体育总局发布了《冰雪运动发展规划(2016—2025 年)》,文件明确指出,"到 2025 年我国直接参加冰雪运动的人数将超过 5000 万人,并有效带动 3 亿人参与冰雪运动"的宏伟目标。该文件的颁布真正实现了对冰雪体育运动的全面推广及普及,使得参与冰雪体育运动的人数越发增多。然而,与发达国家相比,我国的冰雪体育产业仍然处于初级的发展阶段,冰雪运动竞赛表演、冰雪运动技能培训、冰雪器械制造业等价值创造环节能力薄弱,且在市场存量、商业模式以及产业结构等方面急需升级与转型。相关研究表明,要想推动我国冰雪体育产业发展,必须引领我国冰雪体育产业向高质量方向推进。由此,在消费需求不断升级的背景下,完善的冰雪体育产业体系对高质量的冰雪体育产业发展至关重要。而要想提高冰雪体育产业的产业体系,急需进行产业转型升级,并以提高供给质量为出发点,用改革的办法推进结构调整,矫正要素配置扭曲,达到扩大有效供给和提高全要素生产率的目标,进而可以提高供给结构对需求变化的适应性和灵活性,从而推动冰雪体育产业的发展。目前,我国冰雪体育产业在供给主体上尚未实现真正的多元化,供给模式有效性不足、滑雪场数量和质量急需优化、滑雪设施与滑雪设备制造业亟待发展。因此,需要深入推动冰雪体育产业的供给侧改革,增加冰雪体育产业的有效供给和减少无效供给,促进冰雪体育产业健康与可持续发展。

综观国内冰雪体育产业结构优化研究,发现学者多从冰雪体育产业供给服务和供给侧改革路径方面进行分析。其中,在冰雪体育产业供给服务方面,相关研究以滑雪服务的本质特征为判断基础,根据体验诉求与滑雪服务竞争优势的内在关系,结合我国滑雪服务竞争优势的影响因素与现实情况,形成了对其竞争优势提升的内驱路径和外驱路径,进而提高了我国滑雪服务的有效竞争优势,降低了滑雪公共服务的供给成本。在供给侧结构性改革的路径方面,相关研究建议,政府应以政策扶持夯实大众冰雪健身的群众基础,社会通过塑造独特的冰雪文化、风俗氛围,市场提供充足的装备,进而推动冰雪体育产业升级,形成由政府、社会和市场等主体共同参与的多中心供给模式。此外,部分研究还提出,不断优化我国冰雪体育产业结构,应围绕劳动力、土地、资本、创新四大要素合理配备资源,建设数量充足素质较高的冰雪体育产业人才队伍,丰富冰雪场地设施和服务供给。通过对国内冰雪体育产业结构优化研究进行梳理,发现国内学者针对冰雪体育产业的供给侧研究已作出了初步的探索,且能根据冰雪体育产业发展的实际情况,具体分析冰雪体育产业的供给现状,有效丰富了我国冰雪体育产业供给方面的理论研究。然而,与国外较为成熟的体系相比,国内研究多侧重于"经验借鉴"层面的探讨和静态层面的实证分析,缺乏针对冰雪体育产业系统中内外部因素的内在关联和动态关系的实证探讨,且少有研究关注冰雪体育产业系统的开放性、动态性以及非线性等特点,导致国内冰雪体育产业结构优化研究的基础理论仍存在较大缺陷,不利于我国冰雪体育产业结构的优化与调整。

相关研究表明,研究体育复杂系统可持续发展问题的最佳技术路线应该是首先从界定系统的边界出发,探讨体育系统内外部要素之间的动态相互关系并建立体育系统可持续发展的动态模型,再对体育系统的动态演化行为进行仿真模拟,从中探寻体育系统可持续发展的最佳发展路径并制定科学合理的政策优化方案。该技术路线被后续研究体育产业系统或区域体育产业系统的学者们普遍接受,并将此技术路线应用到各自的研究中。同样,本书也认可诸多学者将冰雪体育产业系统定义为复杂系统的观点,这就意味着在对冰雪体育产业系统进行研究时一定不能忽略该系统内外部因素间的关联关系与动态行为。而系统动力学作为剖析系统现在以及探索未来发展状况的研究工具,是可以将该技术路线付诸现实的最有效的工具。

基于此,本书从供需互动的角度出发,采用系统动力学,从整体出发探索改善冰雪体育产业系统行为的机会和路径,借鉴全国冰雪体育产业统计数据并运用 Vensim PLE 软件,通过绘制冰雪体育产业系统的系统动力学因果关系回路图与流图,编写冰雪体育产业系统的相关方程式,进而构建冰雪体育产业系统的系统动力仿真模型,旨在探讨冰雪体育用品服装鞋帽业、冰雪体育建筑业以及冰雪体育服务业三者之间的比例关系,进而根据不同发展模式各自的特点,探寻冰雪体育产业发展的最佳转型路径,挑选出最有利于冰雪体育产业可持续发展的路径,为我国冰雪体育产业的转型发展提供依据。

此外,本书的重点是运用系统动力学方法探讨冰雪体育产业系统的转型发展路径,并对可能出现的几种不同发展模式进行分析并讨论,从而确定我国冰雪体育产业未来最优的转型路径。基于此,根据相关系统动力学研究,本书借鉴了普遍被国内学者所认可的相关研究步骤。首先,本书对冰雪体育产业系统的边界进行了界定,其中包括明确问题、确定冰雪体育产业系统内的关键状态变量、速率变量和辅助变量;其次,本书绘制了冰雪体育产业系统的系统动力学因果关系回路图与流图;再次,对冰雪体育产业系统的系统动力学模型内的相关方程式进行编写;最后,本书基于相关统计数据并运用 Vensim PLE

软件对我国冰雪体育产业系统的不同发展模式进行了模拟仿真,通过对比不同模式各自的特点,从中挑选出最有利于我国冰雪体育产业可持续发展的路径。

第一节　冰雪体育产业系统的系统动力学模型构建

一、系统边界的确定

系统边界是研究中通常都会引用的一个基本概念,对研究起着非常重要的作用。任何一个系统都有边界,边界就是确定系统与外部相邻的环境以及系统交接的那一部分,用以区分这部分内容是否归属于系统内部,从而系统划分出一个明确的范围。经文献梳理发现,国内学者对系统边界的定义一直存在较大的歧义。如昌灏(2004)认为,边界和系统两者相互依存,没有完整的边界就没有完整的系统。张强(2000)认为,系统边界由于外部环境的不断演变以及系统与环境之间不断地相互作用,需要此种情况下进行边界的明确区分,具有一定的复杂性,且对系统认识具有一定的重要作用。本书在参考诸多文献的基础上,将系统边界定义为,用以确定系统以内的功能范围与系统以外的环境之间的分界线。

相关研究表明,系统边界的确定是指根据研究目的界定系统范围,将具有信息反馈作用的影响因素纳入研究范围,目的是抓住问题的主要矛盾和矛盾的主要方面。本书认为,系统边界的确定对接下来系统的研究与分析非常重要,只有充分认识到系统边界的动态变化属性,才能对系统内部的流程、数据处理和组织的方式进行合理分析与设计,从而进行更为全面和准确的系统研究,以进一步解决相关的实际问题。针对本书所讨论的冰雪体育产业领域的系统边界确定,周兰君等(2006)根据体育产业的内涵将体育产业划分为产业组织与产业结构两种类型。万瑜（2006）将体育产业划分为体育场馆服务、体育资讯培训服务和体育医疗康复服务。根据上述研究的观点，结合《国家体育产业统计分类》的相关内容，本书将冰雪体育产业界定为"为社会公众提供冰雪体育服务和产品的活动以及与这些活动有关联的活动的集合"。由此，将冰雪体育产业系统划分为冰雪体育管理活动、冰雪体育竞赛表演活动、冰雪体育健身休闲活动、冰雪体育场馆服务、冰雪体育中介服务、冰雪体育培训与教育、冰雪体育传媒与信息服务、其他与冰雪体育相关服务、冰雪体育用品及相关产品制造、冰雪体育用品及相关产品销售、冰雪贸易代理与出租、冰雪体育场地设施建设 12 个大类。

在此基础上，本书参考部分研究的观点，将上述 12 个大类划分为三种业态，即冰雪体育用品服装鞋帽业、冰雪体育建筑业以及冰雪体育服务业。其中，冰雪体育用品服装鞋帽业包括冰雪体育用品及相关产品制造、冰雪体育用品及相关产品销售、冰雪贸易代理与出租三类；冰雪体育建筑业包括冰雪体育场地设施建设一类；冰雪体育服务业包括冰雪体育管理活动、冰雪体育竞赛表演活动、冰雪体育健身休闲活动、冰雪体育场馆服务、冰雪体育中介服务、冰雪体育培训与教育、冰雪体育传媒与信息服务、其他与冰雪体育相关服务八类。此外，冰雪体育产业系统处于复杂的社会经济发展之中，面对复杂多变的社会环境，冰雪体育产业系统不可能只受这三类因素的影响，还会受到其他社会因素的影响，因此本书在借鉴前人研究的基础上，将社会关注度、科技水平、冰雪体育产业从业人数等其他外部因素纳入冰雪体育产业系统模型中。

二、关键变量的确定

从系统仿真视角来看，复杂系统中的内外部因素在系统动力学模型中被称为关键变量。关键变量是系统论中的核心与焦点，系统论中的关键变量是指对结果影响很大的变量，抓住关键变量有利于有效把握系统的变化过程。

系统动力学中的关键变量是用来反映系统发展的内部结构,描绘系统动态行为特征以及各因素之间的反馈关系,一般分为状态变量、速率变量以及辅助变量。从系统特性的视角来看,状态变量是反映客观物质、能量、信息在时间维度上的积聚。速率变量则是描绘状态变量变化的快慢和影响因素。辅助变量是状态变量与速率变量之间信息传递和转换过程中的中间变量,表达如何根据状态变量计算速率变量的决策过程,是分析反馈结构的有效手段。确定关键变量是建立冰雪体育产业系统动力学模型的前提,因此如何确定关键变量成为研究的关键。对于关键变量的确定,不同学者有着不同的界定方式。如李国等(2013)根据国家体育总局联合发布的《2006—2008 全国体育及相关产业统计公报》,选择将"体育产业增加值"和"从业人数"两项指标作为反映体育产业发展的状态变量。徐光飞等(2014)根据《北京统计年鉴》用以广泛描述产业发展状况的指标,同样将"体育产业增加值"和"从业人数"两项指标作为反映体育产业发展的状态变量。本书在参考相关文献的基础上,选择"冰雪体育产业增加值"以及"冰雪体育产业从业人数"作为状态变量。具体而言,"冰雪体育产业增加值"是指冰雪体育产业相关单位生产过程中创造的新增价值以及固定资产的转移价值,反映了企业生产过程中产出超过这一过程中间投入的价值,进而可以反映体育产业的发展水平、总规模以及其对国民经济的贡献。冰雪体育产业增加值的提升能够促进冰雪体育产业的资本累积增加,从而促进其结构化转型,进而加快冰雪体育产业的提升。"冰雪体育产业从业人数"是指参与冰雪体育产业相关工作并取得劳动报酬的全部人员,包括在岗人员、退休人员以及兼职员工。测算冰雪体育产业从业人数可以反映体育产业对人力资源的实际利用程度和对就业岗位的贡献,从而加快资源的合理开发与利用,促进冰雪体育产业的转型发展。此外,由于冰雪体育产业系统处于社会大系统中,受到科技进步、社会发展以及社会关注等因素的影响,因此将这些系数纳入系统中。

三、冰雪体育产业系统的系统动力学因果关系回路图

在冰雪体育产业系统中,各产业业态的发展扩大了其产业增加值,并有效带动了区域经济的发展;而区域经济的发展则又反馈到冰雪体育产业系统中,扩大了各产业业态的发展规模。根据此逻辑关系,在确定系统边界与关键变量的基础上,本书运用 Vensim PLE 软件,绘制了冰雪体育产业系统的系统动力学因果关系回路图(见图 9-1),旨在厘清冰雪体育产业系统发展过程中,系统内外部诸多要素以及要素之间的逻辑影响关系。

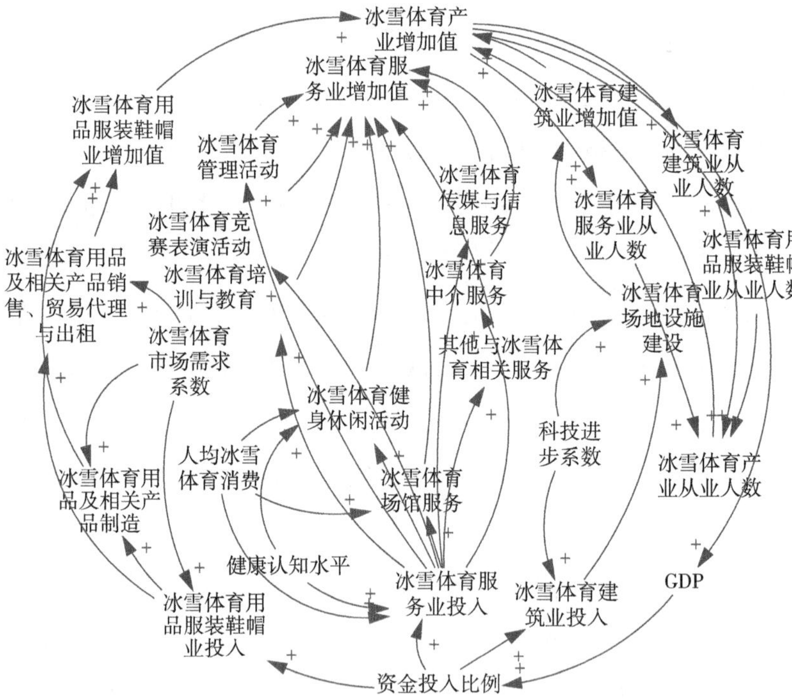

图 9-1　冰雪体育产业系统的系统动力学因果关系回路图

图 9-1 中,以"冰雪体育产业增加值"为核心的主要因果关系反馈回路有:

(1)冰雪体育产业增加值→+GDP→+资金投入比例→+冰雪体育用品服装鞋帽业投入→+冰雪体育用品及相关产品销售、贸易代理与出租→+冰雪体

育用品服装鞋帽业增加值→+冰雪体育产业增加值

（2）冰雪体育产业增加值→+GDP→+资金投入比例→+冰雪体育用品服装鞋帽业投入→+冰雪体育用品及相关产品制造→+冰雪体育用品服装鞋帽业增加值→+冰雪体育产业增加值

（3）冰雪体育产业增加值→+GDP→+资金投入比例→+冰雪体育服务业投入→+冰雪体育健身休闲活动→+冰雪体育服务业增加值→+冰雪体育产业增加值

（4）冰雪体育产业增加值→+GDP→+资金投入比例→+冰雪体育服务业投入→+冰雪体育竞赛表演活动→+冰雪体育服务业增加值→+冰雪体育产业增加值

（5）冰雪体育产业增加值→+GDP→+资金投入比例→+冰雪体育服务业投入→+冰雪体育培训与教育→+冰雪体育服务业增加值→+冰雪体育产业增加值

图 9-1 中，以"体育产业从业人数"为核心的主要因果关系反馈回路有：

（1）冰雪体育产业从业人数→+冰雪体育产业增加值→+冰雪体育用品服装鞋帽业从业人数→+冰雪体育产业从业人数

（2）冰雪体育产业从业人数→+冰雪体育产业增加值→+冰雪体育服务业从业人数→+冰雪体育产业从业人数

（3）冰雪体育产业从业人数→+冰雪体育产业增加值→+冰雪体育建筑业从业人数→+冰雪体育产业从业人数

上述所有回路均为正向反馈回路，其中第 1—2 条说明冰雪体育产业增加值是通过冰雪体育用品服装鞋帽业投入而进行自我增值的过程。第 3—5 条说明冰雪体育产业增加值是通过冰雪体育服务业投入的正向反馈增长。从系统动力学的视角来看，正向反馈回路是一种增长的模式，它描述了相关要素值随着时间的推移会不断增加；而负向反馈回路是一种控制的模式，即随着时间的推移各要素值围绕某一固定值不断地调整振荡，表现出一种"寻的"行为。

本书绘制的冰雪体育产业系统的系统动力学因果关系回路图显示,所有反馈回路均为正向反馈回路,即表现为随着时间的推移冰雪体育用品服装鞋帽业增加值、冰雪体育建筑业增加值以及冰雪体育服务业增加值是不断上升的。但是,冰雪体育产业投资在某一确定的时间点上是固定的,这意味着在这一确定的时间点上冰雪体育用品服装鞋帽业投入金额、冰雪体育建筑业投入金额以及冰雪体育服务业投入金额无法同时增长。从宏观角度来看,它们之间构成了负向反馈的关系。为实现我国冰雪体育产业的健康持续发展,必须将三者的资源合理分配,制定合理的资金投入,优化各产业的从业人数以及加强冰雪体育产业的管理力度,从而达到相对平衡的状态。而本书的重点也是科学调控冰雪体育用品服装鞋帽业、冰雪体育建筑业以及冰雪体育服务业三者之间的比例关系,为促进冰雪体育产业的转型和高质量发展提供保障。在此基础上,寻找出最适合我国冰雪体育产业发展的转型发展路径,优化冰雪体育产业系统的内部结构,实现冰雪体育产业的可持续发展,进而推动我国体育产业的整体快速发展。

四、冰雪体育产业系统的系统动力学流图

冰雪体育产业系统的系统动力学因果关系回路图虽然能够描述出各个变量之间系统变化的原因,但是无法描述变量的性质以及变量累积变化的程度,也无法描述其相互之间的作用关系,更为关键的是其不能够直接利用软件进行仿真模拟实验,而仿真模拟恰恰是系统动力学这样一种质性与量化相结合的研究方法开展研究的关键所在。冰雪体育产业系统的系统动力学流图能够有效地对两者的系统动力学因果关系回路图进行补充,弥补其存在的不足与缺憾。一方面,系统动力学流图能够直接清晰地反映出模型内部变量之间的逻辑关系及其相互作用的程度;另一方面,系统动力学流图能够直接通过软件仿真模拟冰雪体育产业系统反馈与控制的过程,实现系统动力学研究的目的。因此,本书基于冰雪体育产业系统的系统动力学因果关系回路图,绘制了更为

深入和细化的系统关系图即系统动力学流图(见图9-2),更加具体和完整地描述系统的构成、系统行为、系统状态以及系统机制的全貌,旨在为进一步仿真模拟奠定基础。

图9-2为冰雪体育产业系统的系统动力学流图。其中,状态变量主要有冰雪体育产业总投资、冰雪体育用品服装鞋帽业增加值、冰雪体育建筑业增加值以及冰雪体育服务业增加值、冰雪体育产业从业人数以及冰雪体育产业增加值等;速率变量主要有冰雪体育产业总投资金额、冰雪体育产业资金支出、冰雪体育用品服装鞋帽业增加值增量、冰雪体育用品服装鞋帽业增加值支出、冰雪体育建筑业增加值增量、冰雪体育建筑业增加值支出、冰雪体育服务业增加值增量、冰雪体育服务业增加值支出、冰雪体育产业从业人数增量、冰雪体育产业从业人数流失量、冰雪体育产业增加值增量以及体育产业增加值支出等;辅助变量主要有冰雪体育用品服装鞋帽业投入比例、冰雪体育建筑业投入比例、冰雪体育服务业投入比例、冰雪体育竞赛表演活动投入比例、冰雪体育中介服务投入比例、其他与冰雪体育相关服务投入比例、冰雪体育中介服务增加值、其他与冰雪体育相关服务增加值、冰雪体育用品服装鞋帽业人数、冰雪体育健身活动投入比例、冰雪体育培训与教育投入比例、冰雪体育健身活动增加值、冰雪体育传媒与信息服务投入比例、冰雪体育传媒与信息服务增加值、冰雪体育用品及相关产品制造投入比例、冰雪体育产业场馆服务投入比例等;外生变量主要有社会关注度、科技水平、新增区域 GDP、区域 GDP 贡献率、健康认知水平、区域 GDP 等。

在本书呈现的冰雪体育产业系统的系统动力学流图中,共有 72 个系统动力学方程式,其中主要的几类方程式举例如下。

(1)冰雪体育用品服装鞋帽业增加值增量=(冰雪体育用品及相关产品制造增加值+冰雪体育用品及相关产品销售、贸易代理与出租增加值)

(2)冰雪体育服务业增加值增量=(冰雪体育中介服务增加值+冰雪体育传媒与信息服务增加值+冰雪体育健身休闲活动增加值+冰雪体育场馆服务

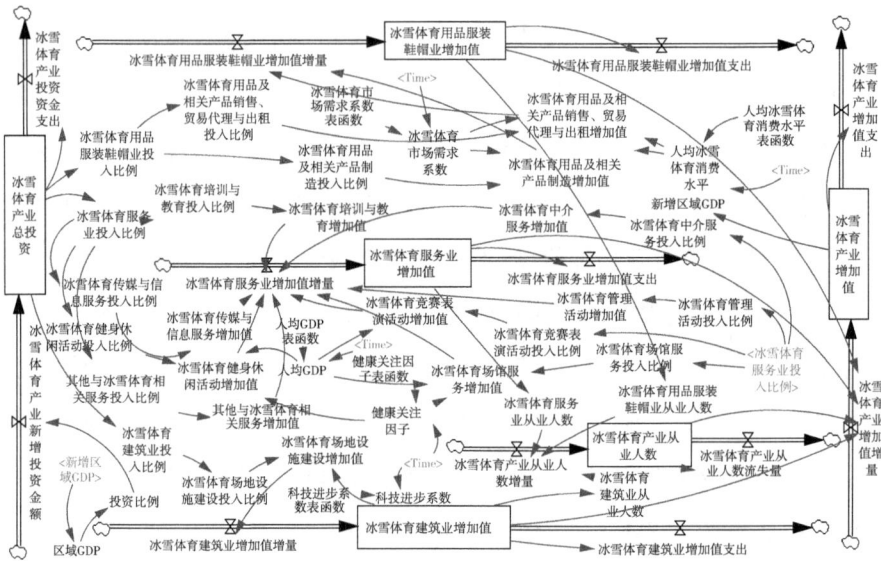

图9-2 冰雪体育产业系统的系统动力学流图

增加值+冰雪体育培训与教育增加值+冰雪体育竞赛表演活动增加值+冰雪体育管理活动增加值+其他与冰雪体育相关服务增加值）

（3）冰雪体育用品服装鞋帽业投入比例＝（冰雪体育产业总投资×0.55）

（4）冰雪体育服务业投入比例＝（冰雪体育产业总投资×0.3）

（5）冰雪体育建筑业投入比例＝（冰雪体育产业总投资×0.15）

由于冰雪体育产业系统的系统动力学流图中产生的方程式较多,为了确保模型仿真模拟结果的有效性,验证其是否能够正确反映冰雪体育产业系统的实际发展情况,本书首先对模型的拟合程度进行了检验,以 Vensim PLE 软件为分析工具,完成对模型的单位检验和真实性检验;其次,本书选取我国 2012—2018 年共五年的冰雪体育产业相关数据进行拟合,仿真步长为一年,通过验证发现,实证结果与本书理论值之间的相对误差为-6.1%—9.7%,表明模型拟合程度较高,仿真结果与实际情况基本一致,该模型能够较好地反映我国冰雪体育产业系统的发展情况。

第二节　冰雪体育产业系统的系统动力学仿真

一、原始数据与参数的确定

本模型以 2012 年冰雪体育产业系统的发展状况为系统仿真模拟基期,仿真时间范围为 2012—2025 年。其中,GDP、冰雪体育产业增加值、冰雪体育产业总投资、资金投入、冰雪体育场馆服务、其他与冰雪体育相关服务、冰雪体育服务业增加值等相关数据主要来源于《中国冰雪旅游发展报告》以及相关网络数据;冰雪体育产业增加值、人均冰雪体育消费水平、冰雪场馆数量、冰雪运动的社团数量、冰雪运动的社会体育指导员数量、经常参加运动锻炼的人数等来自《中国体育年鉴》《中国城乡居民参加体育锻炼现状调查公报》等;冰雪体育产业投资额度、各冰雪体育产业部门投资比例、冰雪体育产业的整体收支情况等来自政府部门报告和领导讲话。基于我国冰雪体育产业相关统计数据获取难度较大的现实情况,研究通过图书馆查询、年鉴查询、网络查询、专家咨询等多种途径进行相关数据收集,但最终获取的部分数据仍非官方数据。此外,需要着重说明的是,本书采用系统动力学方法研究我国冰雪体育产业系统的转型发展路径,本意旨在为后续我国冰雪体育产业调整供给方式、内容、主体等实践过程提供理论参考或发展思路,但由于我国冰雪体育产业相关官方披露统计数据不足,可能会造成本书的研究结果与实际发展情况存在偏差情况。本书能够为后续我国冰雪体育产业转型发展的实践过程提供理论参考或发展思路借鉴,但在相关分析结果上的数值准确性具有局限性。

二、基于仿真结果的冰雪体育产业系统发展模式分析

(一)模式Ⅰ:"传统发展型"仿真

当前我国的传统发展模式是以冰雪体育用品及相关产品制造业为主,所

谓"传统发展型"模式,是指在根据调研情况以及我国实际发展情况,在不改变相关参数的前提下,以此对其进行系统模拟仿真。而本书中提到的冰雪体育用品服装鞋帽业是由冰雪体育用品及相关产品制造,冰雪体育用品及相关产品销售、冰雪贸易代理与出租两部分构成。根据 2012 年冰雪体育产业发展情况,将冰雪体育用品服装鞋帽业资金投入比例设定为 55%、冰雪体育建筑业资金投入比例设定为 10%、冰雪体育服务业资金投入比例设定为 35%,并将该条件下的发展模式看作我国冰雪体育产业的"传统发展型"模式。在此基础上,将符合我国冰雪体育产业实际发展情况的初始值进行编写相关系统动力方程式,并输入冰雪体育产业系统的系统动力学模型中,利用 Vensim PLE 软件对我国冰雪体育产业"传统发展型"模式进行模拟仿真。其中,冰雪体育用品及相关产品制造的资金投入比例为 60%,冰雪体育用品及相关产品销售、贸易代理与出租的资金投入比例为 40%,冰雪体育场地设施建设的资金投入比例为 10%,冰雪体育管理活动的资金投入比例为 10%,冰雪体育竞赛表演活动的资金投入比例为 20%,冰雪体育健身休闲活动的资金投入比例为 20%,冰雪体育场馆服务的资金投入比例为 15%,冰雪体育中介服务的资金投入比例为 10%,冰雪体育培训与教育的资金投入比例为 10%,冰雪体育传媒与信息服务的资金投入比例为 10%,其他与冰雪体育相关服务的资金投入比例为 5%。通过系统模拟仿真,得到了冰雪体育产业增加值和冰雪体育产业从业人数的系统仿真图(见图 9-3)。

由图 9-3 可知,在维持现有冰雪体育产业发展条件以及不改变冰雪体育产业投资比例的情况下,我国冰雪体育产业的增加值曲线和冰雪体育产业从业人数曲线都是呈上升的趋势,但其各时间段内的冰雪体育产业发展速度却存在差异。这表明 2012 年以来,在相关冰雪政策支持和大量人力物力的投入下,我国冰雪体育产业的规模正逐步扩大。在这种环境下,我国冰雪体育产业总体规模会在 2025 年达到 1 万亿元人民币的宏伟目标,相当于中国体育产业总体规模的 1/5。冰雪体育产业的迅猛发展,离不开群众参与程度最高的冰

（单位：亿元）　　　　　　　　　　　　　　　　　　　　　　　（单位：万人）

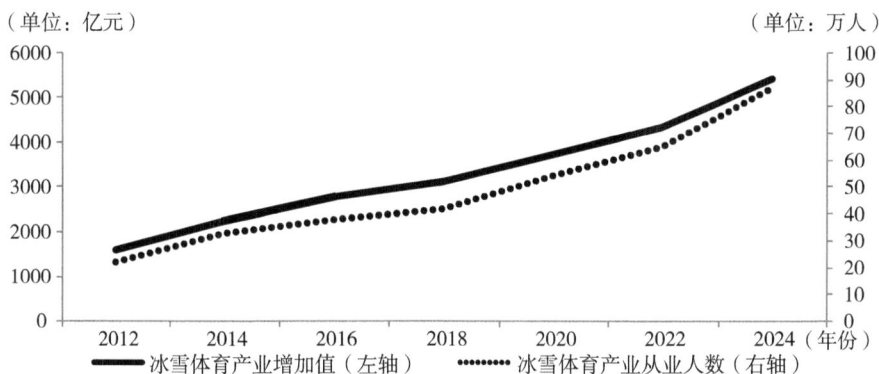

图9-3　模式Ⅰ：冰雪体育产业增加值和从业人数的仿真图

雪旅游产业,据相关统计数据显示,自 2008 年起至今,冰雪体育旅游产业产值从当时的不足 100 亿元上升至现在的 400 亿元,特别是 2015 年冬奥会申办成功之后,一直保持着每年 27% 的增长速率。

（单位：亿元）

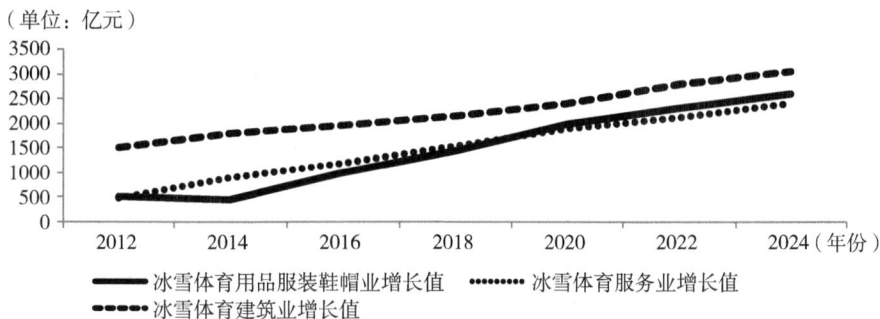

图9-4　模式Ⅰ：冰雪体育产业各业态增加值的仿真图

图 9-4 是冰雪体育产业各业态增加值的仿真图、图 9-5 是冰雪体育产业各业态从业人数的仿真图,从中不难看出冰雪体育产业各业态仿真发展状况差异较大。由图 9-4 可知,2014 年后冰雪体育用品服装鞋帽业增加值的产值与增长速度要好于冰雪体育服务业和冰雪体育建筑业。而由图 9-5 可知,2014 年后冰雪体育用品服装鞋帽业从业人数的年增长速度均大于冰雪体育服务业和冰雪体育建筑业。由此,本书推断我国冰雪体育产业的发展整体上

（单位：万人）

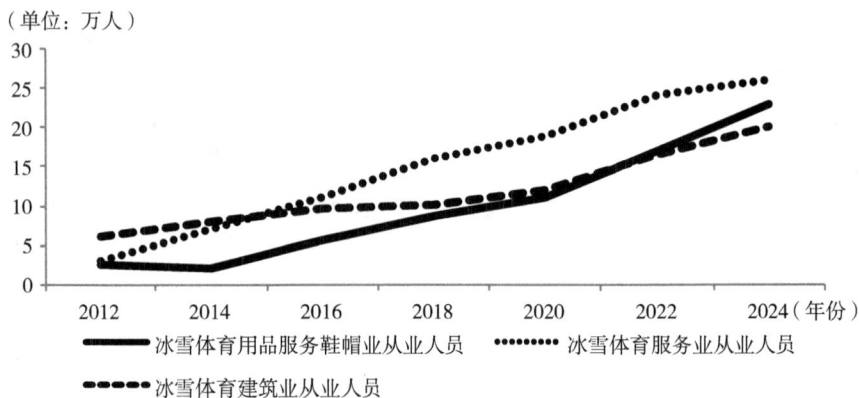

图 9-5   模式 I : 冰雪体育产业各业态从业人数的仿真图

呈现上升趋势,但内部结构不均衡,各产业业态间的发展状况存在较大差距。究其原因,本书认为我国冰雪体育产业的发展状况与我国整体体育产业发展状况相吻合,冰雪体育用品服装鞋帽业仍占据较大比重。这一发展模式最大的特点就是冰雪体育用品服装鞋帽制造业占据了大量的体育资源与自然资源,严重挤压了冰雪体育服务业与冰雪体育建筑业的发展空间,放缓了冰雪体育服务业与冰雪体育建筑业的发展速度,不利于我国冰雪体育产业的可持续发展。因此,本书认为"传统发展型"发展模式并不适用于未来我国冰雪体育产业的发展。

（二）发展模式 II :"消费驱动型"仿真

体育服务业是指以体育自身价值和功能为资源,提供体育服务产品的各类服务部门的集合。根据发达国家体育产业的发展现状,体育产业发展程度越高,体育服务业所占的比例越高。经过对冰雪体育产业的"传统发展型"模式仿真,发现这种模式会使我国冰雪体育产业内部结构不平衡,为了改善这一现状,我国冰雪体育产业应转向以服务业为主导的业态发展。此外,由于冰雪体育服务业最终的落脚点是消费者,所以本书将以服务业为主导的发展模式命名为"消费驱动型"模式。

相关研究表明,在某一固定的时刻,冰雪体育产业的资金投入是相对固定的,这就意味着提高冰雪体育服务业的资金投入比例,就要求冰雪体育用品服装鞋帽业和冰雪体育建筑业的资金投入比例必须要降低。因此,根据"传统发展型"模式各产业业态的资金投入比例,主要调整了冰雪体育用品服装鞋帽业和冰雪体育服务业各自的资金投入比例。具体调整情况为:将冰雪体育服务业资金投入比例由35%调整为55%,将冰雪体育用品服装鞋帽业资金投入比例由55%调整为35%,而冰雪体育建筑业资金投入比例以及模型内其他比例系数和参数均保持不变。通过对"消费驱动型"模式进行仿真,得到了我国冰雪体育产业发展情况仿真图。为了更加清晰地观察与"传统发展型"模式间的差别,本书将"传统发展型"模式的仿真情况与"消费驱动型"模式的仿真情况绘制在同一个图中(见图9-6、图9-9)。但为了更加清晰地展示"消费驱动型"与"传统发展型"模式下,冰雪体育用品服装鞋帽业和冰雪体育服务业在增加值和从业人数方面的差异,本书绘制了冰雪体育用品服装鞋帽业和冰雪体育服务业增加值和从业人数的变化曲线图(见图9-7、图9-8、图9-10、图9-11)。

（单位：亿元）

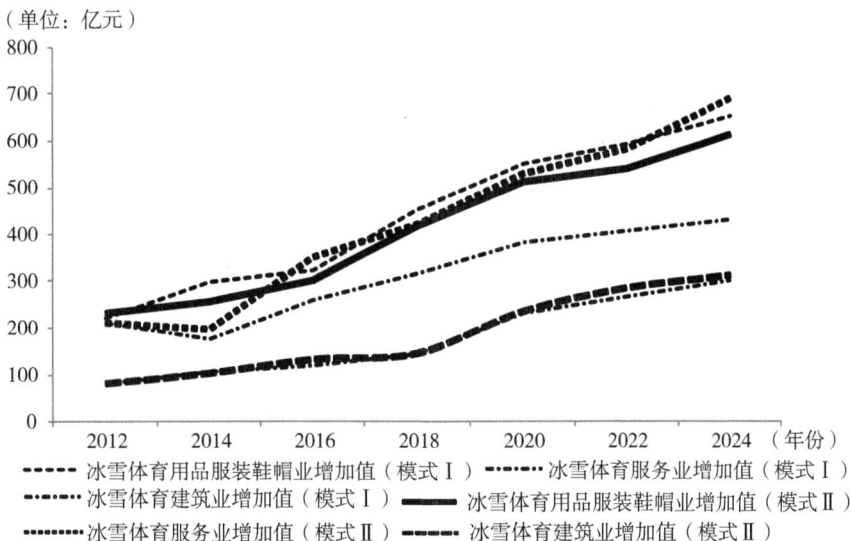

图9-6　模式Ⅱ与模式Ⅰ冰雪体育产业各业态增加值的仿真比较

（单位：亿元）　　　　　　　　　　　　　　　　　　（单位：亿元）

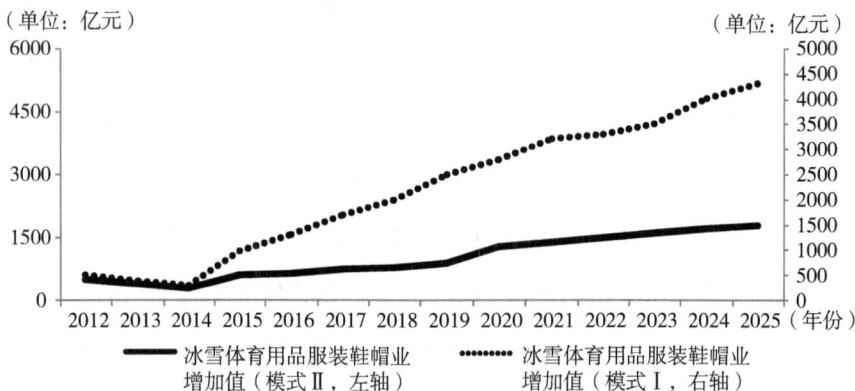

图9-7　模式Ⅱ与模式Ⅰ冰雪体育用品服装鞋帽业增加值的仿真比较

（单位：亿元）

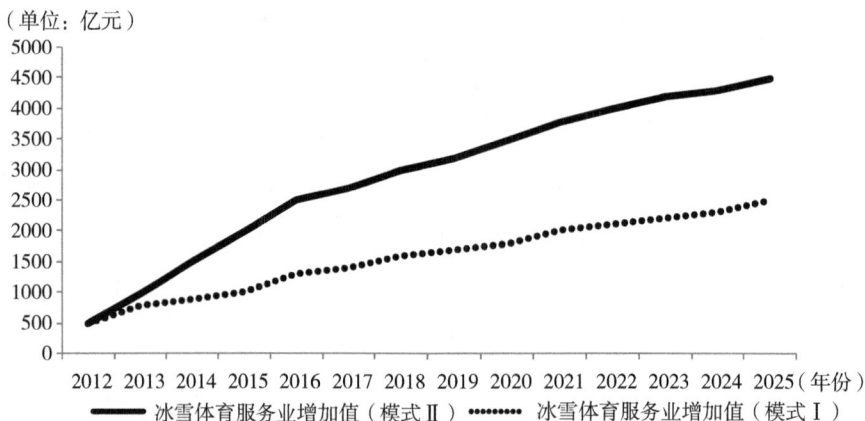

图9-8　模式Ⅱ与模式Ⅰ冰雪体育服务业增加值的仿真比较

由图9-6、图9-7和图9-8可知,在冰雪体育服务业资金投入比例增大的情况下,虽然模式Ⅱ中的冰雪体育用品服装鞋帽业增加值低于模式Ⅰ中的冰雪体育用品服装鞋帽业增加值,但是模式Ⅱ中的冰雪体育服务业增加值显著高于模式Ⅰ中的冰雪体育服务业增加值。同样,由图9-9、图9-10和图9-11可知,模式Ⅱ中的冰雪体育服务业从业人数显著高于模式Ⅰ中的冰雪体育服务业从业人数。由上述仿真结果可知,改变冰雪体育服务业资金投入比例能显著带动冰雪体育服务业的发展。但是,由于冰雪体育建筑业和冰雪体育用品服装鞋帽业的资金投入比例相对不足,导致冰雪体育用品服装鞋帽业的发展情况严重下降。基于此,"消费驱动型"模式对冰雪体育产业发展的作用有限,未能达到"优化冰雪体育产业结构"的目的,即仅依靠某一产业来带动整个冰雪体育产业发展的模式,忽略子产业间的联系,无法解决这种寄望于重点扶植某一子产业达到带动整个冰雪体育产业的发展的状况,忽略了冰雪体育产业间内部关联性,此模式可以在短时间发展一个项目,但难以解决其他冰雪体育产业发展不均衡的状况,也无法使冰雪体育产业各个子产业均衡发展,有失全面性与科学性。因此,本书认为,简单地增大某一产业业态的资金投入比例并不会达到带动整个冰雪体育产业系统发展的目的。这种一味只重视某一产业业态发展的模式只可能在某一时间段内达到提高冰雪体育产业增加值的目的,但是该模式并不能满足我国冰雪体育产业可持续发展的需求。

（单位：亿元）

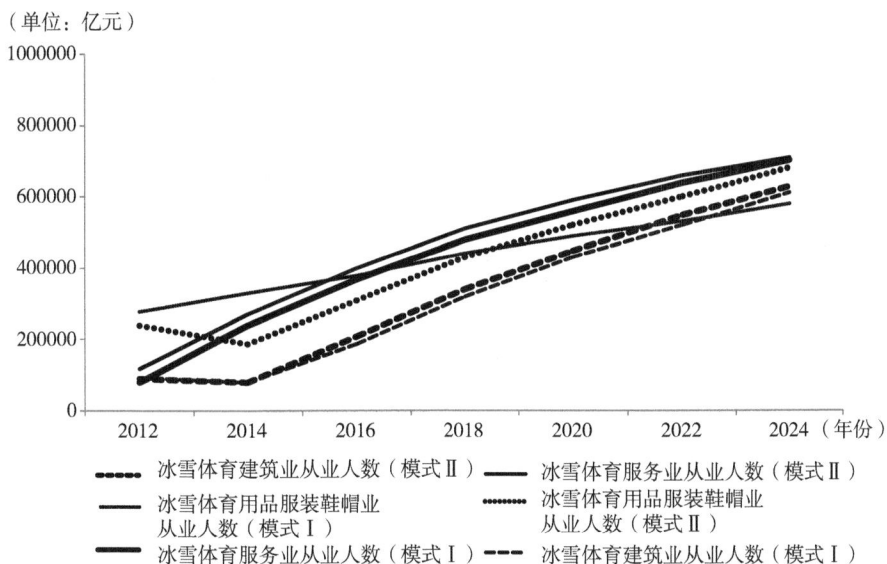

图9-9　模式Ⅱ与模式Ⅰ冰雪体育产业各业态从业人数的仿真比较

（三）模式Ⅲ:"全面发展型"仿真

根据国务院《关于加快发展体育竞赛表演产业的指导意见》中提出的要

（单位：万人）

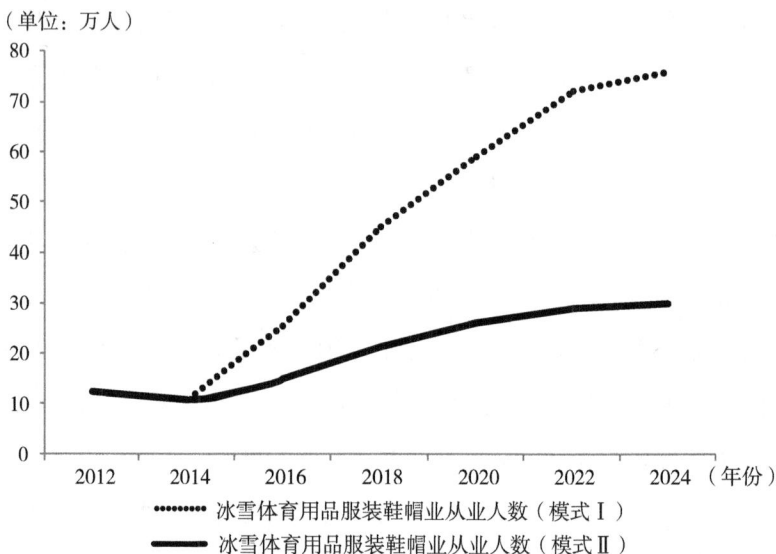

图 9-10　模式 II 与模式 I 冰雪体育用品服装鞋帽业从业人数的仿真比较

（单位：万人）

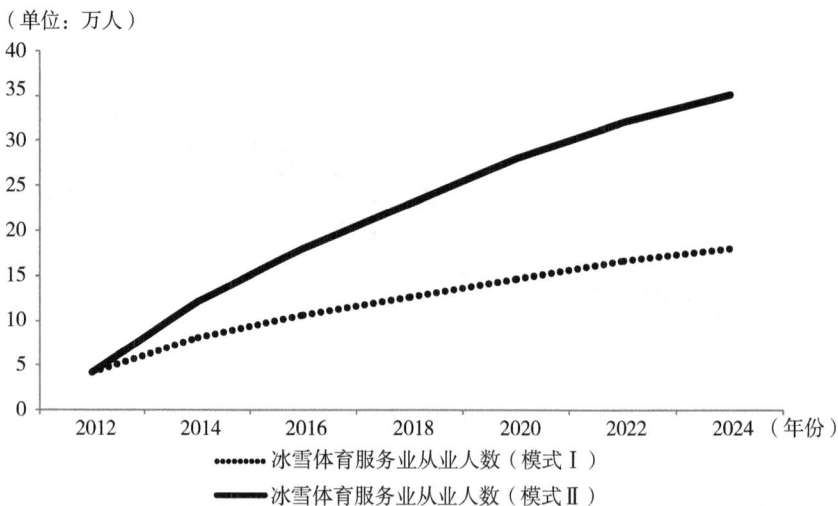

图 9-11　模式 II 与模式 I 冰雪体育服务业从业人数的仿真比较

求,在未来一段时期内我国体育产业应着力进一步积极培育冰雪体育赛事,完善相关投入机制以优化产业布局。因此,根据此文件精神,本书提出了第三种冰雪体育产业发展模式,即"全面发展型"模式。

　　"全面发展型"模式强调发展冰雪体育产业应遵循统筹兼顾、全面发展的原则,从而促进冰雪体育产业各个子产业的协调发展。在投入资金方面,应合理分配投资比例,确保投入资金可以支持子产业的发展。因此,本书将冰雪体育服务业资金投入比例重新调整为38%,冰雪体育用品服装鞋帽业资金投入比例重新调整为46%,冰雪体育产业建筑业资金投入比例重新调整为16%,并保持模型内其他比例系数和参数不变,得到我国冰雪体育产业"全面发展型"模式的仿真结果(见图9-12)。但为了更加清晰地展示"全面发展型"与"消费驱动型"和"传统发展型"模式下,冰雪体育产业增加值和从业人数的差异,本书绘制了三种模式下冰雪体育产业增加值和从业人数的仿真比较图(见图9-13、图9-14)。

（单位：亿元）　　　　　　　　　　　　　　　　　　　　　（单位：万人）

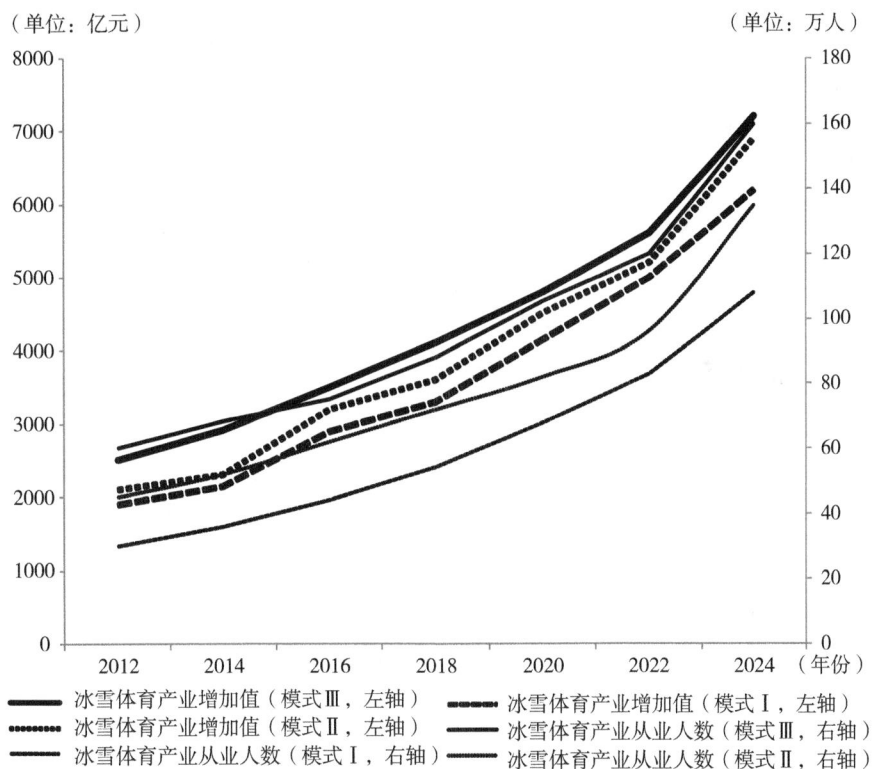

図例：
冰雪体育产业增加值（模式Ⅲ，左轴）　冰雪体育产业增加值（模式Ⅰ，左轴）
冰雪体育产业增加值（模式Ⅱ，左轴）　冰雪体育产业从业人数（模式Ⅲ，右轴）
冰雪体育产业从业人数（模式Ⅰ，右轴）　冰雪体育产业从业人数（模式Ⅱ，右轴）

图9-12　三种模式冰雪体育产业增加值和从业人数的仿真比较

（单位：亿元）

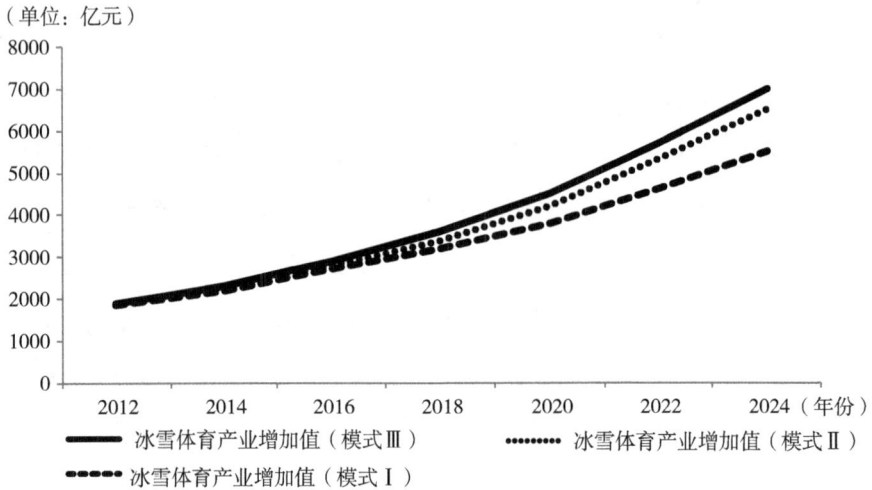

图 9-13　三种模式冰雪体育产业增加值的仿真比较

（单位：万人）

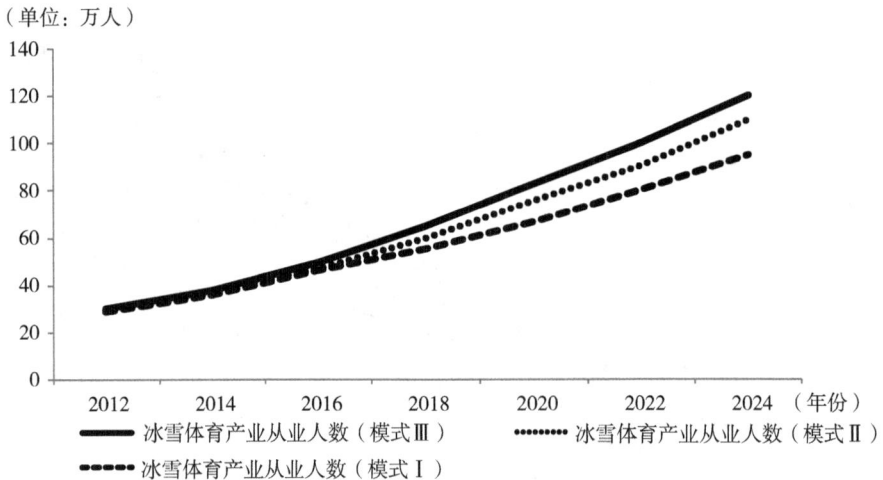

图 9-14　三种模式冰雪体育产业从业人数的仿真比较

　　由图 9-12、图 9-13 和图 9-14 可知，通过比较三种模式下的冰雪体育产业增加值与从业人数，就整体的发展状况而言，"全面发展型"模式下我国冰雪体育产业增加值的增长幅度和速度比"传统发展型"模式和"消费驱动型"模式下的冰雪体育产业增加值要大。从宏观意义上看，我国冰雪体育产业

"全面发展型"模式比"传统发展型"模式和"消费驱动型"模式更具有优势。从局部发展情况来看,我国冰雪体育产业各产业业态在调整资金投入比例后,各产业业态的增加值和从业人数的发展速度明显加快,各产业业态间的差距逐渐缩小,并呈现出全面发展的趋势。因此,合理分配我国冰雪体育产业各产业业态间的资金投入比例,能有效促进各业态间形成正向反馈效应,并有利于冰雪体育产业的优化与调整。所以,本书认为,"全面发展型"模式可以有效促进我国冰雪体育产业的整体发展,并可以优化其产业内部结构,推动我国冰雪体育产业的长期有序发展。

第三节　冰雪体育产业系统的系统动力学仿真结果讨论

一、"传统发展型"模式的仿真结果讨论

本书对冰雪体育产业的"传统发展型"模式进行了模拟仿真,结果表明虽然"传统发展型"模式可以促进冰雪体育产业的发展,但是其中的体育用品制造业占比过大,挤压了其他冰雪子产业的发展。这种发展状况与我国是一个冰雪体育用品制造大国有很大的关联。若不改变此现状,这种产业之间的差距会越来越大,严重影响我国冰雪体育产业的可持续发展。因此,"传统发展型"模式不利于我国整体冰雪体育产业的长期有序发展,这与李国等(2013)的研究结论一致。

"传统发展型"模式,我国冰雪体育产业的投入资金大部分流入到冰雪体育制造业中。但是我国冰雪体育制造业目前仍处于初期的发展阶段,且制造技术水平薄弱、专业人才缺失、供给失衡等问题导致其本身不利于促进冰雪体育产业的发展。随着2022年冬奥会的来临,国际顶尖冰雪体育用品制造商将不断入驻国内市场,如久负盛名的冰雪品牌阿托米克(Atomic)、萨洛蒙

(Salomon)等将我国冰雪装备市场分割殆尽。这在刺激我国消费者主观意识的同时,更加冲击了我国冰雪体育用品制造业的发展。从宏观角度来看,冰雪体育产业内部结构不平衡的现状需要政府政策的支持,政府通过制定政策激励、引导冰雪制造企业、研究机构以及高校学术团队共同参与,形成以市场杠杆机制为纽带,知识产权保障制度为基础的合作创新发展模式。在创新发展模式的前提下,我国必须形成完整的冰雪体育产业链,在冰雪体育产业链形成的基础上,发挥集群优势,有助于冰雪资源的优化整合,助推冰雪体育产业链中各企业的创新,最终实现对冰雪体育产业发展的提升。在我国消费者日趋多元化的消费观念背景下,政府可以考虑结合《中国制造2025》工程,重点突破核心装备的建设能力,打造适合我国国情的"冰雪体育产业智能生产模式",助力冰雪传统产业转型升级。依据冰雪体育产业的供需要求以及模式I的仿真结果,我国冰雪体育产业如果仅发展体育用品制造业,短期内也会对冰雪体育产业发展有促进作用,但这忽略了其他冰雪子产业的发展,我国冰雪体育产业的发展应该避免出现再加大体育用品制造业的资金投入,精准制定适合我国国情的发展战略,在发展冰雪体育产业的基础上带动我国体育产业的提升。

二、"消费驱动型"模式的仿真结果讨论

本书对冰雪体育产业的"消费驱动型"模式进行了模拟仿真,结果表明冰雪体育产业采用"消费驱动型"模式,可以带动整个产业发展,但是由于占用投入资金的比重过大,致使其余冰雪子产业的发展受到了限制,因此"消费驱动型"模式也不适于我国冰雪体育产业的长期有序发展,这与程文广等(2016)的研究结论一致。

从我国整个市场环境来看,我国的经济发展仍是以制造业为主,而服务型产业发展滞后、竞争力不强,与西方发达国家相比存在较大差距。从冰雪体育产业来看,我国经济的发展和一系列冰雪政策的出台,使冰雪体育服务业的消

费规模与日俱增,但是由于服务业的经营法律法规不完善,造成冰雪服务业标准化程度低,以至于创造价值的能力有限。同时,我国冰雪服务业的供给侧水平较低,主要原因是没有良好的供给模式,并且从业人数的整体素质不高。在冰雪体育产业的发展对策上,我国尚未形成完整的冰雪体育产业链。这也印证了本书模式Ⅱ的模拟仿真结果。依据冰雪体育消费需求以及模式Ⅱ的模拟仿真结果,我国要从单一的政府模式转变成政府、社会、市场等共同参与治理的模式,进而提高冰雪体育产业服务业的供给质量,以满足大众的冰雪运动需求。同时,理性借鉴国外优质的发展模式,制定适合我国国情的发展机制,将我国传统服务业转变为符合当前供需要求的现代化服务业。因此,我国不但要发展冰雪体育服务业,而且要平衡发展冰雪体育产业的子产业,关键在于加大冰雪服务业的投资力度与培养建设,从而达到对冰雪体育产业提升的效果。

三、"全面发展型"模式的仿真结果讨论

本书对冰雪体育产业的"全面发展型"模式进行了模拟仿真,结果表明这种发展模式有利于我国冰雪体育产业的发展,在合理配置投入资金之后,冰雪体育产业各个子产业得到了充分的发展资金以及空间,不存在"一枝独秀"的局面,各个子产业之间联系密切,形成了良性的产业循环,这与张瑞林(2016)的研究结论一致。

与发达国家相比,我国冰雪体育产业中的主导产业是冰雪体育用品制造业,体育服务业仅仅占了不到20%,这种产业结构导致了我国冰雪体育产业发展的动力不足、供需结构不够完善,限制了冰雪体育产业的全面协调可持续发展。全面发展冰雪体育产业的基础是优先扶持产业内的"短板"行业,产业经济学中的平衡增长理论认为各个部门和产业应当同时投资推进经济均衡发展以遏制经济发展中的恶性循环。在冰雪体育产业领域,则表现为发展冰雪体育产业不能依靠单个产业的优先发展来带动整个产业的发展,而是依靠产业内部各个子产业的协同发展。近年来,我国冰雪体育产业发展迅猛,但是我

国冰雪体育产业仍处于产业发展的初级阶段,冰雪体育产业规模逐年扩大,相关的配套服务却略显不足,冰雪赛事的数量与质量有待提高,冰雪装备用品制造业在低端徘徊,缺少政策的扶持与管理,这使我国冰雪体育运动的发展缺少了前进动力,同时也阻碍了体育运动全面发展。我国任何产业的发展都不是单独进行的,需要相关的产业互相支撑,共同发展。冰雪体育产业内部的各个子产业的发展也是类似的,需要共同发展,共同进步。本书对我国的冰雪体育产业"全面发展型"模式进行了系统仿真,结果是冰雪体育产业各个子产业经过合理调配投入资金以后,发展势头良好。因此,将投入资金合理分配到冰雪体育产业的子产业中可以有效促进冰雪体育产业的平衡发展。在降低冰雪体育用品制造业占比的同时提升体育用品的科技含量,加大体育用品制造业专业人才的培养力度;在提升冰雪体育用品服务业占比的同时,加强冰雪体育后备人才培养基地建设以及对冰雪体育环境的保护队伍建设,进而增强我国冰雪体育产业的综合竞争力,最终实现我国冰雪体育产业健康快速发展。

最后,综合三种模式的仿真分析结果发现,"全面发展型"模式符合我国冰雪体育产业的客观发展要求,是健康科学的转型发展路径。在统筹调配我国冰雪体育产业各相关产业业态间投入比例的前提下,它既能保障我国冰雪体育产业整体规模上优于前两种模式,又能促进各相关产业间的协调发展与良性互动,具有明显的优越。在今后的工作中,应以科学发展观为指导,以我国冰雪体育产业的客观发展状况为实践依据,处理、协调好我国冰雪体育产业各相关产业之间的关系,促进冰雪体育产业各门类统筹发展,努力满足人民群众日益增长的多元化、多层次冰雪体育需求,形成"结构合理、门类齐全、规范有序、充满生机活力"的冰雪体育产业发展体系。据此,本书认为可根据"全面发展型"模式制定我国冰雪体育产业各产业业态间的资金投入比例和相关经济政策,从而促进我国冰雪体育产业的可持续发展。

第十章 我国冰雪体育产业可持续发展研究——滑雪场可持续发展[①]

冰雪体育产业是滑雪产业及滑冰产业的总称,其繁荣发展既离不开滑雪产业,也离不开滑冰产业的助力。因此,在谋求冰雪产业的可持续发展过程中,不可偏废一方。但在实际发展过程中,滑雪产业相较于滑冰产业发展势头更加向好,滑雪产业在谋求发展的过程中也带动着滑冰产业及其他相关产业的有序发展。为明确冰雪产业的可持续发展脉络,本章节以滑雪产业中滑雪场的相关发展为案例展开论述,以此反观冰雪产业的总体可持续发展样态。

2019年,我国滑雪场总数量达到770个,滑雪总人次达到2090万人次。2022年,我国滑雪产业链的辐射估值为3000亿元。我国滑雪产业正处于前所未有的发展阶段,也是保障滑雪产业良性发展的关键时刻。滑雪场作为滑雪产业链的核心,其可持续发展是整个滑雪产业链平稳运行的基础与保障。此时,对滑雪场的演化过程进行梳理,是对滑雪场发展热潮下的冷思考,通过梳理滑雪场演化特征,深挖滑雪场演化中的矛盾,铲除发展隐患,是滑雪场可

---

① 参见张瑞林、周文静、王伟:《认知、演进、域外借鉴:中国的滑雪场可持续发展研究》,《首都体育学院学报》2020年第3期。

持续发展的必由之路。

随着滑雪产业的繁荣发展,滑雪场进入了越来越多人的生活,为人们提供体育旅游、休闲度假等多种服务,成为人们滑雪体验与观光自然风景的旅游目的地。作为体育旅游地,滑雪场的发展是一个有生命的自组织现象,是机遇与挑战并存的发展过程。其发展过程中,必然伴随矛盾的不断产生与消解,正确认识滑雪场的演化过程是可持续发展的基础,正确处理发展过程中的矛盾是可持续发展的保证。

对滑雪场的研究,国内从宏观与微观两个层面展开。宏观层面,从冬奥会背景下滑雪场的转型与冬奥会后滑雪场如何运营角度、中外滑雪场建设与运营对比研究角度、我国滑雪场空间格局角度、滑雪场运营优化角度等方面进行;微观层面,从滑雪场的营销角度、滑雪消费者的体验与需求角度、滑雪者群体细分角度等方面进行研究。国外多以成熟滑雪旅游地为案例开展研究,探讨滑雪场的风险管理、消费者满意度、消费者细分、滑雪场生态环境保护等内容。综上所述,国外研究中多以案例研究为主,通过剖析滑雪场发展经验,为滑雪场的运营提供参考。由于我国滑雪产业起步较晚,因此国内研究多倾向于如何更好运营滑雪场等建设议题,对于滑雪场的可持续发展及发展中可预见困难的预警研究不足。基于此,本书将借鉴旅游地生命周期理论对滑雪场的演化过程进行分析,认识滑雪场演化中的特征、主导因素与主要矛盾;根据生命周期延长理论预测滑雪场可持续发展的演化节点与轨迹,借鉴域外经验,结合我国实际情况提出我国滑雪场发展路径,对滑雪场的可持续发展具有重要的现实意义。滑雪场演化机制研究有利于认识我国滑雪场的发展特点及未来发展趋势,明确未来发展问题。针对我国滑雪产业的建设阶段,急需冷静思考,认真剖析,认清滑雪场建设发展问题,促进滑雪场可持续发展。

第一节　我国滑雪场的发展静态与动态

一、发展静态：我国滑雪场的现状特征

在市场需求与政策主导下，我国滑雪产业正在迅速发展，呈现雪场数量飞升与雪场规模增大的态势，相应地表现出滑雪场经营业态的多样性与复杂性。对现阶段我国滑雪场的发展业态进行分析，从多个角度进行解构与重构，以清晰认识我国滑雪场现状。滑雪场根据不同的划分方式，可以解构为不同的类型，并从中发现我国滑雪场的现状特征，重构对滑雪场的现状认知。依据中华人民共和国旅游行业标准《旅游滑雪场质量等级划分》(LB/T037—2014)对滑雪场进行划分，根据旅游滑雪场的设施设备及基本条件、旅游交通、辅助项目、安全与保险、卫生、通信、购物、综合管理与服务、接待设施与服务、旅游滑雪场气候与环境、接待规模 11 大项可以将滑雪场划分为由高到低的 SSSSS 级、SSSS 级、SSS 级、SS 级、S 级 5 个等级。以黑龙江省为例，2019 年黑龙江省共有滑雪场 124 个，仅有 27 个各类 S 级滑雪场。服务质量是滑雪场发展的保障，未来我国滑雪场服务质量提升空间巨大，这也表示我国滑雪场有更大的发展前景。除此之外还有多种滑雪场类型划分方式，依据滑雪场的软件、硬件设施，承办赛事规格，客源市场情况，参考韩杰等(2001)研究，滑雪场可以划分为高、中、低 3 个等级。高级滑雪场属于国家级滑雪场，有较好的软硬件设备，具备国家级甚至国际级体育赛事举办条件，客源包括国内外游客、运动员、教练员等，例如吉林北大湖滑雪度假区、长白山鲁能圣地、云顶山滑雪场、黑龙江亚布力滑雪旅游度假区；中级滑雪场属于省级滑雪场，部分设备达到高级滑雪场标准，但整体设备与服务能力差于高级滑雪场，例如富龙四季小镇、吉林净月潭滑雪场；初级滑雪场只具备初学者滑雪条件，例如烟台南里滑雪场、蓬莱羽岭滑雪场等。依据核心目标客群，可以将滑雪场划分为旅游体验型、城郊学

习型、目的地度假型滑雪场三类,从数量上看,我国旅游体验型滑雪场占77%,而最具国际竞争潜力的目的地度假型滑雪场仅占3%,其中大型目的地滑雪度假区全国不足10个。依据滑雪场的滑雪季时长与温度、海拔高度、雪道面积与数量、缆车数量等,参考王世金等(2019)的研究,滑雪场可以划分为优良级滑雪场与一般级滑雪场两个类型。根据统计,截至2015年,我国优良级滑雪场占比7.72%,剩余为一般级滑雪场。雪道面积常常作为滑雪场规模的重要指标,参考苗春竹(2019)的研究,一般雪道面积在50公顷以上,被认为是大型滑雪场;雪道面积在10—50公顷,被认为是中型滑雪场;雪道面积在10公顷以下,被认为是小型滑雪场。2019年,我国有大型滑雪场15个,中型滑雪场52个,小型滑雪场703个,从数量上看,目前我国滑雪场以中小型滑雪场为主。

虽然滑雪场的划分方式呈现多样性与繁杂性,不同划分方式之间在划分标准上具有重叠性、交叉性、补充性,但划分结果具有一致性。各个划分方式都是将滑雪场分为高低不同等级,而各种划分方式中呈现的高低不同等级域中的滑雪场具有一致性,彼此相互印证了我国滑雪场的现状特征。我国滑雪场高低等级呈现极端性,高等级滑雪场在雪道数量、面积,缆车数量,滑雪场相关服务,四季运营能力等设施与管理方面都远胜于低等级滑雪场。但在数量上,我国高等级滑雪场数量少,低等级滑雪场数量较多,高低等级域滑雪场的数量与质量呈现金字塔关系(见图10-1)。在高等级域中,滑雪场呈现出地理空间聚集性、地域分布不平衡性、滑雪场消费群体针对性、运营四季性等特征;低等级域呈现雪场建造速度快、总体数量激增、产品同化性、消费群体单一等特征。

高低不同等级域滑雪场根据滑雪场的资源依赖、坐落位置及形式,参考李飞(2012)的研究,可以将滑雪场分为山丘型(如黑龙江亚布力滑雪旅游度假区、吉林北大湖滑雪度假区)、城市公园型(如长春净月潭滑雪场、北京朝阳公园亚布洛尼滑雪场、天津水上公园滑雪场)和室内型(如吉林北山室内四季越

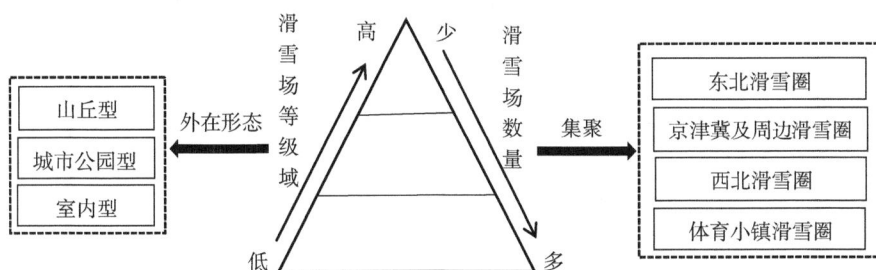

图 10-1 我国滑雪场现状特征示意图

野滑雪场、广州融创雪世界）。根据滑雪场的空间聚集状态，可以分为东北滑雪圈、京津冀及周边滑雪圈、西北滑雪圈、体育小镇滑雪圈四种聚集状态。目前不同滑雪圈中都存在高低等级域以及形态异同的滑雪场，具体关系见图10-1。高低等级域不同的滑雪场表现出山丘型、城市公园型、室内型等不同形态，这些不同形态的滑雪场又集聚成滑雪圈，形成目前的滑雪场发展现状。

二、发展动态：我国滑雪场演化过程、内因、轨迹

随着冬奥会临近，消费者滑雪热情增加，滑雪场的数量和质量都处于前所未有的发展阶段，但同时也存在盲目建场、同质化、产业弹性弱等多方面问题。此时，对滑雪场的发展进行科学分析，梳理滑雪场的演化过程，明确滑雪场的动态变化，构建学界与业内对滑雪场的认知，有利于促进我国滑雪场的可持续发展。

旅游地生命周期理论能够从学术角度解释与描述旅游地生命演化机制，是从发生和时间演化过程对旅游地成长进行描述的重要理论，是旅游地发展的客观描述，更是实践可持续发展的重要工具。旅游地生命周期理论（Tourism Area Life Cycle, TALC）认为旅游地演化通常经历探索（exploration）、起步（involvement）、发展（development）、稳固（consolidation）、停滞（stagnation）、衰落（decline）或复兴（rejuvenation）几个发展阶段。滑雪场是具备旅游属性的运动场所，其演化过程可通过旅游地生命周期理论进行分析。

对滑雪场演化进行分析,不仅仅需要明确滑雪场的演化过程,还需要深入探讨滑雪场演化中的内部结构以及内在要素的作用关系,发现矛盾点以警示未来发展,防患于未然既是滑雪场演化研究的真正意义,也是促进滑雪场可持续发展的基本保障。

第二节 滑雪场演化阶段划分

我国滑雪运动最早是在《隋书》中记录"涉猎为务,食肉衣皮……地多积雪,惧陷坑井,骑木而行",其中"骑木而行"即为进行滑雪运动,此时人们进行滑雪运动的目的是生存,与现代滑雪场中进行滑雪运动是为了娱乐、竞技,目的完全不同,具有本质差别。本书以滑雪体验、竞技观赏为主的现代滑雪运动场所的发展为研究对象,因此以建于 1933 年的我国第一座滑雪场——哈尔滨玉泉北山滑雪场作为我国滑雪场演化的开端进行探讨,在此之后 60 余年中,我国滑雪场数量与滑雪人数增长缓慢,处于极度缓慢的演化阶段,且年度详细数据难以收集。基于此,本书对能够收集到翔实数据的 1997—2018 年时间跨度进行客观量化分析。采用增长率分析法对我国滑雪场生命周期进行划分。通过 1997—2018 年我国滑雪场滑雪人数、滑雪场数量得出滑雪人数对数增长率与滑雪场对数增长率,计算公式如下:

$$K = \ln(\frac{Nt}{Nt-1})$$

将 1997—2018 年我国滑雪场滑雪人数对数增长率与滑雪场数量对数增长率绘制为折线图,然后通过经济周期测度中"谷—谷"划分法对演化周期进行划分(见图 10-2)。从图 10-2 中可以看出,两折线斜率虽有不同,但是两图中折线走势基本相同,说明我国滑雪场数量与滑雪人次变化具有相似性,值得注意的是,滑雪人次的增长率整体上高于滑雪场增长率,说明滑雪人数的增长幅度要强于滑雪场建设速度。从 1997—2018 年对数增长率曲线中可以发现,我国滑雪场与滑雪人次一直处于增长态势。

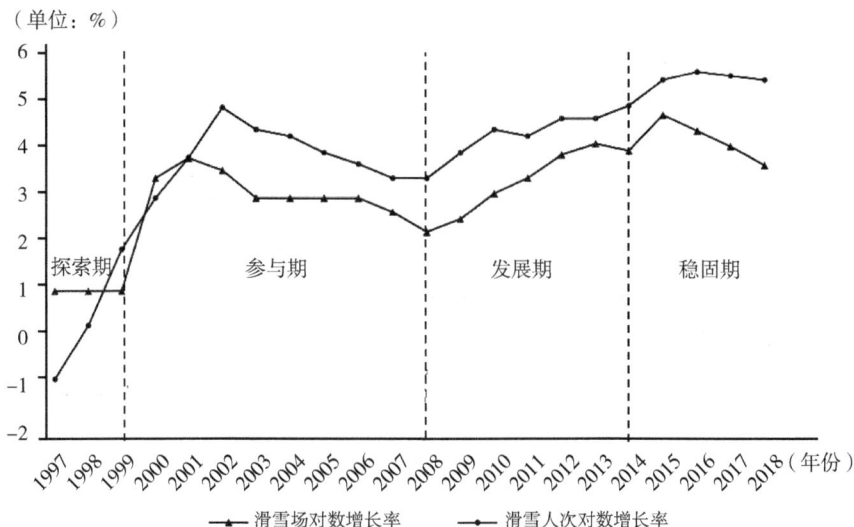

图 10-2　1997—2018 年我国滑雪场与滑雪人次对数增长率

　　根据生命周期理论,结合增长率波动图和我国滑雪场发展现实情况,得出我国滑雪场的演化经历了四个阶段,分别为探索期(1933—1999年)、参与期(2000—2008年)、发展期(2009—2014年)、稳固期(2015年至今)。

　　滑雪场演化是一个动态性与阶段性并存的过程。在其动态发展中,受到不同影响因素的作用而产生阶段性变化,当主导影响因素为促进要素时,滑雪场呈现积极发展状态;当主导影响因素为抑制要素时,滑雪场呈现停滞或者衰退状态。同时滑雪场的发展过程中又伴随主要矛盾与次要矛盾的不断转化,解决发展中的主要矛盾是滑雪场可持续发展的必由路径。厘清滑雪场发展中的主导要素,分析发展阶段中的主要矛盾点,可以为滑雪场下一步的良性发展提供参考(见图 10-3)。

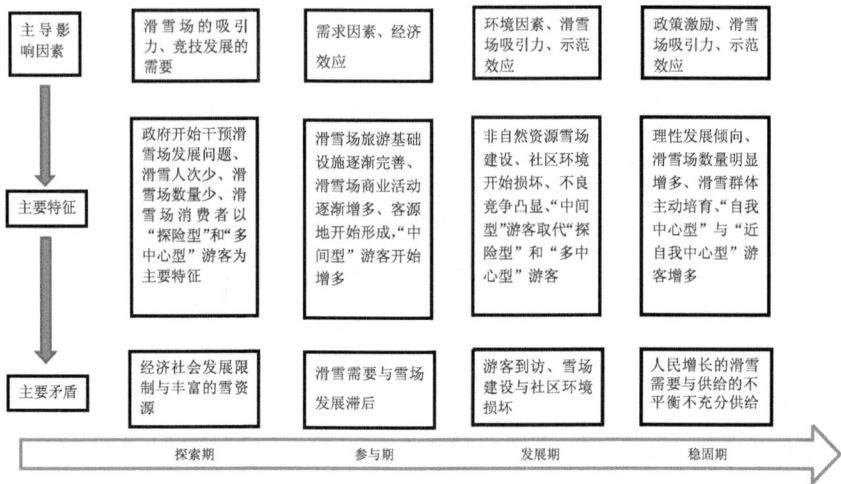

图 10-3　我国滑雪场演化阶段示意图

一、探索期（1933—1999 年）

（一）探索期的主导因素与主要矛盾

从能够收集到的材料可以发现，我国第一个用于竞技与娱乐的滑雪场建于 1933 年，此后便开始了我国滑雪场发展速度的探索期。但滑雪场发展速度十分缓慢，直到 1996 年，我国滑雪场数量才突破 10 个。该时间段虽然没有准确数据，但依滑雪场发展状况可以判断为我国滑雪场演化阶段的探索期。

这一时期，我国滑雪场发展的主导因素是滑雪场的吸引力与竞技发展需要。滑雪场具备滑雪运动高参与性、高刺激性、高趣味性、高自然感受性的独特吸引力，滑雪场还是开展冬季竞技项目训练、比赛的主要场所。在滑雪场发展探索期，尤其在探索期尾端，竞技体育作为我国参与国际社会的出口之一备受重视，一批具有竞技功能的滑雪场开始建设。但受到我国经济社会发展的限制，我国良好的雪资源在此时期并没有得到很好的开发利用，经济社会发展限制与丰富的雪资源是探索期的主要矛盾。

（二）探索期表现特征

在我国滑雪场演化阶段的探索期中呈现政府开始干预滑雪场发展问题、滑雪人次少、滑雪场数量少、滑雪场消费者以"探险型"和"多中心型"游客为主要特征。在探索期尾期，滑雪场的发展受到了政府相关部门的关注。1995年，全国滑雪旅游研讨会的召开给滑雪场的发展提供了推动力，为滑雪场的发展提供了信心，也加速了我国滑雪场探索期的发展；到1996年时，全国陆续新建滑雪场共11个，此时滑雪人数为每年1万人次，滑雪者的接受能力与滑雪场的接待能力均有待开发。1998年，滑雪旅游被列入"中国旅游业发展优先项目"中，这为滑雪场发展指明了方向，滑雪场建设与运营开始由探索期转入参与期，政府干预下的滑雪场建设与滑雪人次增长率显著提高，但发展到1999年时滑雪人次仅达到10万人次，滑雪场数量为20个，表现出滑雪人次少、滑雪场数量少的特征。这一时期，游客多是由于猎奇、兴趣等动机来到滑雪场，滑雪场游客以"探险型"和"多中心型"为主。这段时期，我国滑雪场多由政府为主体进行建设，以自然资源依赖为主进行开发，多集中于东北、西北地区，其中以吉林、黑龙江两省为主。滑雪场开始由体育训练功能为主转向旅游功能开发，这也意味着我国滑雪场消费群体发生了变化。

二、参与期（2000—2008年）

（一）参与期的主导因素与主要矛盾

2000—2008年为我国滑雪场演化的参与期。这一时期，需求因素与经济效应对滑雪场发展的拉动效应凸显，成为滑雪场发展的主导因素。需求因素来源于国内与国外两方面客源，在国内，除了北方居民，南方居民也开始将滑雪运动作为冬季旅游的选择，国内对滑雪场的需求增加；在国外，滑雪运动风靡已久，滑雪狂热者热衷寻找自然资源优越的新滑雪场进行挑战与体验，我国滑雪场建设为国外滑雪者提供了更多选择,尤其吸引了东南亚、俄罗斯、日本、韩国等滑雪者。经济效应的主导影响来自国内雪场可观收入与国外雪场良好经济效益。在国内,2000 年长春净月潭冰雪节的收入为 4.16 亿元,这对国内滑雪市场产生巨大刺激作用,也让国内资本市场看到了我国滑雪场的发展潜力;在国外,法国、日本等滑雪场运营成熟国家在滑雪场经济收益方面的巨大成功对国内市场产生了很大的吸引力。在这两个主导因素影响下,我国滑雪场进入参与期阶段。

这一时期表现出来的主要矛盾是滑雪需要与雪场发展落后的矛盾,按照滑雪运动发达国家滑雪人口占全国人口数 10% 计算,我国在该阶段应约有1.2 亿人的滑雪人口,按照每人 500 元的滑雪消费,那么我国有巨大的滑雪消费需求,因此我国滑雪场需要继续发展以满足需求。

(二)参与期的特征

在主导因素的影响下,我国滑雪场在参与期呈现滑雪场旅游基础设施逐渐完善、滑雪场商业活动增多,客源地开始形成,"中间型"游客增多等特征。在滑雪场旅游基础设施逐渐完善方面,在 2001 年召开的"首届国际冰雪产业合作论坛"中,对滑雪与政府管理、滑雪与投资等议题进行了讨论,从该论坛可知,我国政府开始加大对旅游业基础设施的建设,对我国滑雪场的资金投入增多,除我国东北地区以外,华北地区、西北地区、西南地区也开始建设滑雪场,这些滑雪场多以雪道少、坡度低的小型滑雪场为主。2005 年《中国滑雪场所管理规范(试行)》颁布,提倡向设备完善的大型滑雪度假区方向建设,适当限制简陋性滑雪场建设,此后较高等级的滑雪场开始筹划并建设,滑雪场发展进入了参与期的尾期。在滑雪场商业活动方面,滑雪场尝试商业运营,开始多种形式的广告宣传,甚至将滑雪场打造成为地区名片,滑雪运动也成为冬季旅游的代表;关注国际视野,增强滑雪场的品牌效应,吉林与辽宁先后组织国际冰雪节,品牌效应逐渐增强。滑雪客源地开始形成,交通可达性增强,滑雪场的客源从以省内客源为主转变为三部分:省内客源、省外客源、国外客源,客源的增多与稳定是滑雪场继续发展的前提与保障。在客源地逐渐稳定后,滑雪消费者的类型呈现"中间型"消费者增多态势。

三、发展期(2009—2014年)

(一)发展期的主导因素与主要矛盾

2009—2014年为我国滑雪场演化的发展期。这一时期,我国滑雪场演化的主导因素是环境因素、滑雪场吸引力与示范效应。在环境因素方面,体育赛事、筹备申奥、雪场建设技术、居民需求等环境因素都处于空前利好阶段,为我国滑雪场建设提供了"沃土"。在滑雪场吸引力方面,滑雪场独特的风光与运动体验成为了吸引游客的利器,尤其在冬季旅游中具有绝对优势。在示范效应方面,滑雪成了人们出游新选择,是一项社会地位与经济实力的象征项目,因此在示范效应影响下,越来越多人受滑雪者影响,愿意进行滑雪消费,以彰显自己的社会地位。在这些因素的主导下,滑雪场得以快速发展,在雪场数量与滑雪人数方面飞速增长。

这一时期的主要矛盾是游客到访、雪场建设与社区环境损坏的矛盾。滑雪场的发展带动了地方经济的发展与硬件设施的建设,但同时物价上涨、游客素质参差不齐,游客与当地居民摩擦不断增多等问题多发,如何化解滑雪场发展与社区环境损坏之间的矛盾对于滑雪场的可持续发展十分重要。

(二)发展期的特征

我国滑雪场演化阶段的发展期呈现出非自然资源雪场建设、社区环境开始损坏、不良竞争凸显、"中间型"游客取代"探险型"和"多中心型"游客等特征。在非自然资源雪场建设方面,随着冬奥会申办,国家政策推动,南方地区开始发展滑雪产业,全国进入主动发展阶段。滑雪场建设与运营中民营投资逐渐增多,如乌鲁木齐丝绸之路国际滑雪场和天山天池国际滑雪场。同时一些不具备滑雪自然资源的地区也开始通过科技手段建设滑雪场,室内滑雪场、旱雪场、模拟器等多种形式的滑雪体验设备被投放至滑雪市场中,如到 2014年,国内尖峰旱雪场地已达 9 个。在社区环境开始损坏方面,随着滑雪节、冰雪节等滑雪赛事的举办,滑雪运动逐渐走进群众视野,滑雪场游客接待能力得到提升,我国的滑雪人数不断增加,滑雪人次甚至超过滑雪目的地居民人数。滑雪因其季节性成了众多地区旅游淡季的填补项目,也成了当地居民的经济来源之一,与当地城镇发展产生了紧密联系。社区环境问题不断产生,滑雪场发展导致目的地物价上涨、环境破坏、生活拥挤等问题突出。在不良竞争凸显方面,随着滑雪场的增多,滑雪场开始出现市场调节,其中以价格竞争与同类化问题最为突出,以价格战为标志的不良竞争出现。在滑雪消费者方面,"中间型"消费者逐渐增多,"探险型"与"多中心型"游客被取代,这也是滑雪场开始走进大众视野的表现之一。在发展期,滑雪场发展向好的特征越来越明显,而发展带来的问题也逐渐凸显,妥善平衡是滑雪场持续发展的根本。

四、稳固期(2015 年至今)

(一)稳固期的主导因素与主要矛盾

2015 年至今为我国滑雪场演化的稳固期。这一时期,我国滑雪场演化的主导因素是政策激励、滑雪场吸引力、示范效应。在政策激励方面,申奥成功后,我国颁布了多部利于滑雪场建设与发展的政策,从滑雪人群培育、滑雪场建设、滑雪场发展规划等多方面进行支持,为滑雪场市场投入了沸腾剂。在滑雪场吸引力方面,经过多年的发酵,滑雪运动被更多人认识、接受、体验,在新媒体等渲染下滑雪场吸引力得到扩散。在示范效应下,网络游记、网络分享等加剧了示范效应的效果,这些因素促进滑雪场继续发展。

这一时期,滑雪场表现出来的主要矛盾是人民日益增长的滑雪需要与供给不平衡不充分之间的矛盾。人们通过网络等对滑雪场的设施、环境、硬件条件等有了更多的期望与需求,而目前我国滑雪场仍然以设施较简单的中小型滑雪场为主,难以满足滑雪者的需求。

（二）稳固期的特征

在我国滑雪场演化阶段的稳固期中呈现理性发展倾向、滑雪场数量明显增多、滑雪群体主动培育、"自我中心型"与"近自我中心型"游客增多等特征。在理性发展倾向方面,我国滑雪场的发展期为我国申办2022年冬奥会奠定了基础,在成功申奥的催化剂下,我国滑雪产业依然继续发展,滑雪场的建设停止了跃进式增长,由盲目跟风开始向理性规划发展,重视客源培养、滑雪场安全网建设、四季运营等方面转变发展。民间资本介入滑雪场建设与经营,滑雪场数量明显增多。在政府《冰雪运动发展规划（2016—2025年）》《全国冰雪场地设施建设规划（2016—2022年）》等规划下,我国滑雪场的数量与滑雪人数已经达到了空前数量,但是由于基数较大,因此在增长率表现上呈现放缓状态。滑雪场分布虽不平衡,但是更加广泛,南方地区出现室内滑雪场(例如上海冰雪世界、广州万达城室内滑雪乐园等),尤其浙江、江苏地区滑雪场数量增加较多,到2019年,我国滑雪场数量为770个。在滑雪群体主动培育方面,这一时期,我国注重培养滑雪群体,通过冰雪进校园、冰雪嘉年华等多种冰雪活动增加群众接触滑雪场、学习滑雪技能的机会,滑雪人数明显提升。"自我中心型"与"近自我中心型"游客增多,更多消费者开始关注自身需求。

在近几年的发展中,我国大型滑雪场在空间上逐渐形成了华北、西北、东北的集聚状态。小型滑雪场数量增加,更多落地二线、三线城市或我国经济百强县级市。基于我国滑雪场目前的演化状态,在未来,滑雪场该如何发展?

第三节　我国滑雪场可持续发展路径
——域外经验镜鉴

我国滑雪场目前处于稳固期,但也是滑雪场发展的"瓶颈"期。我国滑雪场数量得到提升,但是建设水平普遍较低,难以满足人民日益增长的需求,也难以形成国际滑雪竞争力;我国滑雪人次有所提升,但是复滑率与渗透率不高,滑雪黏性消费群体有待扩大;滑雪场发展带动了当地经济发展,但打破了当地居民的社区环境,当地居民参与度与滑雪场发展之间的协调性有待提升;滑雪场在建设数量与雪道数量上都有所增加,但是雪场建设占地、人造雪、旅游者到访带来的自然环境破坏问题也开始凸显。滑雪场发展必然伴随尝试、突破、创新,这些需要明确的管理部门与相关法规为其支撑,但在实践中出现多头管理、法规缺失等问题,严重阻碍了滑雪场的发展,因此突破稳固期,探索滑雪场可持续发展路径已经迫在眉睫。

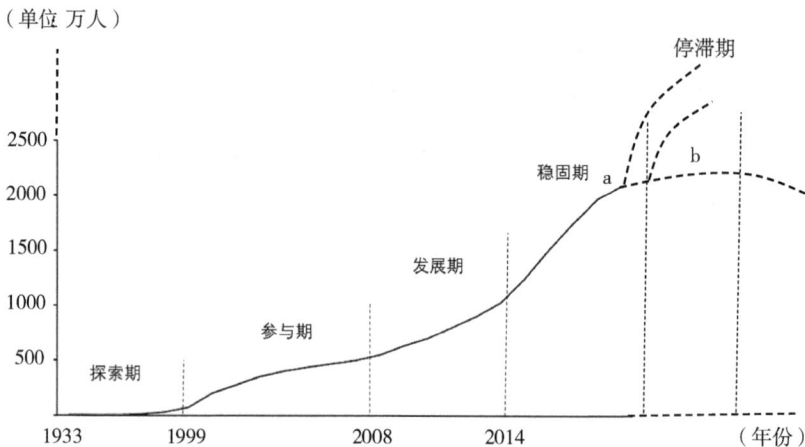

图 10-4　我国滑雪场可持续演化路径模拟图

依据生命周期模型对我国滑雪场稳固期的演化进行推导(见图10-4),从中可以发现,曲线 a(稳固期前中期)与曲线 b(稳固期末期)是现阶段滑雪场可持续发展的路径。通过人为调控,使我国滑雪场未来发展呈现曲线 a 或曲线 b 轨迹,是延长滑雪场生命周期,实现滑雪场可持续发展的选择。基于此,我国滑雪场应立足当前发展状态,未雨绸缪发展之路。遍观国际发展成熟的滑雪场,其在发展中均经历了发展瓶颈期,他们的治理经验可以为我国滑雪场的发展提供警示与启示,可为我国滑雪场谋划先行之策提供借鉴。从此角度出发,本书提出了坚定政府主导的发展模式、推动消费需求为导向的滑雪场转型、借助国际级滑雪赛事实现突破发展、推动滑雪场步入环保轨道 4 条可持续发展路径,力图为我国滑雪场可持续发展提供帮助。

一、坚定政府主导的发展模式

　　总结国际滑雪场发展成熟国家在稳固期的发展经验,政府主导是突破瓶颈的保障。法国的滑雪业在 1978 年便趋于成熟,其发展经验值得借鉴。1964年,法国冰雪规划颁布,在法国政府主导下,法国开始从整体上开发山地滑雪,随后颁布了一系列法律政策从土地、贷款、公共服务方面给了滑雪场发展红利。将滑雪场开发融入地方发展中,快速形成了滑雪产业规模;整体规划下的滑雪场改变了以往各自独立的运营状态,相互之间联合起来形成了滑雪品牌,建立了滑雪品牌效应。面对滑雪场快速发展带来的自然环境破坏等问题,法国通过《山地法》对环境保护进行了规划,通过多方协定来牵制环境破坏问题,铺设的运行轨道保证了法国滑雪场发展至今。在日本,政府主导使滑雪产业转危为安。日本滑雪产业一度衰退,日本政府通过"激活滑雪胜地推进会议"商讨与实施滑雪产业发展计划,主要从政策、经济、人才培养三个方面对滑雪场发展进行支持,政府主导后,滑雪场遏制了衰退趋势,向平稳状态发展。在韩国,政府在滑雪场准入上进行了严格的限制,这样的限制虽然在一定程度上阻碍了滑雪场的发展,但是却能够筛选良莠,就长远角度而言,能够防止滑雪场出现恶性竞争的局面。政府主导是上述国家实现滑雪场平稳发展强有力的托手。

滑雪场存在建设投资大，运营成本高，回报周期长的特点，而且随滑雪场规模的增加而越发明显，甚至会出现越大越难盈利的怪现象；但滑雪场又是我国发展雪上运动的核心，人们亲近自然的出口，传统旅游淡季的填补，地区经济发展的重要部分，具备社会效益与经济效益并存的优点。而滑雪场两面性均十分突出的特性决定滑雪场的发展单单依靠市场调节不仅难以实现经济效益，社会效益也难以得到保障，因此需要坚定政府主导的发展模式，政府以强有力的调控手段对资源配置加以影响，使滑雪场的运营有所依靠。于我国而言，政府主导要从以下方面入手，首先，将滑雪场作为经济发展内容进行考虑，而不是单纯为发展滑雪场而建设滑雪场。以滑雪场为基准，发挥联动效应、辐射效应才是滑雪场经济价值的最高体现。其次，通过政策疏导滑雪场发展，多次定期召开滑雪场未来发展会议，从顶层规划滑雪场未来5年、10年、20年等的短期目标与长期目标，对滑雪场的建设与规划进行设计。最后，建立滑雪场的准入机制，推动滑雪场向高质量发展，逐步形成以追求经济效益为主的大型滑雪度假区集聚的滑雪圈和以追求社会效益为主的具备满足居民滑雪体验需求、培养滑雪人口的小型娱乐滑雪场散布的地域状态。

二、推动消费需求为导向的滑雪场转型

从国际成熟滑雪场运营来看，滑雪场在快速发展后都经历了以消费需求为导向的滑雪场转型时期，消费需求为导向的滑雪场转型是发展"瓶颈"的击破点。法国在滑雪场快速发展时注意到大型滑雪度假区更能迎合消费者多样化的滑雪度假需求，因此建设了至今闻名的伊索拉2000、拉普拉涅、Les Trois Vallées 三峡谷滑雪场等滑雪场。日本滑雪场在发展中，根据老年滑雪群体的需求，改变以往简单划一的服务策略，在滑雪场中加入针对老年滑雪的服务项目，从安全保障、医疗服务、技能培训等方面开发老年服务，使老年滑雪群体的复滑率达到了95%，为日本滑雪场争取到新的客源群体。除此之外，还细分

了年轻夫妇与孩子客层、三代人组成的客层、外国游客、中小学生等不同的客源群体。在美国,雪场一般会划分为儿童区、练习区、娱乐区、比赛区等,以满足不同人群、不同滑雪目的、不同滑雪技术水平的消费者需求。

目前,我国滑雪场消费者主动滑雪意识有所提升,主动学习滑雪者呈现低年龄趋势,例如在提供滑雪学习服务为主的雪乐山(北京)体育文化有限公司的 2019 年报告中可以看到,学前儿童(1—7 岁)占 15%;滑雪用品销量开始提升,在冷山、迪卡侬的报告中均显示滑雪用品消费额出现连续增长。滑雪群体中亲子游数量攀升,例如携程 2019 年旅游报告中显示亲子出游占 27.5%,我国正在培育潜在滑雪消费群体。在这个时机,我国滑雪场要对消费市场进行细分,根据消费需求丰富滑雪场产品结构。有针对性地增加滑雪场娱乐区、体验区、技能区等不同难度雪道,增加长期雪票、短期雪票、套票等多种门票形式,增加适合情侣、家庭休闲聚会的度假雪场与短时放松、体验的滑雪区以丰富产品消费结构。增加雪道、魔毯、压雪车、造雪机、索道、缆车等滑雪场设备,增加餐饮食宿、交通可达等配套服务,增加自然风光、人文景观等观光景观以丰富产品要素结构。将滑雪学校与具有社交、娱乐功能的大型滑雪度假区相组合,形成从学习滑雪到深度体验的产品组合;将多个大型滑雪度假区相组合,形成风格迥异的度假组合;将大型滑雪度假区与周围旅游景观、运动场所、当地特色服务组合,增加滑雪度假层次感,例如万达长白山国家度假区将滑雪与温泉相组合,以此丰富产品组合结构。通过需求分析,有针对性地进行产品丰富,实现精准供给,帮助雪场转型。

三、借助国际级滑雪赛事实现突破发展

国际滑雪场发展成熟国家多有举办过冬奥会等国际滑雪赛事经历,且国际滑雪赛事的举办多能给举办地带来拉动效应。从法国来看,法国举办了 1924 年、1968 年、1992 年三届冬奥会,在 1992 年举办第 16 届冬奥会时,创新性地提出了多地举办的想法,在法国三个峡谷的多个雪场进行赛事举办,向世

界展现了良好的滑雪场设施与服务。再如,日本举办了1972年第11届与1998年第18届冬奥会,意大利举办了1956年第7届与2006年第20届冬奥会等,这些国家通过国际滑雪赛事的举办不仅完善了滑雪设施,提高了滑雪服务能力,更提升了举办地的国际滑雪地位,对举办地进行了宣传,拉动了更大区域经济发展。

对于我国而言,2022年冬奥会是滑雪场发展的最佳契机。我国冬奥会采取多地举办的方式,这将对我国滑雪场起到区域带动作用,是对滑雪产业链的完善,与滑雪场运营形成更好互动与连带效应,可以实现"1+1>2"的运营效果。冬奥会的举办将很大程度上提升我国滑雪场的建设水平、服务水准,也将更加提升与完善交通、餐饮、住宿、当地公共基础设施等,同时也是我国滑雪场发展的强心剂,吸引更多国际投资进入我国滑雪市场,必将为我国滑雪场的运营带来生机。但需要我国滑雪场在这次契机中勇于挣脱路径依赖的锁链,破除低端锁定的局面,在冬奥会中为世界优秀的滑雪运动员、热爱滑雪运动的观众与游客提供优质的滑雪体验,借此机会吸引国外客源,登上国际滑雪舞台。

四、推动滑雪场步入环保轨道

从国际经验来看,当滑雪场发展到一定阶段时,滑雪场环保问题将成为棘手问题。法国应对环境问题颁布了《山地法》,对开发商合同时间、越野赛事建设进行限制,并逐渐建立了滑雪道标准、雪场垃圾处理、节水等方面的标准。在美国,滑雪场公民联盟(SACC)对滑雪场的环境绩效进行评估。除此之外,还有对美国和加拿大300多个高山滑雪度假区负责的国家滑雪区协会,(NSAA)通过可持续斜坡宪章(SSP)对滑雪场环境保护进行规范。滑雪产业产生的污染对当地的水、土壤、农业都产生很大影响。若继续采用粗放式的滑雪场发展方式,在未来很可能导致严重的空气、水资源、植被、土壤等环境问题,这些将使滑雪场丧失现有的社会效益与经济效益,"不经济"现象将导致滑雪场走向灭亡。

我国在滑雪场的建设发展中,对于环境保护的关注较低。在未来我国可以通过未雨绸缪与亡羊补牢两种形式促进滑雪场的环保发展。未雨绸缪之举,在新建滑雪场、新建索道、雪场扩建等的选址、用地方面要严格审批,综合考虑野生动植物保护、植被保护、耕地保护、土壤表层保护、水资源保护等;对新建雪场的建筑用材进行规定,以免压坏雪场植被,造成永久性毁坏。对雪场运营提出环保要求,设立滑雪场环境监管机制,出台环境绩效评估体系,将环境保护与税收、评级等相挂钩;注重创新技术发展,在雪场建造、人造雪、索道噪声等方面进行技术改进,力求从源头解决问题。亡羊补牢之举,对已建雪场进行改造,例如对人造雪融水、雪场生活污水、垃圾等进行回收,采取措施降低噪声污染,修建蓄水池以节约水资源等。

小　　结

滑雪场是滑雪产业的核心,其可持续发展对我国滑雪产业的良性运行至关重要。在我国,滑雪场除了是发展体育事业、体育产业、旅游业等的载体,也逐渐成为一方经济发展的依赖,关乎当地居民生活水平与生存环境。目前我国滑雪场发展处于稳固期,滑雪人口培育、滑雪场建设的数量与质量都初见成效,但我国滑雪场面临继续发展的"瓶颈"问题,例如客源市场趋于稳定,再扩展难度大;经济与环境矛盾将是未来发展的桎梏等。而人民日益增长的滑雪需要与供给不平衡不充分之间的矛盾又为我国滑雪场的发展提供了契机,在此,我国滑雪场可以借鉴国际发展经验,从坚定政府主导的发展模式、推动消费需求为导向的滑雪场转型、借助国际级滑雪赛事实现突破发展、推动滑雪场步入环保轨道四个方面入手寻求发展。值得注意的是,应充分重视我国滑雪场发展中的环境问题。

第十一章　我国冰雪体育产业可持续发展研究——滑雪产业链可持续发展[①]

　　体育产业是"十三五"规划以来我国重点发展的新兴产业,是经济活动的集合产物,已然成为我国现代化战略的重要组成内容。党的十九大也明确强调了要加快体育强国建设的目标。在冰雪产业发展的过程中,相关产业的产业链发展极具意义。产业链中各环节的衔接与配合不仅影响着产业效益的总体提升,同时也促进着冰雪体育产业的总体优化升级。滑雪产业作为冰雪产业发展的重要组成部分,其产业链发展与体育产业结构紧密相连,其良好发展也会对体育产业的发展转型起到积极的作用。此外,滑雪产业链的健康可持续发展是市场发展的必然结果,理应得到更多的关注。因此,本章节以滑雪产业链的可持续发展为例展开相关研究,以深入剖析冰雪体育产业的可持续发展。

　　滑雪产业发展主要是以欧洲、北美和日本这些国家及地区为代表,其发展经历了初创期、高速发展期、成熟期三个阶段。目前,国外已经形成了相对成熟的滑雪产业链,滑雪产业链结构主要包括滑雪装备和设备制造业的上游产

---

① 参见李凌、张瑞林、王立燕:《滑雪产业链可持续动态图景与质性模型的探讨》,《体育与科学》2018 年第 6 期。

业,滑雪相关服务业的中游产业以及与滑雪产业相关的旅游、培训等其他下游产业,各环节配以政府与滑雪协会的协调与管理,利用社区经营模式形成良性竞争环境,搭建成具有地区特色的滑雪产业链。实证研究已表明,我国滑雪产业起步较晚,尚处于初期发展阶段,尤其我国滑雪产业的装备和设备制造产业发展稚嫩,多数学者也已证明装备和设备制造产业依赖进口,缺乏核心共性技术。滑雪产业在一定程度上虽然影响了我国东北、华北、新疆等区域及省份的经济增长,但是受地域环境等因素影响,受众群体较少,渗透率低,参与人群主要以体验式滑雪旅游为主,市场需求相对不足;另外还存在产业融合不强、产业链机制脱节、滑雪产业服务质量低、市场潜力挖掘不够等现实问题。

以扎根理论的研究范式探寻滑雪产业链的可持续发展关键影响范畴,通过三级编码透析其理论框架。扎根理论研究关键在于将逐级提取的概念、范畴按照一定的逻辑关系串成一条围绕核心范畴的故事线。虽然扎根理论在研究的过程中存在较多主观归纳的形式,但本书会试图通过把握范畴间的逻辑关系与故事线的梳理来规避这一局限性。

第一节　滑雪产业链可持续发展的样本选取说明

质性研究的抽样不能像量化研究那样选取能代表人口并推论到人口母群体的样本,而是要以能深度、广泛和多层面反映研究现象的资料为样本(卡麦兹,2009)。基于此,本书在资料选择上尤其注重样本所能提供资料内容的理论贡献性和信息丰富性。深度访谈了9位专家,主要包括冰雪运动领域专家、体育消费行为学专家以及体育产业管理等相关学者及职业管理者。访谈专家基本信息如11-1所示。

表 11-1　访谈专家基本信息

姓名	学位/职称	工作或职务	研究领域
邹某	博士/副教授	某高校冰雪学院院长	冰雪运动
杜某军	博士/副教授	某高校体育管理学教学名师	体育产业管理
杨某	国际级教练员	原国家队运动员、前波兰冰上项目主教练、现某省冰雪运动项目管理者	冰雪项目管理
吴某华	博士	某高校冰雪学院教师	冰雪运动
刘某文	博士/讲师	某高校经济学博士后、一线教师	产业管理
王某人	博士/教授	台湾某体育大学教授、产业项目执行人	体育消费行为
张某	博士/教授	某高校体育部主任	体育品牌管理
徐某	正处级	某省局官员	雪上项目管理
王某	MBA	某省滑雪场总经理	企业管理

第二节　滑雪产业链可持续发展的
资料分析与编码过程

本书运用 NVivo11 软件进行资料处理,可直接对音频文件进行分析编码。该软件是由 RSQ 公司根据质性研究的特殊需求开发的,帮助研究者将资料化繁为简,允许后续资料的检索与提取,迅速找到不同资料间的关联性,并能以可视化的绘图展现联结关系(刘世闵、李志伟,2017)。通常有自由节点和树状节点两种编码方式,自由节点是研究者从收集到的资料中萃取出无清楚逻辑结合的独立节点;树状节点是能被分类且具有树状结构的具有主从关系的节点。本书将访谈得来的录音直接导入 NVivo11 软件进行编码。

一、开放性编码

开放性编码,对整理后的资料进行逐句概念化,并对得出的概念进行归类,用一个新提炼的范畴统领这些概念(李志刚,2016)。通过开放性编码共提炼出149个概念。在此基础之上,萃取了45个范畴,分别为人才供给、服务供给、有效供给、关联产业、品牌效应、项目种类、区位分布、场地供给、均衡供给、区位资源、装备供给、供给优势、生活质量、阶层认同、社会认同、地域文化、价格水平、消费类型、市场需求、消费体验、消费反馈、认知水平、消费动机、口碑传递、投资主体、消费水平、市场环境、区域经济、企业资本、产业协同、企业扩张、风险规避、发展机制、政策支持、服务效率、管理模式、企业决策、规划设计、打破垄断、技术进步、技术支撑、核心技术、创新驱动、创新意识、消除壁垒,概念化和范畴化示例见表11-2。例如"要想实现滑雪产业的可持续发展必须借助其他产业系统的力量"概念化为"产业系统借力";"滑雪产业并不是以一种独立业态存在,它属于体育产业系统中的一部分,所以它的发展势必会受到整个产业系统的影响"概念化为"业态依存"。对概念进一步归纳,合并同类项,得到"关联产业"范畴。开放性编码提取出的概念和范畴都逐级涵盖并理顺了繁杂的资料内容,研究者对资料的凝练和理解逐步加深,有利于进一步探索与识别范畴间的新关系。

表11-2　开放性编码示例

访谈资料	概念化	范畴化
绝大多数的滑雪场均没有高级的专业管理人员	缺乏专业管理人才	
滑雪教练、救护等专业人员数量和质量的缺乏是制约我国滑雪产业发展的重要原因之一	缺乏教练、救护人才	人才供给
滑雪场设施、设备、器材使用与维护的专业技术人员的缺乏是导致滑雪运动风险居高不下的重要原因	缺乏专业技术人才	

续表

访谈资料	概念化	范畴化
要想实现滑雪产业的可持续发展必须借助其他产业系统的力量	产业系统借力	关联产业
滑雪产业并不是以一种独立业态存在,它属于体育产业系统中的一部分,所以它的发展势必会受到整个产业系统的影响	业态依存	
滑雪产业链上产业之间的供求关系维系联系所在	产业间联系	
合理布局滑雪场地是滑雪产业有序发展的前提	合理布局	区位分布
要充分考虑滑雪消费者抵达滑雪场的便捷性	场地选址	

二、主轴编码

主轴编码是为了识别和建立范畴间的逻辑关系,生成新的、更高层次的范畴,称为主范畴。按照"条件/原因→行动/互动策略→结果"典范逻辑关系(李志刚,2016)对前一阶段形成的45个范畴进行归类,生成5个主范畴,包括多元供给、需求升级、经济协同、管理结构、技术革新。通过对5个主范畴的内涵诠释来展示范畴凝练的过程,主轴编码过程见表11-3。

表11-3 主轴编码过程

范畴					主范畴
条件/原因		行动/互动策略		结果	
人才供给	→	服务供给	→	有效供给	多元供给
关联产业	→	品牌效应	→	项目种类	
区位分布	→	场地供给	→	均衡供给	
区位资源	→	装备供给	→	供给优势	

续表

范畴					主范畴
条件/原因		行动/互动策略		结果	
生活质量	→	阶层认同	→	社会认同	需求升级
地域文化	→	价格水平	→	消费类型	
市场需求	→	消费体验	→	消费反馈	
认知水平	→	消费动机	→	口碑传递	
投资主体	→	消费水平	→	市场环境	经济协同
区域经济	→	企业资本	→	产业协同	
企业扩张	→	风险规避	→	发展机制	管理结构
政策支持	→	服务效率	→	管理模式	
企业决策	→	规划设计	→	打破垄断	
技术进步	→	技术支撑	→	核心技术	技术革新
创新驱动	→	创新意识	→	消除壁垒	

（一）多元供给

多元供给是滑雪产业发展的重要条件。根据扎根理论分析,滑雪产业链可持续发展应实施多元供给,包括人才供给、服务供给、有效供给、关联产业、品牌效应、项目种类、区位分布、场地供给、均衡供给、区位资源、装备供给、供给优势等要素。首先,根据产业发展的需要,人才供给是冰雪体育产业发展的基础环节,即人力资源的配置与提供过程,将优秀的体育人才输送到合理的位置,目的是有效发挥人力资源的作用。关联产业是与滑雪产业协同发展的各产业群,对滑雪产业的发展具有重要的协同促进作用。因此,注重关联产业的协同作用发挥至关重要,应强化品牌效应的发挥,丰富品牌种类。此外,滑雪产业也应重视区位分布问题,主要从硬服务要素层面入手,强化场地供给的作用,在滑雪场地数量增加的基础上强化软服务的供给。其次,人才供给应强化服务供给质量的提升,注重提高服务供给的质量与效率;关联产业通过品牌效应实现,品牌效应能促进关联产业发展;区位分布通过场地供给实现,有效的场地供给能促进区位合理分布;区位资源通过装备供给实现,装备供给能促进区位资源优化供给。最后,通过有效强化人才供给,以提升服务供给质量为目标,实现有效供给;通过发挥关联产业的品牌效应,实现项目种类的多元化;通过有效实施区位分布的场地供给环节,实现区位均衡供给;在合理供给区位资源基础上有效实施装备供给,发挥产业的最佳供给优势。

(二) 需求升级

需求升级是产业可持续发展的重要诱因。根据扎根理论分析,滑雪产业链可持续发展应强化需求升级环节,包括生活质量、阶层认同、社会认同、地域文化、价格水平、消费类型、市场需求、消费体验、消费反馈、认知水平、消费动机、口碑传递等要素。首先,受地域文化差异和市场需求因素的影响,居民的认知水平呈差异化发展。其次,随着居民生活水平的提高,居民会表现出不同的阶层认同,将自我划分为不同的阶层;地域文化差异的出现会影响地区价格水平呈现差异化的发展趋势;而市场需求的变化会产生不同的消费体验,居民会获得不同的消费体验结果;消费者的认知水平差异是消费者产生差异化消费动机的根源。最后,基于居民生活质量提高的基础,受阶层认同因素的影响产生不同的社会认同结果;随着地域文化差异的变化,呈现出波动发展的价格水平,是产生差异化消费类型的根源;市场需求的变化与扩张给消费者带来不同的消费体验,进而形成消费者不同的消费反馈;认知水平是消费动机产生的根源,消费者的消费动机会受认知水平的影响,进而产生不同的口碑传递效果,而良好的口碑传递是促进消费提升的前提,能促使消费者再购行为的产生与消费需求不断升级。

（三）经济协同

经济协同是产业可持续发展重要推动力。根据扎根理论分析,滑雪产业链可持续发展应强化经济协同作用,包括投资主体、消费水平、市场环境、区域经济、企业资本、产业协同等要素。首先,投资主体参与经济活动能促进经济活力的有效提升;随着企业发展速度加快,区域经济的发展趋势更加明显,各地区经济发展呈现和谐氛围。其次,投资主体的注入带来社会整体消费水平的不断提升;适逢区域经济发展的良好机遇,企业将注入大量的企业资本,不断加大发展力度。最后,有效推动体育消费水平、增加投资主体企业是经济协同发展的基础,市场内部活力显著增强,呈现出活跃的市场环境,使市场竞争力不断扩大的趋势越发明显。基于良好的市场环境,各企业逐渐加大投资发展的力度,实现又好又快发展。区域经济是经济发展的重要途径,企业资本是企业有效发展的基础,由于企业资本不断扩大,加速了企业扩张的趋势。为弥补经济发展的非均衡性,企业多采取并实施可持续发展、产业协同发展战略,进而形成产业经济协同发展的良好局面。

（四）管理结构

合理的管理结构是产业可持续发展的前提。根据扎根理论分析,滑雪产业链系统可持续发展的合理管理结构应包括企业扩张、风险规避、发展机制、政策支持、服务效率、管理模式、企业决策、规划设计和打破垄断等要素。首先,根据滑雪产业发展需要,有关部门应积极主动地出台相应政策,督促各地方根据自身区域特点制定方案并落实,通过政策支持为滑雪产业的发展提供良好的政策和市场环境;相关企业在迎合发展趋势的同时,应主动投入滑雪产业的发展潮流中,通过制定科学合理的决策,不断进行扩张,实现"双赢"。其次,政府部门在制定相关政策后,应提高自身的服务效率,简政放权,加强部门之间的横向联系;相关企业在制定合理决策的基础上,经过多部门协商,制定企业的发展规划;在企业完成扩张后,借助转移等手段以规避风险。最终不仅有利于探索出科学合理的发展机制,而且还有助于打破市场垄断,从而形成具有良性竞争的滑雪产业市场。

(五)技术革新

技术革新是推动产业快速发展的关键动力之一。根据扎根理论分析,滑雪产业可持续发展所需要的技术革新包括技术进步、技术支撑、核心技术、创新驱动、创新意识和消除壁垒等要素。首先,坚持科学技术是发展的第一生产力,滑雪产业的发展离不开高新技术的支持。坚持创新驱动,走自主创新之路,促进技术进步,为滑雪产业的发展提供源源不断的动力;其次,在树立创新驱动的目标下,培养创新意识,制定相应的鼓励方案,通过技术进步为滑雪产业的发展提供技术支撑;最后,在实现创新驱动、培养高创新意识的基础上,消除技术壁垒;通过技术进步,为滑雪产业的发展提供技术支撑,整体提升滑雪产业各业态的技术水平,掌握各自发展的核心技术,促进滑雪产业系统的健康快速发展。

三、选择性编码

选择性编码是发现核心范畴,核心范畴是所有层级中最抽象的部分,它可将所有范畴统合起来,从而建立起反映滑雪产业链可持续发展的最具概括性概念。通过进一步将 5 个主范畴与已有理论进行对接和比较,发现动态系统机制能涵盖全部资料(见图 11-1)。

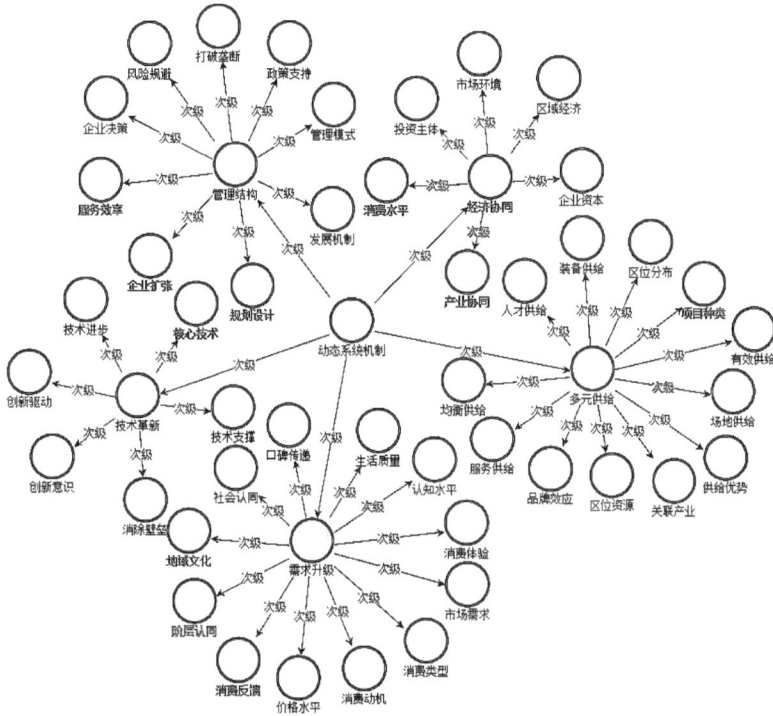

图 11-1　选择性编码过程

第三节　滑雪产业链可持续性
发展理论模型构建

滑雪产业消费者的需求升级,服务供给方提供多元供给,需求与供给相互促进。在人类演化的不同阶段需求也在发展变化,为满足需求升级,滑雪产业链上的服务方要按照市场需求组合生产要素,提供有效多元化的供给。两者都是滑雪产业链可持续性发展的关键因素。技术革新则是需求升级背景下的产物,为多元供给的实现提供技术支持。在此基础上构建有效、规范的管理结构为滑雪产业链可持续发展提供制度保障。最后共同创造了产业链内各行业以及与区域经济协同发展的态势,形成滑雪产业链的动态系统机制,促进滑雪产业链的可持续发展(见图 11-2)。

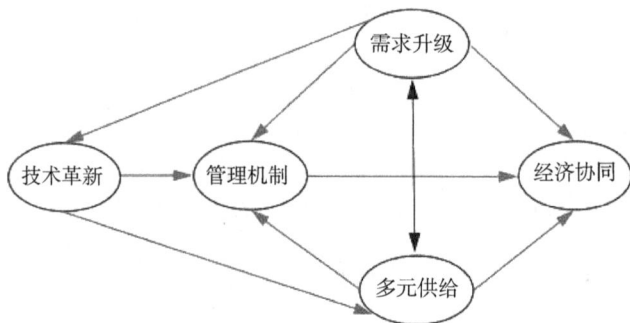

图 11-2　动态系统机制理论模型

　　通过上述模型的论证逻辑,对比相关研究结果可知,李博(2016)认为"无效供给过度""有效供给不足"和"供需错位"是影响体育产业竞争力的重要问题。对于滑雪产业链而言供给亦是不可忽视的因素,而本书归纳出供给不仅要注重有效性,更要注重多元化。张泰、李笑春(2013)针对区域可持续发展能力形成机制的探讨发现需求变化及需求缺口是诱发因素,技术进步和制度安排等是促进因素。这与本书有不谋而合之处。本书发现需求升级、技术革新、管理结构是滑雪产业链可持续发展的重要影响因素。张瑞林(2012)指出,体育产业协同创新是体育产业与相关产业之间交叉、互动形成的新兴产业领域,是体育产业管理协同创新的重要动力,滑雪产业作为体育产业的重要组成部分更要做到经济协同。

小　　结

　　依据扎根理论的质性分析法探析滑雪产业链可持续发展的核心影响因素,提炼出多元供给、需求升级、经济协同、管理结构、技术革新 5 个主范畴,并在此基础上构建涵盖以上 5 个主范畴的动态系统机制理论模型。

后续研究可以通过运用纵深研究视角具体剖析滑雪产业链内部结构的关联效果,从而不断推动滑雪产业结构的研究进展,拓宽产业联动、滑雪产业链领域研究的微观视角以及行为学讨论范畴。

结　　语

本书从供需互动视角出发,以我国冰雪体育产业需求与供给结构要素、供给结构转型、消费需求升级以及冰雪体育产业供给与消费需求之间的关系为基本研究对象,探索消费升级背景下我国冰雪体育产业转型发展的可持续发展路径,采用问卷调查法、灰色系统理论、社会网络分析法、社会阶层理论、案例分析法、空间计量分析法、扎根理论、系统动力学法等研究方法,经分析得出以下结论。

第一,通过对我国冰雪体育产业的供给与需求现状进行调查,发现目前我国冰雪运动的参与情况良好,冰雪运动的参与人群主要集中在商业或服务业领域具有较高学历和收入水平的男性中青年。他们对冰雪运动的消费投入偏高,且在消费过程中主要考虑选择租赁雪具、情侣陪同、性价比等因素。总体而言,消费者比较关注短道速滑和花样滑冰,对冰雪体育产业的了解程度偏高。虽然目前冰雪体育产业消费需求不断扩张,但冰雪体育产业仍存在南北差异较大、专业人才匮乏等问题。北京冬奥会成功申办对于冰雪体育产业发展具有促进作用,同时冰雪运动开展有利于拉动相关地区经济增长以及冰雪运动的普及。基于此,提出绿色环保发展、培养各类冰雪体育产业人才等促进冰雪体育产业的可持续发展的策略,并提出开展亲民的冰雪活动、完善冰雪运动基础设施等提升冰雪运动消费需求的思路。此外,为促进冰雪体育产业供给转型发展,还应培养冰雪体育产业后备人才,加强冰雪产业链企业间合作,营造良好的冰雪文化氛围。

第二,基于灰色系统理论研究冰雪体育产业供给,利用灰色关联模型探讨冰雪体育产业规模与体育用品及相关产品制造业规模、体育服务业规模、体育场地设施建设业规模之间的关联程度,发现在冰雪体育产业的发展过程中,其产业规模与体育服务业规模的关联度最大,与体育用品及相关产品制造业规模的关联度次之,与体育场地设施建设业规模的关联度最小;利用灰色预测模型探讨未来5年冰雪体育产业规模、冰雪竞技类赛事数量、滑雪场数量的发展趋势与规模,发现未来我国冰雪体育产业规模、冰雪竞技类赛事数量、滑雪场数量均具有较好的增长趋势,且冰雪体育运动场地和冰雪竞技类赛事的有效供给进一步推动了产业规模的扩大,逐步形成了较为完善的冰雪体育产业链。冰雪文化、冰雪资源与体育资源互补互利,推动了冰雪体育产业供给数量与质量的提升,促进了冰雪体育产业的整体发展。在冰雪体育产业良好的发展趋势下,应有效推进冰雪体育产业朝着结构服务化、内容多元化转型。

第三,利用方法目的链探析冰雪体育旅游消费决策的影响因素,发现冰上项目提及最高频率的属性是"冰上项目的种类",其次是"获得健康和乐趣",再次是"价格投入",最后是"教练员水平"。冰上项目的结果与价值联结最突出的是"增长技能→享受生活乐趣",其次是"增长技能→成就感",最后是"加强社交关系→与他人幸福温暖"。雪上项目提及频率最高的属性是"雪上项目的种类",较高的属性是"价格投入",提及频率一般的属性是"氛围"。雪上项目的结果与价值联结最主要的是"增进身体健康→生活中的乐趣与享受",其次是"增长技能→被他人认可",最后是"乐趣→刺激"。

第四,通过对滑雪体育赛事消费者消费模式的网络化特征及社会阶层与投入程度之间的关系进行分析与讨论,发现滑雪体育赛事消费者的消费模式主要呈现出电视平台观赛、网络平台购物的整体特征,且随着社会阶层的提升,滑雪体育赛事消费者在时间和费用成本投入上不断增加,但在花费精力方面,社会 B 层的消费者要高于社会 C 层和社会 A 层的消费者。由此,研究基于不同社会阶层消费者的消费行为特征,提出了"个性化—情感联结—消费情景"的组合营销策略,即优化赛事服务内容、提高赛事服务质量、激发消费热情和活力。

第五,基于案例分析法研究冰雪体育产业供给,通过对吉林省、黑龙江省、京津冀地区冰雪体育产业的供给现状、优势、转型措施进行分析,发现吉林省滑雪场、旅游人次、竞技赛事逐渐增加,并提出应加大政府支持力度、丰富冰雪体育业态、培育冰雪装备产业、补充完善产业体系提升、加大创新发展力度等转型措施;黑龙江省依托优越的自然资源和丰富的人文资源优势,产业发展优势明显、产业供给较为完善,但存在产业融资困难、设施陈旧、专业人才匮乏等问题,提出加强专业人才培养、完善管理措施、增强场馆建设、扩展场地建设等转型措施;京津冀地区依托优越的地理位置优势,形成了冰雪体育产业区域特色。在消费需求升级的背景下,应抓住北京冬奥会契机,加强政策支持、完善场馆建设、健全装备制造、注重人才开发、大力发展冰雪旅游和赛事产业,重视产业协作、协同创新,不断形成亲民的冰雪体育产业,以满足广大消费者日益扩张的消费需求,不断促进冰雪体育产业供需有效互动。

第六,基于空间计量法研究冰雪体育产业供给,采用 GIS 技术对冰雪体育场地的空间布局进行分析。从全国冰雪场地空间分布的状况来看,目前我国冰场和雪场主要分布在北方地区,近年来南方地区冰雪体育场地数量的增长速度加快。通过选取具有代表性的京津冀地区和东北地区作为案例进行冰雪体育场地的空间分析,发现区域内冰场和雪场在等级规模、空间分布均衡性与关联性、可达性等方面都存在诸多问题,并针对性地提出了优化方案。其中,在冰场方面,首先,将丰富的自然资源积极转化为经济和社会资源;其次,扩大受众群体,形成一定的冰上文化;最后,加强冰场等级和服务质量控制,减少低端劣质冰场供给。在雪场方面,首先,空间布局和选址应具有全区域的统筹发展思维;其次,以城市间滑雪产业的联动发展为导向,以区域内不同雪资源的分布趋势来形成综合发展的滑雪产业;最后,利用当前的区域内的地理位置和河流、山体等资源形成"轴带式"发展。

第七,基于扎根理论研究冰雪体育产业可持续发展,探究了冰雪体育产业需求侧与供给侧之间的互动关系,以及互动关系对冰雪体育产业转型发展的影响,发现以市场策略、营销策略、服务策略为主的需求侧和以管理策略、组织策略、绩效策略为主的供给侧是冰雪体育产业转型发展的影响因素;"供需互动效应"是冰雪体育产业转型的关键,影响着冰雪体育产业的提升,进而影响到整个产业及产业链的运行。

第八,基于系统动力学研究冰雪体育产业可持续发展,采用系统动力学研究的相关理论与观点,模拟运行了"传统发展型""消费驱动型""全面发展型"三种发展仿真模式,进而深层次探讨了冰雪体育产业的转型发展路径。其中,"传统发展型"模式压缩了冰雪体育产业发展空间与资源,无法适应我国冰雪体育产业未来发展的方向。"传统发展型"模式是目前我国冰雪体育产业结构发展的常态,该发展模式注重于以冰雪体育装备用品制造业为主的第二产业的投资与建设,通过对单一产业的大力投入可以使其获得迅速发展。然而,在目前有限的资源配置下,政策、资金过度集中于某一领域,会使其他相关的冰雪子产业发展空间与资源被压缩,进而导致冰雪体育产业内部结构不合理的现状。"消费驱动型"模式制约了冰雪体育产业内部发展的动力,不符合我国冰雪体育产业发展的现实需要。"消费驱动型"模式能够促进冰雪体育产业的快速发展,该模式主要是通过调整对各个冰雪体育服务业态的投入,从而促进冰雪体育服务业的整体发展。与西方发达国家相比,我国冰雪体育服务业规模庞大,且各个组织之间发展差距显著,组织的管理体系不够完善,市场运作机制还不成熟,仅单纯依靠加大投入难以在短时间内取得突破,还会制约冰雪体育产业自身发展的动力。"全面发展型"模式是符合我国实际的冰雪体育产业提升有效途径。"全面发展型"模式通过合理配置冰雪体育产业的资金投入比例,使冰雪体育产业的各个领域都能获得一定的资金支持以及发展空间,确保各子产业都能获得充分发展的机会。这一全面的投资结构,可以促进产业间的良性互动,进而成为冰雪体育产业可持续发展的不竭动力。在实践中,可以通过政策导向、宏观调控等手段,在遵循我国冰雪体育产业发展实际的情况下,促进冰雪体育产业各领域的协调发展,更好地满足人民群众日益增长的多层次、多元化的冰雪体育需求,从而形成结构合理、门类齐全、体制完善、充满活力的冰雪体育产业发展系统。

第九,借鉴旅游地生命周期理论对我国滑雪场的可持续发展路径进行探析,且根据生命周期理论将我国滑雪场的演化划分为探索期、参与期、发展期、稳固期四个阶段,发现探索期的主要矛盾是经济社会发展限制与丰富的雪资源之间的矛盾,呈现政府开始干预滑雪场发展问题、滑雪人次少、滑雪场数量少、滑雪场消费者以"探险型"和"多中心型"游客为主的特征;参与期的主要矛盾是滑雪需要与雪场发展落后,呈现滑雪场旅游基础设施逐渐完善、滑雪场商业活动增多,客源地开始形成,"中间型"游客增多的特征;发展期的主要矛盾是游客到访、雪场建设与社区环境损坏,呈现出非自然资源雪场建设、社区环境开始损坏、不良竞争凸显、"中间型"游客取代"探险型"和"多中心型"游客的特征;稳固期的主要矛盾是人民日益增长的滑雪需要与供给不平衡不充分之间的矛盾,呈现出理性发展倾向、滑雪场数量明显增多、滑雪群体主动培育、"自我中心型"与"近自我中心型"游客增多的特征。根据我国滑雪场的实际发展情况并借鉴其他国家滑雪场经营与发展的经验,提出坚持政府引导的发展模式、以消费市场为主导推动滑雪场转型升级、以北京2022年冬奥会为契机实现突破性发展、推动滑雪场步入生态环保进程等我国滑雪场的可持续发展路径。

第十,基于扎根理论探析滑雪产业链可持续发展的核心影响因素,通过三级编码透析其理论框架,提炼出需求升级、多元供给、技术革新、管理结构、经济协同5个主范畴,并提出了"动态系统机制"的核心范畴,从而构建了滑雪产业链动态系统机制理论模型。研究发现,滑雪产业消费者的需求升级,服务供给方提供多元供给,需求与供给相互促进。在人类演化的不同阶段需求也在发展变化,为满足需求升级,滑雪产业链上的服务方要按照市场需求组合生产要素,提供有效多元化的供给。两者都是滑雪产业链可持续性发展的关键因素。技术革新则是需求升级背景下的产物,为多元供给的实现提供技术支持。在此基础上构建有效、规范的管理结构,为滑雪产业链可持续发展提供制度保障。最后共同创造了产业链内各行业以及与区域经济协同发展的态势,形成一个滑雪产业链的动态系统机制,促进滑雪产业链的可持续发展。

为探寻冰雪体育产业转型发展路径,形成冰雪体育产业系统发展的网络化模式,促进我国冰雪体育产业的可持续发展,本书基于国内外冰雪体育产业供给相关研究,采用问卷调查法、灰色系统分析、方法目的链、社会网络分析、案例分析、空间计量分析、扎根理论、系统动力学、逻辑分析等方法探讨了冰雪体育产业的转型发展路径。基于此,本书提出以下几点后续研究展望:首先,可以从冰雪体育产业服务升级、内外环境变化等角度切入,探索不同冰雪体育产业发展方面的升级、冰雪体育产业供给的现状、结构升级的发展路径;其次,基于国外冰雪体育产业消费需求与供给的相关研究及发展现状,结合我国冰雪体育产业发展的实际情况,探索我国冰雪体育产业供需转型发展的最优化路径;再次,可以从全国不同地区探究冰雪体育消费、供给结构、供需均衡等发展现状,探究区域间冰雪体育产业的差异,由点及面探究全国范围内冰雪体育产业共同发展的方向,促进冰雪体育产业区域联动,优化冰雪体育产业供给转型结构,推动冰雪体育转型发展;最后,冰雪体育产业供需研究是我国冰雪体育产业发展的重大关口,后续研究可以从微观、中观、宏观的层面进行多角度探索,为我国冰雪体育产业健康可持续发展探索稳步前进之路。

参 考 文 献

《马克思恩格斯文集》第 5 卷,人民出版社 2009 年版。

《马克思恩格斯文集》第 8 卷,人民出版社 2009 年版。

《省委省政府关于做大做强冰雪产业的实施意见》,《吉林日报》2016 年 9 月 27 日。

安俊英、杨倩、黄海燕:《基于灰色系统理论的我国体育产业结构预测研究》,《天津体育学院学报》2017 年第 5 期。

蔡峰、张建华、张健:《我国大众冰雪运动热现象的冷思考》,《体育文化导刊》2019 年第 7 期。

蔡麒麟:《农村居民电视广告接触对其消费观念的影响研究》,安徽大学 2013 年博士学位论文。

查金:《提高我国体育用品制造企业竞争力的对策研究》,武汉体育学院 2007 年博士学位论文。

昌灏:《论系统边界的动态特征》,《系统科学学报》2004 年第 2 期。

陈爱辉:《我国体育产业政策变迁的研究》,北京体育大学 2015 年博士学位论文。

陈华友、赵佳宝、刘春林:《基于灰色关联度的组合预测模型的性质》,《东南大学学报》2004 年第 1 期。

陈鹏:《技术进步、产品创新对消费升级的影响——基于内生与外因的机理分析》,《商业经济研究》2018 年第 14 期。

陈向明:《扎根理论的思路和方法》,《教育研究与实验》1999 年第 4 期。

陈向明:《扎根理论在中国教育研究中的运用探索》,《北京大学教育评论》2015 年第 1 期。

程文广、刘兴:《需求导向的我国大众冰雪健身供给侧治理路径研究》,《体育科学》2016 年第 4 期。

程志会、刘锴、孙静等:《中国冰雪旅游基地适宜性综合评价研究》,《资源科学》2016 年第 12 期。

崔晶、徐淑梅、耿春玲:《提高黑龙江省冰雪旅游产业竞争力的对策》,《冰雪运动》2008 年第 5 期。

崔丽丽、张志勇、李静等:《高校体育教师的社会地位阶层与认同调查分析》,《体育学刊》2017 年第 4 期。

崔玲:《冬奥冰雪奇缘》,《中国企业家》2015 年第 17 期。

戴平:《体育产业供给侧改革的理论思考与基本设想》,《北京体育大学学报》2017 年第 8 期。

党耀国、刘思峰、刘斌等:《灰色斜率关联度的改进》,《中国工程科学》2004 年第 3 期。

邓聚龙:《灰色系统:社会·经济》,国防工业出版社 1985 年版。

董欣:《冰雪节庆体育活动研究》,《体育文化导刊》2010 年第 1 期。

杜庆臻:《黑龙江省滑雪旅游开发构想》,《学习与探索》1999 年第 4 期。

段艳玲、徐茂卫、陈曦:《我国体育产业协同创新网络能力和创新绩效:基于资源整合的中介效应研究》,《上海体育学院学报》2016 年第 2 期。

冯文丽:《大力推进京津冀冰雪产业发展》,《经济与管理》2017 年第 2 期。

付宏、毛蕴诗、宋来胜:《创新对产业结构高级化影响的实证研究——基于 2000—2011 年的省际面板数据》,《中国工业经济》2013 年第 9 期。

付群、王萍萍、陈文成:《挑战、机会、出路:我国体育产业供给侧结构性改革研究》,《天津体育学院学报》2019 年第 1 期。

付铁山、杨传鑫:《日本乡村滑雪场市场开发模式及其启示》,《体育文化导刊》2014 年第 3 期。

高二龙:《内蒙古自治区冰雪运动的普及与推广对全民健身的促进研究》,内蒙古师范大学 2018 年博士学位论文。

高婧珂:《2022 年北京冬奥会助力我国冰雪文化发展研究》,《冰雪运动》2018 年第 2 期。

高奎亭、李勇勤、李乐虎等:《京津冀冰雪体育公共服务协同供给:内涵、困境与突破》,《天津体育学院学报》2018 年第 6 期。

顾久贤:《2022 年冬奥会的举办对区域消费需求与行为影响的研究——以河北冰

雪体育旅游为分析个案》,《体育与科学》2016 年第 3 期。

郭恩章:《国外冬季城市的环境建设问题》,《国际城市规划》2009 年第 S1 期。

郭金丰:《北京冬奥会背景下推动我国冰雪产业发展的对策》,《经济纵横》2018 年第 8 期。

郭梅君:《创意产业发展与中国经济转型的互动研究》,上海社会科学院经济学院 2011 年博士学位论文。

韩杰、韩丁:《对我国滑雪旅游若干问题的研讨》,《经济地理》2001 年第 4 期。

郝祖涛、冯兵、熊伟等:《系统论视角下资源型企业绿色创新障碍因子诊断——基于黄石市的调查研究》,《科技管理研究》2018 年第 22 期。

何媛:《中国消费模式演变研究》,复旦大学 2012 年博士学位论文。

河北省体育局:《河北省冰雪活动蓝皮书(2017—2018)》,方圆电子音像出版社 2018 年版。

侯兵、周晓倩:《长三角地区文化产业与旅游产业融合态势测度与评价》,《经济地理》2015 年第 11 期。

侯晋龙:《体育赛事营销的本质及营销观念创新研究》,《北京体育大学学报》2006 年第 5 期。

黄杏元、马劲松、汤勤:《地理信息系统概论》,高等教育出版社 2003 年版。

霍圣录、楼小飞、朱超:《基于精准营销的我国体育赛事营销策略分析》,《山东体育学院学报》2012 年第 4 期。

纪玉俊:《消费需求升级与产业链分工制度安排选择》,《山西财经大学学报》2007 年第 11 期。

贾书申、王雪峰:《注意力经济时代背景下的体育现场观众研究——不同社会阶层体育现场观众探讨价值及其发展策略》,《南京体育学院学报(社会科学版)》2009 年第 4 期。

蒋抒博:《吉林省冰雪产业发展现状及对策研究》,《税务与经济》2019 年第 1 期。

金承哲、李爱晨:《构建吉林省冰雪文化特色及相关产业发展对策研究》,《吉林化工学院学报》2012 年第 10 期。

鞠明海、郑德志、于飞:《黑龙江省冰雪体育产业链发展研究》,《冰雪运动》2013 年第 5 期。

凯西·卡麦兹主编:《建构扎根理论:质性研究实践指南》,边国英译,重庆大学出版社 2009 年版。

阚军常、王飞:《冬奥战略目标下我国滑雪产业升级的驱动因子与创新路径》,《体育科学》2016 年第 6 期。

匡文波、邱水梅:《基于技术接受模型的传统媒体客户端用户使用行为研究》,《现代传播(中国传媒大学学报)》2017 年第 1 期。

雷国飞:《消费需求升级背景下我国冰雪体育产业供给转型研究》,《广州体育学院学报》2017 年第 6 期。

黎映宸:《黑龙江省冰雪产业集聚发展研究》,《冰雪运动》2015 年第 2 期。

李博:《"供给侧改革"对我国体育产业发展的启示——基于新供给经济学视角》,《武汉体育学院学报》2016 年第 2 期。

李村:《黑龙江省冰雪旅游发展策略研究》,《价值工程》2011 年第 12 期。

李飞、刘敏:《山岳型滑雪旅游地 MESH 问题探讨》,《旅游学刊》2012 年第 9 期。

李国、孙庆祝:《我国体育及相关产业发展的系统动力学模型与仿真研究》,《上海体育学院学报》2013 年第 2 期。

李建华、王贤理:《企业国际联姻》,辽宁大学出版社 2008 年版。

李杰:《产值的科学内涵及其政策意义》,《中共中央党校学报》2006 年第 3 期。

李乐虎、高奎亭、黄晓丽:《我国体育产业供给侧结构性改革的研究述评》,《首都体育学院学报》2019 年第 6 期。

李凌、王俊人:《消费者购买竞猜型体育彩票之影响因素初探》,《体育与科学》2015 年第 2 期。

李凌、张瑞林、王俊人等:《消费者购买竞猜型体彩偏好路径的实证分析》,《体育与科学》2016 年第 2 期。

李凌、张瑞林、王立燕:《滑雪产业链可持续动态图景与质性模型的探讨》,《体育与科学》2018 年第 6 期。

李凌、张瑞林:《体育赛事观赏与竞猜型体彩的影响效果探析——基于二元热情模型的研究视域》,《体育与科学》2017 年第 2 期。

李涛、陶卓民、李在军等:《基于 GIS 技术的江苏省乡村旅游景点类型与时空特征研究》,《经济地理》2014 年第 11 期。

李瑜:《消费驱动型企业价值创造模式创新理论研究》,《技术经济与管理研究》2014 年第 11 期。

李在军、张瑞林:《冰雪产业融合发展的动力机制与路径探析》,《首都体育学院学报》2018 年第 6 期。

李在军:《冰雪产业与旅游产业融合发展的动力机制与实现路径探析》,《中国体育科技》2019 年第 7 期。

李振、任保国：《我国冰雪特色小镇建设问题及发展策略》，《体育文化导刊》2019年第8期。

李志刚、许晨鹤、乐国林：《基于扎根理论方法的孵化型裂变创业探索性研究——以海尔集团孵化雷神公司为例》，《管理学报》2016年第7期。

刘兵：《论我国冰雪产业发展的战略定位与战略效应——写在2019"中芬冬季运动年"之际》，《体育研究与教育》2017年第5期。

刘传海、王清梅：《冰雪体育场馆设计理念思考》，《体育文化导刊》2015年第11期。

刘佳宇：《我国冰雪运动场地布局与发展研究》，北京体育大学2017年博士学位论文。

刘江山、张庆文、邰崇禧等：《江苏冰雪运动发展SWOT分析》，《体育文化导刊》2017年第11期。

刘军：《社会网络模型研究论析》，《社会学研究》2004年第1期。

刘清早：《体育赛事运作管理》，人民体育出版社2006年版。

刘圣文、李凌、项鑫：《竞猜型体育彩票消费者忠诚度研究：体验价值与观赛热情的交互效应》，《体育与科学》2018年第3期。

刘世闵、李志伟：《质性研究必备工具NVivo10之图解与应用》，经济日报出版社2017年版。

刘思峰、邓聚龙：《GM(1,1)模型的适用范围》，《系统工程理论与实践》2000年第5期。

刘思峰：《灰色系统理论的产生与发展》，《南京航空航天大学学报》2004年第2期。

卢锋：《如何理解供给侧结构性改革》，《河南社会科学》2016年第1期。

卢福财、吴昌南：《产业经济学》，复旦大学出版社2013年版。

逯明智：《北京冬奥会对群众体育发展的影响》，《体育文化导刊》2016年第1期。

吕婵、麻冬梅、姚世庆等：《我国部分地区滑雪场发展现状及对策研究》，《哈尔滨体育学院学报》2012年第4期。

吕兴洋、于翠婷、金媛媛：《明星代言体育用品对消费者产品态度的影响研究——明星与产品的匹配效应与消费者涉入度的调节》，《天津体育学院学报》2018年第1期。

吕韫风：《黑龙江冰雪文化的哲学思考》，《黑龙江社会科学》2008年第1期。

马克思：《资本论》第二卷，人民出版社1975年版。

马克思:《资本论》第三卷,人民出版社 1975 年版。

马培艳、张瑞林、车雯、李凌:《滑雪消费者对滑雪运动的品牌个性感知与消费忠诚度的相关性研究》,《首都体育学院学报》2019 年第 2 期。

迈克尔·所罗门、卢泰宏、杨晓燕:《消费者行为学》第 10 版,杨晓燕、郝佳、胡晓红,等译,中国人民大学出版社 2014 年版。

满江虹:《基于 DEA 的体育事业协同路径优化系统动力学仿真研究》,《西安体育学院学报》2018 年第 1 期。

毛燕平、王志文:《供给侧改革背景下体育产业跨界融合研究》,《体育文化导刊》2019 年第 5 期。

梅振国:《灰色绝对关联度及其计算方法》,《系统工程》1992 年第 5 期。

苗春竹、王飞:《我国中小型滑雪场利基营销策略研究》,《体育文化导刊》2019 年第 9 期。

彭国强、舒盛芳:《美国体育治理的思想渊源、特征与启示》,《上海体育学院学报》2019 年第 4 期。

浦义俊、吴贻刚:《新时代我国体育消费升级的价值、挑战与推进路径研究》,《西安体育学院学报》2020 年第 2 期。

曲颖、李天元:《旅游目的地非功用性定位研究——以目的地品牌个性为分析指标》,《旅游学刊》2012 年第 9 期。

任波:《中日体育产业结构比较研究》,《体育文化导刊》2018 年第 4 期。

任春荣:《社会阶层视角下的师生关系》,《教育学报》2017 年第 5 期。

任娇:《黑龙江省滑雪产业供给侧结构改革研究》,哈尔滨体育学院 2018 年博士学位论文。

邵桂华、满江虹:《基于系统动力学的我国竞技体育可持续发展能力研究》,《体育科学》2010 年第 1 期。

沈克印、吕万刚:《体育产业供给侧结构性改革:学理逻辑、发展现实与推进思路》,《武汉体育学院学报》2016 年第 11 期。

石明明、江舟、周小焱:《消费升级还是消费降级》,《中国工业经济》2019 年第 7 期。

宋国良、韩洪侠:《黑龙江省冰雪体育产业的发展现状与策略》,《冰雪运动》2012 年第 2 期。

宋晴:《社会分层视野下体育消费研究进展述评》,《体育学刊》2015 年第 4 期。

苏东水:《产业经济学》,高等教育出版社 2010 年版。

苏向坤:《"中国制造 2025"背景下老工业基地制造业转型升级的路径选择》,《经济纵横》2017 年第 11 期。

隋苑:《吉林省冰雪体育产业发展研究》,吉林大学 2019 年博士学位论文。

孙威、刘明亮:《我国冰雪消费及相关产业发展的对策研究》,《北京体育大学学报》2009 年第 11 期。

孙贤斌、孙良萍、王升堂等:《基于 GIS 的跨流域生态补偿模型构建及应用——以安徽省大别山区为例》,《中国生态农业学报》(中英文) 2020 年第 3 期。

孙一:《吉林省冰雪旅游产业发展探究》,《体育科学》2011 年第 6 期。

邰峰、于子轩:《制约我国冰球运动发展的主要问题分析及对策》,《体育文化导刊》2018 年第 6 期。

唐海军、朱长跃:《体育赛事品牌的营销策略研究》,《西安体育学院学报》2009 年第 2 期。

唐五湘:《T 型关联度及其计算方法》,《数理统计对管理》1995 年第 1 期。

唐五湘:《灰色绝对关联度的缺陷》,《系统工程》1994 年第 5 期。

田虹、杨洋、刘英:《5 大社会阶层体育消费意愿和行为的比较研究》,《北京体育大学学报》2014 年第 10 期。

田虹、杨洋、刘英:《社会阶层影响体育消费行为的心理模式》,《首都体育学院学报》2014 年第 5 期。

万瑜:《我国体育产业发展现状及对策》,《集团经济研究》2006 年第 10S 期。

汪宇峰、陈文红、周宁等:《美国速滑俱乐部运营管理及启示》,《体育文化导刊》2018 年第 5 期。

汪宇峰:《美国冰壶运动发展及其启示》,《体育文化导刊》2017 年第 2 期。

王诚民、郭晗、姜雨:《申办冬奥会对我国冰雪运动发展的影响》,《体育文化导刊》2014 年第 11 期。

王德辉、戴显岩:《黑龙江省冰雪体育大众参与的制约因素及对策》,《体育文化导刊》2018 年第 9 期。

王飞、朱志强:《推进滑雪产业发展的大型滑雪旅游度假区建设研究》,《体育科学》2017 年第 4 期。

王飞:《体验诉求视域下我国滑雪服务的竞争优势提升研究》,《体育科学》2018 年第 9 期。

王飞:《我国滑雪场冬奥会后效益规划研究》,《首都体育学院学报》2019 年第 3 期。

王恒利、王琪:《我国冰雪体育赛事发展的现状、局限与对策研究》,《吉林体育学院学报》2018 年第 5 期。

王恒利、张瑞林、李凌等:《女性参与冰雪体育旅游的影响因素研究》,《北京体育大学学报》2019 年第 3 期。

王静、田慧:《日本滑雪产业发展经验与启示》,《体育文化导刊》2019 年第 11 期。

王立燕:《基于方法目的链的冰雪体育旅游消费者价值研究》,《体育成人教育学刊》2017 年第 3 期。

王莉、吴伟:《产业组织理论下的我国体育用品产业市场行为特征与市场绩效分析》,《天津体育学院学报》2008 年第 6 期。

王露露、陈丹、高晓波:《我国南方冰雪产业发展问题及对策》,《体育文化导刊》2019 年第 4 期。

王芒:《体育产业集群与东北冰雪体育旅游产业集群的建构研究》,《沈阳体育学院学报》2011 年第 3 期。

王清印、赵秀恒:《C 型关联分析》,《华中理工大学学报》1999 年第 3 期。

王清印:《灰色 B 型关联分析》,《华中理工大学学报》1987 年第 6 期。

王世金、徐新武、颉佳:《中国滑雪场空间格局、形成机制及其结构优化》,《经济地理》2019 年第 9 期。

王先亮、王晓芳、李保安:《2022 年冬奥会背景下我国滑雪产业供给侧改革与需求侧升级》,《沈阳体育学院学报》2018 年第 2 期。

王洋:《基于熵权—耦合的冰雪经济与城市劳动力供需协调度研究》,《统计与决策》2020 年第 2 期。

王志辉、李燕:《河北省环京津体育健身休闲圈体育产业发展的思路与路径》,《河北体育学院学报》2015 年第 3 期。

魏惠琳、王寅博、邱招义:《短距离速度滑冰专项能力研究进展与发展趋势》,《北京体育大学学报》2019 年第 10 期。

温忠麟、侯杰泰、马什赫伯特:《结构方程模型检验:拟合指数与卡方准则》,《心理学报》2004 年第 2 期。

吴明隆:《结构方程模型——AMOS 的操作与应用》,重庆大学出版社 2010 年版。

吴晓华、伊剑:《北京冬奥会背景下冰雪后备人才培养现状与对策研究》,《南京体育学院学报(社会科学版)》2017 年第 5 期。

伍斌、魏庆华、孙承华等:《冰雪蓝皮书:中国滑雪产业发展报告(2018)》,社会科学文献出版社 2018 年版。

武东海、王守力：《共享经济视角下区域体育产业发展研究》，《体育文化导刊》2018 年第 11 期。

肖焕禹、申亮：《上海市不同社会阶层居民体育消费趋向探析》，《上海体育学院学报》2006 年第 2 期。

肖新平、李福琴、涂金忠：《基于离差最大化的灰色关联分析法在公路网综合评价中的应用》，《公路》2006 年第 8 期。

谢晓芳：《技术进步与经济增长质量耦合协调度研究——以京津冀区域为例》，《工业技术经济》2020 年第 2 期。

邢金明、刘波、欧阳井凤：《体育产业供给侧改革路径研究》，《体育文化导刊》2017 年第 10 期。

熊和金、陈德军：《基于灰色系统理论的数据挖掘技术》，《系统工程与电子技术》2004 年第 2 期。

徐光飞、陈贤、谢鹤风：《北京体育产业可持续发展的系统动力学研究》，《沈阳体育学院学报》2014 年第 3 期。

徐琳：《体育赛事及其赛事产品的营销学分析》，《成都体育学院学报》2009 年第 6 期。

徐冉、孙长良：《我国商业冰场的现状、问题与前景展望》，《体育文化导刊》2017 年第 11 期。

徐淑梅、张德成、李喜娜：《欧洲冰雪旅游产业发展特点对我国的启示》，《东北亚论坛》2011 年第 6 期。

阎东彬、王蒙蒙：《京津冀城市群功能空间的动态分布及差异性分析》，《经济问题》2020 年第 3 期。

杨国庆、彭国强：《新时代中国竞技体育的战略使命与创新路径研究》，《体育科学》2018 年第 9 期。

杨国庆、王凯、叶强等：《北京冬奥会背景下我国冰雪运动推广与发展研究进展——基于 2008—2017 年的文献分析》，《北京体育大学学报》2017 年第 12 期。

杨继瑞、薛晓、汪锐：《"互联网+"背景下消费模式转型的思考》，《消费经济》2015 年第 6 期。

杨倩：《我国两类体育产业集群形成的影响因素对比分析》，《上海体育学院学报》2014 年第 3 期。

杨新涯、程焕文、张洁：《图书馆文献搜索的系统边界研究》，《图书馆建设》2013 年第 8 期。

杨越、骆秉全、金媛媛:《我国居民冰雪运动消费困境与促进策略》,《体育文化导刊》2019 年第 7 期。

姚大为:《冰雪体育旅游对国民经济和社会发展的作用》,《商场现代化》2007 年第 52 期。

姚小林、韩冰:《非均衡发展战略视角下我国冰雪体育产业发展对策研究》,《沈阳体育学院学报》2012 年第 1 期。

姚小林:《京张地区冰雪体育资源的 SWOT 分析与开发对策》,《哈尔滨体育学院学报》2018 年第 3 期。

叶立新、杜玉兰:《试论消费结构升级》,《当代财经》2001 年第 4 期。

叶茂盛、周丹、张伟等:《法国滑雪场发展历程与启示研究》,《沈阳体育学院学报》2018 年第 5 期。

叶文平:《供给侧改革背景下我国冰雪运动产业结构的瓶颈及其优化策略》,《南京体育学院学报(社会科学版)》2017 年第 4 期。

伊志强、张良祥、连洪业等:《黑龙江省冰雪体育装备制造业发展:现状、困境与趋势》,《冰雪运动》2017 年第 3 期。

易剑东、王道杰:《论北京 2022 年冬奥会的价值和意义》,《体育与科学》2016 年第 5 期。

尹莉、臧旭恒:《消费需求升级、产消者与市场边界》,《山东大学学报(哲学社会科学版)》2009 年第 5 期。

于德生:《我国大众滑雪旅游产业发展现状与对策》,《成都体育学院学报》2007 年第 4 期。

俞鹏飞、王庆军:《新媒体时代中国冰雪运动文化传播的机遇、困境及路径》,《体育学刊》2020 年第 1 期。

袁广锋:《北京奥运会场馆功能可持续发展研究——基于我国大型公共体育场馆运营现状的反思》,《首都体育学院学报》2006 年第 1 期。

岳峰:《新时代我国体育消费升级路径研究》,载中国体育科学学会:《第十一届全国体育科学大会论文摘要汇编》,2019 年。

昝胜锋、顾江、郭新茹:《产品差异化条件下的体育赛事定价策略研究》,《体育科学》2008 年第 7 期。

张超、陈再齐:《"以开放促改革、促发展"的制度逻辑:来自广东的经验》,《产经评论》2019 年第 6 期。

张高华:《我国冰雪体育产业非均衡协调发展研究》,《北京体育大学学报》2017 年第 12 期。

张国春:《实施东北老工业基地振兴战略对吉林省体育冰雪旅游发展的影响》,《吉林体育学院学报》2004 年第 1 期。

张建会:《冬奥会竞技强国冰雪项目发展经验与启示》,《体育文化导刊》2019 年第 2 期。

张建忠、孙根年:《山西大院型民居旅游地生命周期演变及其系统提升——以乔家大院为例》,《地理研究》2012 年第 11 期。

张连涛、朱成:《冬季体育项目发展的世界格局与启示——以冬奥会为例》,《冰雪运动》2010 年第 5 期。

张良祥、宋智梁、吴巍等:《打造黑龙江省冰雪体育装备制造业基地战略研究》,《运动》2014 年第 7 期。

张娜、佟连军:《吉林省冰雪旅游与区域经济增长协整分析及 Granger 因果检验》,《地域研究与开发》2012 年第 5 期。

张强:《论系统边界》,《哲学研究》2000 年第 7 期。

张秦、李笑春:《区域可持续发展能力形成的动力机制研究》,《科学管理研究》2013 年第 3 期。

张清郎:《中国消费需求影响因素结构研究》,西南财经大学 2013 年博士学位论文。

张瑞金、李东、于秋红:《顾客价值层次模型解析与实证研究》,《管理世界》2008 年第 10 期。

张瑞林、李凌、车雯:《冰雪体育旅游消费决策影响因素的质性研究》,《体育学刊》2017 年第 6 期。

张瑞林、李凌、车雯:《基于社会阶层理论的滑雪体育赛事消费行为与营销策略研究》,《北京体育大学学报》2019 年第 11 期。

张瑞林、李凌、王恒利:《冰雪体育赛事品牌管理与品牌进化绩效的探析》,《体育学研究》2018 年第 2 期。

张瑞林、李凌、王先亮:《冰雪体育用品共性技术应用过程绩效评价研究》,《成都体育学院学报》2018 年第 5 期。

张瑞林、李凌:《"赛事链"溯源:职业体育赛事消费行为模式的影响效果》,《上海体育学院学报》2018 年第 2 期。

张瑞林、李凌:《冰雪体育旅游消费者行为与体验模式的影响研究》,《天津体育学院学报》2017 年第 2 期。

张瑞林、李凌、车雯：《基于社会阶层理论的滑雪体育赛事消费行为与营销策略研究》，《北京体育大学学报》2019 年第 11 期。

张瑞林：《基于北京冬奥会视域下我国冰雪运动发展研究》，《吉林体育学院学报》2016 年第 1 期。

张瑞林：《体育产业管理协同创新》，《北京体育大学学报》2012 年第 10 期。

张瑞林：《体育管理学》（第三版），北京高等教育出版社 2015 年版。

张瑞林：《我国冰雪体育产业商业模式建构与产业结构优化》，《体育科学》2016 年第 5 期。

张森：《中美两国体育休闲产业比较分析研究》，苏州大学 2013 年博士学位论文。

张婷、李祥虎、肖玲等：《北京冬奥会背景下我国冰雪运动可持续发展路径研究》，《体育文化导刊》2018 年第 7 期。

张莹、陈颀：《中国体育产业上市公司的绩效评价及影响因素——基于面板数据的DEA-Tobit 实证研究》，《武汉体育学院学报》2016 年第 12 期。

张玉超：《我国体育赛事新媒体转播权市场开发的回顾与展望》，《体育科学》2017 年第 4 期。

张忠国、夏川：《需求导向下的产业新城产城空间建构思路——环首都地区 4 个产业新城建设分析与思考》，《城市发展研究》2018 年第 3 期。

张钟允、李春利：《日本新能源汽车的相关政策与未来发展路径选择》，《现代日本经济》2015 年第 5 期。

赵吉林：《中国消费文化变迁研究》，西南财经大学 2009 年博士学位论文。

赵普、易黎：《北京冬奥会举办的综合效益研究》，《广州体育学院学报》2019 年第 2 期。

赵胜国、王凯珍、邰崇禧等：《基于社会分层视野下的城镇居民体育消费观特征研究》，《体育科学》2019 年第 5 期。

赵小瑜、朱志强：《力效视域下花样滑冰接续步的典型肢体动作研究——基于单人滑项目规则》，《上海体育学院学报》2019 年第 2 期。

赵艳林、杨绿峰：《多目标灰色关联决策方法》，《广西大学学报（自然科学版）》1999 年第 2 期。

赵玉林、李文超：《基于系统动力学的产业结构演变规律仿真模拟实验研究》，《系统科学学报》2008 年第 4 期。

赵越：《我国居民消费需求与第三产业关联研究》，《商业经济研究》2018 年第 9 期。

中国体育大事典编委会：《世界体育大事典》，中国致公出版社 1993 年版。

周兰君、刘燕舞：《论我国体育产业的重新分类》，《体育与科学》2006 年第 6 期。

周良君、周西宽：《上海市体育竞赛表演业国际竞争力研究理论与方法》，《广州体育学院学报》2006 年第 5 期。

周振祥：《如何培养高中女生的运动能力》，《上海体育学院学报》1994 年第 S1 期。

朱菊芳、徐光辉：《我国城乡居民收入增长、消费结构升级与体育产业发展耦合关系》，《武汉体育学院学报》2019 年第 12 期。

朱孟晓：《我国居民消费倾向变化及原因研究》，山东大学 2010 年博士学位论文。

朱霓：《我国花样滑冰运动发展方向分析》，《体育文化导刊》2016 年第 2 期。

庄艳华：《我国冰雪文化普及的理论之维与实现路径》，《体育与科学》2018 年第 5 期。

左文明、陈华琼、张镇鹏：《基于网络口碑的 B2C 电子商务服务质量管理》，《管理评论》2018 年第 2 期。

Bee C. C., Havitz M. E., " Exploring the Relationship between Involvement, Fan Attraction, Psychological Commitment and Behavioral Loyalty in A Sports Spectator Context", *International Journal of Sports Marketing and Sponsorship*, Vol. 11, No. 2, 2010.

Bieger T., Laesser C., "Market Segmentation by Motivation: The Case of Switzerland", *Journal of Travel Research*, Vol. 41, No. 1, 2002.

Butler R.W., "The Concept of A Tourist Area Cycle of Evolution: Implications for Management of Resources", *The Canadian Geographer*, Vol. 24, No. 1, 1989.

Claeys C., Swinnen A., Abeele P.V., "Consumer's Means-end Chains for ' Think ' and ' Feel' Products", *International Journal of Research in Marketing*, Vol. 12, No. 3, 1995.

Coleman J.S., "Social Capital in the Creation of Human Capital", *American Journal of Sociology*, No. 94, 1988.

Comeau T.O., *Fantasy Football Participation and Media Usage*, University of Missouri-Columbia, 2007.

Coughlin C., T., " A Garrett. Income and Lottery Sales: Transfers Trump Income from Work and Wealth", *Public Finance Review*, Vol. 37, No. 4, 2009.

Dutta-bergman M.J., "Complementarity in Consumption of News Types Across traditional and New Media", *Journal of Broadcasting & Electronic Media*, Vol. 48, No. 1, 2004.

Engel J.F., Kollat D.T., Blackwell R.D., *Consumer Behavior*, New York: Holt, Rinehart and Winston, Inc., 1968.

Fassinger, Ruth E., "Paradigms, Praxis, Problems, and Promise: Grounded Theory in Counseling Psychology Research", *Journal of Counseling Psychology*, Vol. 52, No. 2, 2005.

Faullant R., Matzler K., Füller, Johann, "The Impact of Satisfaction and Image on Loyalty: The Case of Alpine Ski Resorts", *Managing Service Quality: An International Journal*, Vol. 18, No. 2, 2008.

Glasser B.G., Strauss A.L., "The Discovery of Grounded Theory: Strategy for Qualitative Research", *Nursing Research*, Vol. 3, No. 4, 1967.

Gutman J., "A Means-end Chain Model Based on Consumer Categorization Processes", *Journal of Marketing*, Vol. 46, No. 2, 1982.

Husen, T., Postlethwaife, T.N., *The International Encyclopedia of Education*, New York: Pergamon Press, 1994.

Kahle L.R., Beatty S.E., Homer P., "Alternative Measurement Approaches to Consumer Values: The List of Values (LOV) and Values and Life Style (VALS)", *Journal of Consumer Research*, Vol. 13, No. 3, 1986.

Konu H., Laukkanen T., Komppula R., "Using Ski Destination Choice Criteria to Segment Finnish Ski Resort Customers", *Tourism Management*, Vol. 32, No. 5, 2011.

Kotler P., *Marketing Management: Analysis, Planning, Implementation and Control (9th ed.)*, Upper Saddle River, NJ: Prentice Hall Inc., 1998.

Laverie D.A., Arnett D.B., "Factors Affecting Fan Attendance: The Influence of Identity Salience and Satisfaction", *Journal of Leisure Research*, Vol. 32, No. 2, 2000.

Mankiw N.Gregory, "Cengage Learning, Principles of Economics", *Professor Taussig & Asst Professor Day*, Vol. 67, No. 1085, 1986.

Marx K., *The Marx-engels Reader*, New York: Norton, 1972.

Mcdonald H., Sherry E., "Evaluating Sport Club Board Performance: A Customer Perspective", *Journal of Sport Management*, Vol. 24, No. 5, 2010.

Moreno F.C., Gasco V.P., Hervas J.C.etc., "Spectator Emotions: Effects on Quality, Satisfaction, Value, and Future Intentions", *Journal of Business Research*, Vol. 68, No. 7, 2015.

Olson J.C., Reynolds T.J., "Understanding Consumers' Cognitive Structures: Implications for A Dvertising Strategy", in L.Percy & A.Woodside, *Advertising and Consumer Psychology*, Lexington, MA: Lexington Books, 1983.

Petty R.E., Cacioppo J.T., Schumann D., "Central and Peripheral Routes to Advertising Effectiveness: The Moderating Role of Involvement", *Journal of Consumer Research*, Vol. 10,

No. 2,1983.

Pine B.J.,Gilmore J.H.,"Welcome to the Experience Economy",*Harvard Business Review*,Vol. 76,No. 4,1998.

Reinstaller A.,Sanditov B.,"Social Structure and Consumption:on the Diffusion of Consumer Good Innovation",*Journal of Evolutionary Economics*,Vol. 15,No. 5,2005.

Richard J.Mills,*A History of the Ski Industry in the United States and Switzerland:An Examination of Industry Success and Failure*,Robert Morris University,2005.

Rodriguez S.,"Impact of the Ski Industry on the Rio Hondo Watershed",*Annals of Tourism Research*,Vol. 14,No. 1,1987.

Rokeach M.*The Nature of Human Values*,New York:Free Press,1973.

Shipway R.,Kirkup N.,"Understanding Sport Tourism Experiences:Exploring the Participant-spectator Nexus",*Tourist Experiences:Contemporary Perspectives*,2011.

Soule B.,Corneloup J.,"Gestion Territoriale Des Risquesen Montagne:Le Cas De La Station De Sports D'hiver De Val Thorens",*Journal of Sport Tourism*,Vol. 9,No. 2,2004.

Spector S.,Chard C,Mallen C.et al.,"Socially Constructed Environmental Issues and Sport:A Content Analysis of Ski Resort Environmental Communications",*Sport Management Review*,Vol. 15,No. 4,2012.

Tachis S.,Tzetzis G.,"The Relationship Among Fans' Involvement,Psychological Commitment, and Loyalty in Professional Team Sports",*International Journal of Sport Management Recreation & Tourism*,Vol. 18,2015.

Theodorakis N.D.,Alexandris K.,Tsigilis N.etc.,"Predicting Spectators' Behavioral Intentions in Professional Football:The Role of Satisfaction and Service Quality",*Sport Management Review*,Vol. 16,No. 1,2013.

Vallerand R.J.,"On the Psychology of Passion:In Search of What Makes People's Lives Most Worth Living",*Canadian Psychology*,Vol. 49,No. 1,2008.

Walker B.A.,Olson J.C.,"Means-end Chains:Connecting Products with Self",*Journal of Business Research*,Vol. 22,No. 2,1991.

Wang X.,"Data Analysis of Consumption Upgrading of Urban Residents in China",*Open Journal of Social Sciences*,Vol. 7,No. 10,2019.

Warner W.L.,Meeker M,Eells K.,*Social Class in America:A Manual of Procedure for the Measurement of Social Status*,Oxford,England:Science Research Associates,1949.

Whitlark D.B.,Reynolds T.J.,"ApplyingLaddering Data to Communications Strategy and

Advertising Practice", *Journal of Advertising Research*, Vol. 35, No. 4, 1995.

Wittink D.R., Vriens M., Burhenne W., "Commercial Use of Conjoint Analysis in Europe: Results and Critical Reflections", *International Journal of Research in Marketing*, Vol. 11, No. 1, 1994.

Zaichkowsky J. L., "Conceptualizing Involvement", *Journal of Advertising*, Vol. 15, No. 2, 1986.

责任编辑：李甜甜
封面设计：石笑梦
版式设计：胡欣欣
责任校对：周晓东

图书在版编目（CIP）数据

冰雪体育产业转型发展的理论与实践研究/张瑞林,李凌 著. —北京：
　人民出版社,2021.6
ISBN 978－7－01－023415－1

Ⅰ.①冰…　Ⅱ.①张…②李…　Ⅲ.①冰上运动-体育产业-产业发展-
　研究-中国②雪上运动-体育产业-产业发展-研究-中国　Ⅳ.①C812

中国版本图书馆 CIP 数据核字（2021）第 091582 号

冰雪体育产业转型发展的理论与实践研究
BINGXUE TIYU CHANYE ZHUANXING FAZHAN DE LILUN YU SHIJIAN YANJIU

张瑞林　李　凌　著

人民出版社 出版发行
（100706　北京市东城区隆福寺街 99 号）

北京建宏印刷有限公司印刷　新华书店经销

2021 年 6 月第 1 版　2021 年 6 月北京第 1 次印刷
开本：710 毫米×1000 毫米 1/16　印张：18.25
字数：240 千字

ISBN 978－7－01－023415－1　定价：65.00 元

邮购地址 100706　北京市东城区隆福寺街 99 号
人民东方图书销售中心　电话（010）65250042　65289539